21世纪经济管理新形态教材·会计学系列

会计学

（第三版）

姚荣辉　陈　红　张云华 ◎ 主　编
　　　　　　　　刘李福 ◎ 副主编

清华大学出版社
北京

内 容 简 介

本书作为高等院校经济管理类非会计学专业的核心基础课程教材之一，是为满足新企业会计准则发布后学习会计知识的需要编写的。本书充分体现了新企业会计准则的核算要求，全面、完整、系统地介绍了会计的基本理论和核算实务。全书分为十二章，具体包括会计基础知识、基本原理，会计要素中资产、负债、所有者权益、收入、费用、利润的确认、计量和报告，以及财务报表编制等内容。同时，本书列示了大量的账务处理实例，章后附有习题，使理论与实务融为一体。本书内容在编排上结构合理，逻辑性强，尽可能用通俗易懂的语言，帮助读者理解和掌握会计相关知识。

本书适用于高等院校非会计专业本科生使用，也可作为会计硕士专业学位研究生复试、在职经管人员、财会培训人员的培训教材及参考用书。

本书封面贴有清华大学出版社防伪标签，无标签者不得销售。
版权所有，侵权必究。举报：010-62782989，beiqinquan@tup.tsinghua.edu.cn。

图书在版编目(CIP)数据

会计学/姚荣辉，陈红，张云华主编．—3版．—北京：清华大学出版社，2023.7（2024.9重印）
21世纪经济管理新形态教材．会计学系列
ISBN 978-7-302-63894-0

Ⅰ．①会⋯ Ⅱ．①姚⋯ ②陈⋯ ③张⋯ Ⅲ．①会计学–高等学校–教材 Ⅳ．①F230

中国国家版本馆CIP数据核字(2023)第103432号

责任编辑：付潭娇
封面设计：汉风唐韵
责任校对：宋玉莲
责任印制：沈 露

出版发行：清华大学出版社
网　　址：https://www.tup.com.cn，https://www.wqxuetang.com
地　　址：北京清华大学学研大厦A座　　　邮　编：100084
社 总 机：010-83470000　　　　　　　　　邮　购：010-62786544
投稿与读者服务：010-62776969，c-service@tup.tsinghua.edu.cn
质 量 反 馈：010-62772015，zhiliang@tup.tsinghua.edu.cn
课 件 下 载：https://www.tup.com.cn，010-83470332

印 装 者：三河市天利华印刷装订有限公司
经　　销：全国新华书店
开　　本：185mm×260mm　　印　张：18.75　　字　数：408千字
版　　次：2018年1月第1版　2023年7月第3版　印　次：2024年9月第3次印刷
定　　价：59.80元

产品编号：100688-01

第三版前言

会计作为经济交流的重要语言与媒介，随着经济全球化的不断深入，其创新步伐不断加快，重要性越来越显现。与此同时，中国经济的发展模式由原来的粗放型发展模式，转向依靠科技、智力和人才，注重企业的内部管理的发展模式，在这种环境下，会计的职能不仅是核算和监督，在提供经济决策参考方面，也起着举足轻重的作用。因此，具备必要的会计知识，读懂会计信息，已经成为经济管理人才必备的能力。

《会计学》作为会计理论教学与实践指导的入门教材，承担着会计基础理论知识教学、会计实务操作和会计人才培养的重任。针对课程教学的需要，课程组已于2018年1月编写并出版《会计学（第一版）》，这是专门为高等财经院校非会计学专业的经济管理类专业学生编写的教材。教材全面系统地阐述了会计学的基本概念、基本理论和基本方法，把会计的基本原理、财务会计、管理会计、内部控制和报表分析的相关知识有机地融为一体，通过理论教学与实务操作，让学生把握会计工作的基本环节及其内容、了解会计信息的生成过程，重点掌握如何利用会计信息进行正确决策，从而为后续更深层次会计理论知识的教学奠定坚实的基础。

2017年、2018年、2019年财政部陆续发布了修订后的《企业准则第22号——金融工具确认和计量》《企业会计准则第23号——金融资产转移》《企业会计准则第14号——收入》《企业会计准则第21号——租赁》和《关于修订印发2019年度一般企业财务报告格式的通知》等一系列会计准则文件。加之2019年3月中华人民共和国财政部、中华人民共和国国家税务总局、中华人民共和国海关总署联合发布了《关于深化增值税改革的公告》，为了帮助教材的使用者充分理解新修订或制定会计准则的重大进展，及时将最新的会计理论研究成果与实务案例体现在教材中，课程组于2021年修订出版了《会计学（第二版）》。从教学实践效果来看，第二版教材框架结构与章节安排、教学案例与课后习题的选用等，均得到了同行专家和校内外师生的高度好评，每年重印数都比较大且明显呈上升趋势，现已形成了较强的影响力，并在学堂在线开设了与教材相配套的在线课程。

然而，由于近些年我国企业会计准则修订频率较快，加之大量创新业务的出现，《会计学（第二版）》已不能完全实现传授最新会计知识的初衷，为了更好地服务于读者，我们再次对教材的内容进行修改和完善。课程组组织核心成员在《会计学（第二版）》的基础上进行修订，编写《会计学（第三版）》。本次改版后比较大的变化包括系统梳理了近年我国企业会计准则和税收政策的最新变化，积极吸收最新的实务案例，整合并进一步优化教材框架，删除了已不再满足企业会计准则规定的陈旧内容和核算方式，补充了最新的处理规定，从而确保了本教材的科学性、实用性与前瞻性。同时，对第二版教材中不够准确的表述及错误进行了修订，仍遵循循序渐进、通俗易懂、点面结合的规律和特征。

此外，每章前加入了课程思政引导案例，各章节内容讲解中以知识链接、课堂讨论的形式对一些重、难点知识进行拓展。提供全面、系统的教辅资源，具体包括授课PPT、教学大纲、教案、教学实施计划、配套习题集及习题答案（含在线自测题、思考题、计算题、业务题和案例题）。

本书由云南财经大学会计学院姚荣辉教授、陈红教授、张云华教授担任主编，刘李福副教授担任副主编。编写人员具体分工是：第一、二章由姚荣辉教授编写；第三、十章由赵如兰教授编写；第四、五章由李旭教授编写；第六、七章由张云华和何仁玲副教授编写；第八、九章由李青教授编写；第十一章由刘李福副教授编写；第十二章由刘琨副教授编写。由于编者水平有限，对新会计准则的把握、对会计实务的分析和国际会计准则的解析等方面，可能会存在不到位的情况，书中若疏漏与不当之处，恳请各位读者见谅，并希望同行专家、学者批评指教。

编　者

2023年1月

第一章	总论	1
第一节	会计概述	2
第二节	会计基本假设与会计基础	6
第三节	会计信息质量要求	10
第四节	会计要素确认与计量	12
第五节	会计核算的基本程序与方法	23
第六节	企业会计准则体系	26
【本章小结】		27
【主观题】		27

第二章	账户设置和复式记账原理	29
第一节	经济业务与会计等式	29
第二节	会计科目与会计账户	33
第三节	复式记账原理	37
第四节	总分类核算、明细分类核算及平行登记	46
【本章小结】		49
【主观题】		49

第三章	会计凭证、会计账簿与记账程序	52
第一节	会计凭证概述	53
第二节	原始凭证的填制和审核	54
第三节	记账凭证的填制和审核	59
第四节	会计账簿的设置与登记	62
第五节	对账、结账和编制财务报表	68
第六节	账务处理程序	71
【本章小结】		74
【主观题】		74

第四章　货币资金与应收款项 ……… 77

第一节　货币资金 ……… 78
第二节　应收及预付款项 ……… 92
第三节　应收款项减值 ……… 99
【本章小结】 ……… 102
【主观题】 ……… 103

第五章　存货 ……… 105

第一节　存货概述 ……… 106
第二节　存货的计量 ……… 107
第三节　原材料的核算 ……… 113
第四节　存货的清查 ……… 119
第五节　存货减值 ……… 121
【本章小结】 ……… 123
【主观题】 ……… 124

第六章　投资 ……… 126

第一节　投资概述 ……… 127
第二节　金融资产 ……… 130
第三节　长期股权投资 ……… 134
【本章小结】 ……… 141
【主观题】 ……… 141

第七章　固定资产 ……… 144

第一节　固定资产概述 ……… 145
第二节　固定资产取得成本的确定 ……… 147
第三节　固定资产的折旧与减值 ……… 151
第四节　固定资产的后续支出 ……… 156
第五节　固定资产的清理和清查 ……… 157
【本章小结】 ……… 159
【主观题】 ……… 159

第八章　无形资产 … 162

第一节　无形资产概述 … 163
第二节　无形资产初始计量 … 166
第三节　无形资产后续计量 … 169
【本章小结】 … 174
【主观题】 … 174

第九章　负债 … 177

第一节　负债概述 … 178
第二节　流动负债 … 179
第三节　非流动负债 … 202
【本章小结】 … 207
【主观题】 … 208

第十章　所有者权益 … 211

第一节　所有者权益概述 … 211
第二节　实收资本或股本 … 215
第三节　资本公积 … 219
第四节　留存收益 … 221
【本章小结】 … 224
【主观题】 … 224

第十一章　收入、费用和利润 … 226

第一节　收入 … 226
第二节　费用 … 232
第三节　利润 … 241
【本章小结】 … 248
【主观题】 … 248

第十二章　财务报告 … 252

第一节　财务报告概述 … 252
第二节　资产负债表 … 257

第三节 利润表 ………………………………………………………………… 269

第四节 现金流量表 …………………………………………………………… 275

第五节 所有者权益变动表 …………………………………………………… 283

第六节 财务报表附注 ………………………………………………………… 286

【本章小结】………………………………………………………………………… 288

【主观题】…………………………………………………………………………… 288

参考文献 …………………………………………………………………………… 290

第一章 总 论

通过本章学习，应达到以下学习目标。
1. 了解会计的含义、对象、职能和财务报告目标。
2. 理解会计基本假设和会计核算基础。
3. 掌握会计要素及其确认与计量。
4. 掌握会计信息质量要求。
5. 熟悉企业会计准则体系。

小张是大学一年级的新生，刚入学就看到学校有会计博物馆，小张去参观，发现原来会计的起源可以追溯到结绳记事。参观完博物馆后，小张对馆里收藏的各种会计计量工具，以及历史记载的一些会计核算方法很感兴趣，同时也有一些疑惑。于是，他找到了学校里研究会计史的老师请教相关的问题。老师告诉他，我国的会计起始于170万年以前的旧石器时代，最早是采用绘画、结绳、刻契等方式来记录平常的活动。到了唐宋时期，我国会计核算采用"四柱清算法"，明末清初建立了"龙门账"，整个会计发展经历了一个由单式簿记到复式记账的过程。

你是否与小张有同样的疑惑？会计经历了一个怎样的发展过程？现在及未来的会计又会怎样发展？

案例思考：

会计在经济管理中的地位和作用日益重要，怎样通过学习会计知识树立正确的人生观、价值观和世界观？

会计是一项经济管理工作，一项为生产经营活动服务的社会实践，因此，人们认为会计指会计工作。同时，人们又认为，既然有会计工作的实践，就势必有实践经验的总结和概括，就有会计的理论，就有会计工作赖以进行的指导思想。会计是解释和指导会计实践的知识体系，是一门学科。也就是说，会计指会计学。可见，会计既指会计学，也指会计工作。即会计既包括会计理论，也包括会计实践。

第一节 会 计 概 述

一、会计的起源

会计是经济管理的重要组成部分，它是适应社会生产的发展和经济管理的需要而产生和发展的。

物质资料的生产是人类社会赖以生存和发展的基础。进行生产活动：一方面要创造物质财富，取得一定的劳动成果；另一方面又要发生劳动消耗，消耗一定的人力和物力。在任何社会中，人们进行生产活动总是力求以最少的劳动消耗获取最大的劳动成果，做到所得大于所费，提高经济效益。为了达到这一目的，当人们进行生产活动时，就需要对劳动消耗和劳动成果进行记录与计算，并将发生的劳动消耗和取得的劳动成果加以比较与分析，以便获得有关生产过程和结果的经济信息，据以总结过去、了解现状和安排未来。这个观察、计量、计算、记录和比较的过程，就是会计活动的过程。通常人们将"结绳记事""刻石计数"等原始计量行为作为会计的萌芽。

随着生产活动的发展，产生了对生产活动进行专门计量与记录的会计。1494年，意大利数学家、会计学家卢卡·帕乔利（Luca Pacioli）的《数学大全》一书在威尼斯出版发行，对借贷复式记账进行了系统的介绍，并介绍了以日记账、分录账和总账三种账簿为基础的会计制度，以后相继传至世界各国，为世界上现代会计的发展奠定了基础。人类会计方法的演进，经历了由单式簿记向复式簿记转化的过程，它是社会经济发展的客观要求。

人类文明不断进步，社会经济活动不断革新，生产力不断提高，会计核算内容、核算方法等也得到了较大的发展，逐步由简单的计量与记录行为发展成为以货币单位综合地反映和监督经济活动过程的一种经济管理工作，并在参与单位经济管理决策、提高资源配置效率、促进经济健康持续发展方面发挥积极作用。可见，会计是基于人类社会的生产实践和经济管理的客观需要而产生的。

综上所述，会计是以货币为主要计量单位，反映和监督一个单位经济活动的一种经济管理工作。具体来说，会计是以货币为主要计量单位，以凭证为依据，采用专门的技术和方法，对一定主体的经济活动进行全面、综合、连续、系统的核算与监督，并定期向有关方面提供会计信息的一种经济管理工作。

为什么复式记账最早会出现在意大利？

二、会计的特点

根据上述会计的发展和会计的定义，会计具有以下特点。

（一）会计以货币为主要的计量尺度

在商品经济条件下，一切商品都有价值，社会再生产过程中的生产、交换、分配和消费等经济活动，都是通过货币计量来综合反映的。会计管理离不开计算，要计算就需要运用一定的计量尺度。计量尺度有三类：实物量度、劳动量度和货币量度。由于实物量度和劳动量度本身有不同的计量单位，无法进行综合，不便相互比较，具有一定的局限性，不能满足会计在经济管理中的需要，因此只有利用价值形式来取得经营管理所必需的综合性指标，并据此对企业单位的经济活动进行总体评价，确定和考核经济效益。因此，现代会计的一个重要特征就是以货币计量为基本形式，并辅之文字说明和其他计量指标。

（二）会计对经济活动事项的核算具有连续性、完整性和系统性

连续性指当会计在反映经济活动事项时，能够按经济事项发生时间的先后顺序依次不间断地进行登记；完整性指会计对经济活动事项的反映，既不能遗漏也不能任意取舍，要将经济事项引起的资金运动过程和结果全面反映出来；系统性指会计对经济活动事项的反映，既要从总体上相互联系地进行，提供总括性指标，又要通过科学的分类，提供详细具体的指标，使之形成系统化的指标体系，以便被信息使用者有效利用。

（三）会计的核算职能与监督职能相结合

会计的事前监督、事中监督和事后监督是对会计核算资料的正确性、真实性与合法性进行检查和监督。会计监督是会计核算的继续和补充，对经济活动具有促进、控制、考核和指导作用，两者不能分离。会计监督首先是在反映各项经济活动的同时进行事前监督，并且利用各种价值指标来考核经济活动的效果。随着经济的发展，参与企业预测、决策、控制、考核将成为会计的主要方面。

（四）会计为提高经济效益服务

从一个企业来讲，一切经济工作都围绕着提高经济效益这一目标，讲求经济效益是会计产生的客观依据，也是促进会计发展的基本动力。人们从事追求经济效益的活动是进行价值管理的核心内容，是人们提供与使用会计信息的目的，因此会计是为提高经济效益服务的。

三、会计的基本职能

会计的职能指会计在经济管理中所具有的功能。一般而言，会计的基本职能包括会计核算和会计监督两个方面。

（一）会计核算

会计核算指会计以货币为主要计量单位，通过确认、计量、记录、报告等环节，对特定主体的经济活动进行记账、算账、报账，为各有关方面提供会计信息的功能。会计核算主要采取货币形式，从价值量方面连续、系统、综合、全面地反映主体已经发生或完成的经济活动。根据《中华人民共和国会计法》（以下简称《会计法》）的规定，企业单位发生的一切经济业务，都必须进行会计核算，通过记账、算账和报账，并如实、全面、系统地反映出来，为各有关方面提供决策有用的会计信息。但随着管理要求的提高，会计核算职能不仅仅是对经济活动进行事后反映，为了在经营管理上加强计划性和预见性，会计利用其信息反馈，还要对经济活动进行事前核算和事中核算。

（二）会计监督

会计对经济活动进行会计核算的过程，也是实施会计监督的过程。会计监督是企业单位内部的一种自我约束机制，它要求各项经济业务必须遵守国家财政、财务制度和财经纪律，同时还应遵守企业单位的经营方针、政策。其内容包括合法性监督和合理性监督两个方面。会计监督按与经济活动的关系，分为事前监督、事中监督和事后监督。事前监督是在过程之初对原始凭证，计划，合同的合法性、合理性所做的审查；事中监督是在过程中对计划、预算执行等所做的控制；事后监督是在过程之后对会计资料进行的分析检查。监督的依据是各种法规、制度、计划、预算、定额和合同等。

会计核算职能是会计的首要职能，是会计监督职能的基础。会计核算工作的好坏，直接影响到会计信息质量的高低，并为会计监督提供依据。会计监督是会计核算的保证，没有严格的会计监督，就难以保证会计核算所提供的信息的真实性，会计核算的作用就难以发挥。可见，会计核算和会计监督这两大基本职能是相辅相成的，既有独立要求，又紧密联系，缺一不可。

四、财务会计报告目标

会计目标一般指财务会计的目标。财务会计报告目标指在一定的历史条件下，人们通过财务会计所意欲实现的目的或达到的最终结果。

《企业会计准则——基本准则》（2006）规定："企业应当编制财务会计报告。财务会计报告的目标是向财务会计报告使用者提供与企业财务状况、经营成果和现金流量等有关的会计信息，反映企业管理层受托责任履行情况，有助于财务会计报告使用者作出经济决策。"

现代企业制度强调企业所有权和经营权的分离，企业管理层和投资者及债权人之间形成一种委托代理关系。投资者及债权人是委托人，向企业投入资本形成企业的经济资源，委托企业管理层合理、有效运用这些经济资源；管理层是受托人，负责经营管理企业及其各项资产，负有受托责任。财务会计报告应当反映企业管理层受托责任的履行情况，以帮助外部投资者和债权人等评价企业的经营管理责任和资源使用的有效性。

财务会计报告的使用者主要包括投资者、债权人、政府及其有关部门和社会公众等。满足投资者的信息需要是企业编制财务报告的首要出发点，如果企业在财务会计报告中提供的会计信息与投资者的决策无关，那么财务会计报告就失去了其编制的意义。根据投资者决策有用目标，财务会计报告所提供的信息应当如实反映企业所拥有或者控制的经济资源、对经济资源的要求权，以及其要求权的变化情况。除了投资者以外，企业财务会计报告的使用者还有债权人、政府部门、社会公众等。企业债权人通常十分关心企业的偿债能力和财务风险，他们需要会计信息来评估企业能否如期支付贷款本金和利息；政府部门作为经济管理和监督部门，通常关心经济资源分配的公平、合理，市场经济秩序的公正、有序，宏观决策所依据信息的真实、可靠等问题，他们需要会计信息来监管企业的生产经营活动、制定各项经济政策。因此，在财务会计报告中提供有关企业发展状况、经济效益等方面的信息，可以满足社会公众的需要。通常情况下，这些使用者的很多信息需求是共同的，如果财务会计报告能够满足这一群体的会计信息需求，也就可以满足其他使用者的大部分信息需求。

知识链接

凡是与企业有某种经济利益关系的社会团体和个人都可被称为会计信息使用者。如财务会计报告的使用者主要包括投资者、债权人、政府及其有关部门和社会公众。

五、会计对象

会计对象指会计所要核算和监督的内容。凡是特定主体能够以货币表现的经济活动，都是会计核算和监督的内容，也就是会计的对象。

会计是经济管理的重要组成部分，也是管理再生产过程的进行情况及其结果的一种活动。社会再生产过程是由生产、分配、交换、消费四个相互关联的环节构成的，它包括各种经济活动。在我国，企业、行政、事业单位和其他组织经济活动的内容虽各有不同，但它们的所有财产物资都是以货币形式表现出来的，并在生产经营和收支活动中不断发生变化。这些财产物资的货币表现及货币本身被称为资金。以货币表现的经济活动通常又称为价值运动或资金运动。概括地说，会计对象就是社会再生产过程中的资金运动。

企业与行政事业单位的经济活动不同，其会计对象的内容也有所不同。

（一）企业会计对象的内容

企业的经济活动内容主要是生产经营活动。企业的资金随着生产经营活动的进行而不断发生变化，经过供应、生产、销售三个阶段，周而复始地周转。在资金循环周转过程中所发生的一切经济活动就是会计对象的具体内容，即资金运动。在会计上，资金运动一般指交易或事项发生以后所引起的资金的增减变动。

任何事物的运动都有相对静止和显著变动两种形态，资金运动也不例外，也有静态和动态两个方面。由于各个企业的经济业务不同，其经济活动也不同，资金运动的表现也有所区别。现以工业企业为例进行说明。

1. 资金运动的静态表现

资金运动的静态表现指一个企业在一定时点上的资产总值和权益总值。其内容反映在企业的资产负债表中。资产是企业资金的占用，其分布和存在的形态主要是房屋及建筑物、机器及设备、材料物资、加工中产品、库存商品、银行存款、现金以及结算过程中的应收及预付款项等债权。权益是对资产的所有权，是企业资金的来源，包括负债和所有者权益。其取得和形成的形态主要是投入资本、待分配利润、借款及结算过程中的应付、应交及预收款项等债务。

2. 资金运动的动态表现

资金运动的动态表现指一个企业在一定期间的经营成果，它是资金在生产经营过程的各个阶段不断转变形态的结果，表现为收入、费用和利润。其内容反映在利润表中。企业取得资金后：在供应过程中，企业用货币购入各种原材料，从而由货币资金转化为储备资金。在生产过程中，企业利用劳动手段将原材料投入生产，引起了原材料的消耗、固定资产的折旧、工资的支付和生产费用的开支，使储备资金和一部分货币资金转化为生产资金；

产品完工后，生产资金就转化为成品资金。在销售过程中，产品销售出去取得销售收入，成品资金又转化为货币资金，同时支付销售费用。在这三个过程中，货币资金依次不断改变其形态，称为资金循环，周而复始地不断演变，称为资金周转。当企业对净收入进行分配时，一部分资金就退出了循环。

综上所述，资金筹集、资金运用和资金退出，构成了企业资金运动的主要内容。产品制造企业的资金运动和生产经营过程如图 1-1 所示。

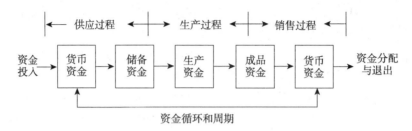

图 1-1　产品制造企业的资金运动和生产经营过程

（二）行政事业单位会计对象的具体内容

行政事业单位会计对象的具体内容与企业有所不同，它们的经济活动是执行国家预算过程中的预算收入和预算支出。因此行政、事业单位的会计对象可以概括为社会主义再生产过程中的预算资金收支。

行政事业单位的预算收支活动也有相对静止和显著变动两个方面的表现，但其具体内容与企业有所不同。预算资金活动的静态表现指预算资金的使用和来源，如货币资金、固定资产、财政拨款、应交款项等。在执行预算过程中所发生的预算资金收支，如拨款的收入、支用、结存，则构成了预算资金活动的动态表现。

对于一些兼有经营业务、实行企业管理的事业单位，由于财务管理上的双重性质，这些事业单位既有预算资金收支活动，也有经营资金的活动，因此，其会计对象的具体内容可概括为预算资金收支和经营资金循环。

第二节　会计基本假设与会计基础

一、会计基本假设

会计基本假设是会计确认、计量和报告的前提，它是会计人员对会计核算所处的变化不定的环境做出的合理设定，是对会计核算所处的空间范围、时间界限、计量方式上所做的限制和选择，无须证明即为人们所接受。会计基本假设包括会计主体、持续经营、会计分期和货币计量。

（一）会计主体

会计主体指会计工作所服务的特定单位或组织，是会计确认、计量和报告的空间范围。为了避免将应当反映的主体与其他经济主体相互混淆，在开展会计核算之前，必须首先明确规定会计核算的空间范围，即为谁记账、为谁开展会计工作，明确会计人员应有的基本立场。

明确这一假设的意义在于：在会计核算中，只有那些影响企业本身经济利益的各项交易或事项才能被加以确认和计量，那些不影响企业本身经济利益的各项交易或事项（如其他单位的经济活动）则不能被加以确认和计量。如甲企业的会计人员只能核算和监督甲企业的经济业务，不能核算和监督乙企业的经济业务，即使甲乙企业之间有经济往来，甲企业也只能核算和监督影响甲企业的经济业务。会计核算和财务报告的编制应当集中反映特定对象的活动，并将其与其他经济主体区别开来，这样才能实现财务报告的目标。

应当指出的是，会计主体与法律主体并不完全是一个概念。一般而言，任何一个具有独立经济意义的法律主体，都应该是会计主体，但会计主体不一定是法律主体。如在企业集团的情况下，一个母公司拥有若干个子公司，企业集团在母公司的统一领导下开展经营活动。母、子公司虽然是不同的法律主体，但是，为了全面反映企业集团的财务状况、经营成果和现金流量，就有必要将这个企业集团作为一个会计主体，编制合并会计报表。在这种情况下，尽管企业集团不属于法律主体，但它却是会计主体。

（二）持续经营

持续经营指在可以预见的将来，会计主体将会按当前的规模和状态持续经营下去，不会停业，也不会大规模削减业务。会计确认、计量和报告应当以企业持续、正常的生产经营活动为前提。

持续经营假设的提出，为会计工作明确了时间范围。会计准则体系是以企业持续经营为前提加以制定和规范的，涵盖了从企业成立到清算（包括破产）的整个期间的交易或者事项的会计处理。一般情况下，应当假设企业会按照当前的规模和状态继续经营下去，从而将资产划分为流动资产和非流动资产，将负债划分为流动负债和非流动负债，固定资产就可以通过计提折旧方法将历史成本分摊到各个会计期间或相关产品的成本中，如果判断企业不会持续经营，固定资产就不可以按会计期间计提折旧。

当然，在市场经济环境下，任何企业都存在破产、清算的风险，当一个企业在不能持续经营时就应当停止使用这个假设，如仍按持续经营基本假设选择会计确认、计量和报告的原则与方法，就不能客观地反映企业的财务状况、经营成果和现金流量，会误导会计信息使用者的经济决策。

（三）会计分期

会计分期指将企业持续经营的生产经营活动，人为地划分为等间距的、若干连续的、长短相同的期间，以便分期结算账目和编制会计报表，从而及时提供有关企业财务状况、经营成果等方面的会计信息。所划分的期间就称为会计期间。《企业会计准则——基本准则》规定，会计期间分为年度和中期。当会计期间为年度时，通常为会计年度。中期指短于一个完整的会计年度的报告期间，如半年度、季度、月度。年度、半年度、季度、月度的起讫日期采用公历日期。

因为存在会计分期假设，才产生了期末结账的会计核算要求，产生了期末经营成果的计算问题，产生了本期与非本期的区分，出现了权责发生制和收付实现制的选择。由于会计分期，才产生了当期与以前期间、以后期间的差别，才使不同类型的会计主体有了记账的基准,进而出现了折旧、摊销等会计处理方法。

课堂讨论

我国的会计年度是怎样划分的?中期指的是哪几个期间?

(四)货币计量

货币计量指会计主体在财务会计确认、计量和报告时以货币作为计量尺度,反映会计主体的生产经营活动。在会计确认、计量和报告的过程中,之所以选择货币为基础进行计量,是由货币的本身属性决定的。货币是商品的一般等价物,是衡量一般商品价值的共同尺度,具有价值尺度、流通手段、储藏手段和支付手段等特点。其他计量单位,如重量、长度、容积、台、件等,只能从一个侧面反映企业的生产经营情况,无法在量上进行汇总和比较,不便于会计计量和经营管理。只有选择货币这一共同尺度进行计量,才能全面反映企业的生产经营情况。会计是采纳复式簿记原理进行相关的账务处理,复式簿记的一个必备条件就是采纳统一的货币进行计量,因为只有货币才具备可加总性,才能够将各种经济活动综合地反映出来。所以,企业会计基本准则规定,会计确认、计量和报告应选择货币作为计量单位。

在有些情况下,有的信息对于决策者来说很重要,如企业经营战略、研发能力、市场竞争力等因素给企业财务状况和经营成果带来影响,但往往难以用货币计量。因此,企业可以在财务报告中补充披露有关非财务信息来弥补这一缺陷。

二、会计基础

在会计核算中,虽然将企业持续不断的经营过程划分为若干个会计期间,但是企业的经营活动仍然是继续进行的,并不会因此而停顿或中断。在企业持续经营过程中,将不断地取得收入,同时不断地发生费用。因此,为了正确确定收入和费用的归属期间,在会计上形成了两种核算基础,即权责发生制和收付实现制。

(一)权责发生制

权责发生制又称应计制或应收应付制,它以应收应付为标准来确定收入和费用的归属期间。凡本期应获得的收入,不论其款项是否收到,都应作为本期收入处理;凡本期应负担的费用,不管款项是否支付,都应作为本期的费用处理。相反,凡不应归属本期的收入,即使款项已经收到,也不能作为本期的收入处理;凡不应归属本期的费用,即使款项已经支付,也不能作为本期的费用处理。

【例1-1】 A企业于2022年10月售出一批商品给B企业,合同规定B企业应于当年11月支付货款。因B企业信用良好,财务情况没有明显问题,则A企业在2022年10月虽然没有收到现金,但商品已经售出,已经具备了收取货款的权利,这笔收入实际已经在10月赚到,收入实现了,不必等到11月实际收到现金时才确认收入。相反,如果A企业10月不确认该收入,而是当11月实际收到现金时确认收入,就不能真实地反映A企业10月的经营成果。同样道理,假设甲企业7月支付临时租入设备的两个月租金10 000元,由于此项费用的发生使甲企业 7 月和 8 月均会受益,所以 7 月支付此项费用时,并不能全部作为当月费用,当月只记费用 5 000 元,从当月收入中得到补偿;8 月再记费用 5 000 元,从 8 月收入中得到补偿。

(二)收付实现制

收付实现制又称现金制或实收实付制,它以款项的实际收付为标准确定收入和费用的归属期间。凡本期收到的收入和支出的费用,不管其是否应归属本期,都作为本期的收入和费用处理;相反,凡本期尚未收到的收入和尚未支付的费用,即使应当归属本期,也不能作为本期的收入和费用处理。

【例 1-2】 仍以上述 A 企业为例,A 企业 10 月售出商品,11 月才能收到货款。则 A 企业 10 月没有收到现金,就不能确认收入,要等到 11 月实际收到现金时才能作为 11 月的收入。又如上述甲企业,7 月支付两个月租金 10 000 元,则所支付 10 000 元全部作为 7 月费用。

我国 2006 年 2 月发布的《企业会计准则——基本准则》规定,企业应当以权责发生制为基础进行会计确认、计量和报告。2017 年 1 月 1 日起施行的《政府会计准则——基本准则》规定,政府会计由预算会计和财务会计构成,预算会计实行收付实现制,财务会计实行权责发生制。

课堂讨论

财务会计与预算会计的核算基础为何不同?

【例 1-3】 某公司于 2022 年 6 月发生的部分经济业务如下(假定不考虑相关税费)。
(1)收到上月产品销售货款 8 000 元。
(2)销售产品 75 000 元,其中 55 000 元已收到款项存入银行,其余货款尚未收到。
(3)预收购货方支付的货款 52 000 元。
(4)支付第二季度借款利息共计 3 000 元。
(5)支付本月水电费 2 500 元。
(6)本月提供服务收入 3 700 元存入银行。
(7)用银行存款预付下季度房租 6 000 元。
(8)上月预收货款的产品本月已发出,实现销售收入 35 000 元。

要求:分别用权责发生制和收付实现制,列表计算该公司 6 月份的收入和费用。

表 1-1 该公司 6 月的收入和费用表　　　　　　　单位:元

业务序号	权责发生制		收付实现制	
	收入	费用	收入	费用
(1)			8 000	
(2)	75 000		55 000	
(3)			52 000	
(4)		1 000		3 000

续表

业务序号	权责发生制		收付实现制	
	收入	费用	收入	费用
（5）		2 500		2 500
（6）	3 700		3 700	
（7）	35 000			6 000
（8）				
合计	113 700	3 500	118 700	11 500

第三节　会计信息质量要求

会计工作的基本任务是向财务报告使用者提供与企业财务状况、经营成果和现金流量等有关的会计信息。因此，会计信息质量的高低是评价会计工作成败的标准。为了促使企业加强和规范会计核算，向财务会计报告使用者提供高质量的会计信息，基本会计准则对会计信息质量的要求做出了明确的规定，包括可靠性、相关性、可理解性、可比性、实质重于形式、重要性、谨慎性、及时性等。

一、可靠性

可靠性要求企业应当以实际发生的交易或者事项为依据进行会计确认、计量和报告，如实反映符合确认和计量要求的各项会计要素及其他相关信息，保证会计信息真实可靠、内容完整。可靠性是高质量会计信息的重要基础和关键所在，如果企业以虚假的经济业务进行会计确认、计量和报告，属于违法行为，不仅会严重损害会计信息质量，而且会误导投资者，干扰资本市场，导致会计秩序混乱。

知识链接

可靠性要求"保证会计信息真实可靠、内容完整"。这是对会计信息质量要求提出的最基本的要求。

二、相关性

相关性要求企业提供的会计信息应当与财务会计报告使用者的经济决策需要相关，有助于财务会计报告使用者对企业过去、现在或者未来的情况做出评价或者预测。会计信息质量的相关性要求，是以可靠性为基础的，两者之间是统一的，并不矛盾，不应将两者对立起来。也就是说，会计信息在可靠性前提下，应尽可能地具有相关性，以满足投资者等财务会计报告使用者的决策需要。

三、可理解性

可理解性要求企业提供的会计信息应当清晰明了，便于财务会计报告使用者理解和使用。财务会计报告使用者通过阅读、分析、使用财务报告信息,能够了解企业的过去和现状,以及企业净资产或企业价值的变化过程,预测未来发展趋势,从而做出科学决策。

四、可比性

可比性要求企业提供的会计信息应当相互可比,主要包括以下两层含义。

(1)同一企业不同时期可比。为了便于投资者等财务会计报告使用者了解企业财务状况、经营成果和现金流量的变化趋势,比较企业在不同时期的财务报告信息,全面、客观地评价过去、预测未来,做出决策。会计信息质量的可比性要求同一企业不同时期发生的相同或者相似的交易或者事项,应当采用一致的会计政策,不得随意变更。但是,满足会计信息可比性要求,并非表明企业不得变更会计政策,如果按照规定或者在会计政策变更后可以提供更可靠、更相关的会计信息,则可以变更会计政策。有关会计政策变更的情况,应当在附注中予以说明。

(2)不同企业相同会计期间可比。为了便于投资者等财务会计报告使用者评价不同企业的财务状况、经营成果和现金流量及其变动情况,会计信息质量的可比性要求不同企业在同一会计期间发生的相同或者相似的交易或者事项,应当采用统一规定的会计政策,确保会计信息口径一致、相互可比,以使不同企业按照一致的会计确认、计量和报告要求提供有关会计信息。

五、实质重于形式

实质重于形式要求企业应当按照交易或者事项的经济实质进行会计确认、计量和报告,不应仅以交易或者事项的法律形式为依据。

企业发生的交易或事项在多数情况下其经济实质和法律形式是一致的,但在有些情况下也会出现不一致。例如,企业按照销售合同销售商品但又签订了售后回购协议,虽然从法律形式上看实现了收入,但如果企业没有将商品所有权上的主要风险和报酬转移给购货方,没有满足收入确认的各项条件,即使签订了商品销售合同或者已将商品交付给购货方,也不应当确认销售收入。

六、重要性

重要性要求企业提供的会计信息应当反映与企业财务状况、经营成果和现金流量等有关的所有重要交易或者事项。

当评价某些项目的重要性时,很大程度上取决于会计人员的职业判断。一般来说,应当根据企业所处环境和实际情况,从项目的性质和金额的大小两方面加以判断。从性质来说,当某一事项有可能对决策产生一定影响时,就属于重要项目;从金额方面来说,当某一项目的数量达到一定规模时,就可能对决策产生影响。在会计核算工作中,坚持重要性就应当使提供会计信息的收益大于成本,对于那些不重要的项目,如果也采用严格的会计程序,分别进行会计核算,分项反映,就会导致会计信息的成本大于收益。

七、谨慎性

谨慎性要求企业对交易或者事项进行会计确认、计量和报告时保持应有的谨慎，不应高估资产或者收益、低估负债或者费用。

在市场经济环境下，企业的生产经营活动面临着许多风险和不确定性，如应收款项的可收回性、固定资产的使用寿命、无形资产的使用寿命、售出存货可能发生的退货或者返修等。会计信息质量的谨慎性要求企业在面临不确定性因素的情况下做出职业判断时，应当保持应有的谨慎，充分估计到各种风险和损失，既不能高估资产或者收益，也不能低估负债或者费用。例如：对于企业发生的或有事项，通常不能确认或有资产，只有当相关经济利益基本确定能够流入企业时，才能作为资产予以确认；相反，当相关的经济利益很可能流出企业而且构成现时义务时，应当及时确认为预计负债，这就体现了会计信息质量的谨慎性要求。谨慎性的应用不允许企业设置秘密准备，如果企业故意低估资产或者收入，或者故意高估负债或者费用，将不符合会计信息的可靠性和相关性要求，会损害会计信息质量，扭曲企业实际的财务状况和经营成果，从而对使用者的决策产生误导，这是不符合会计准则要求的。

八、及时性

及时性要求企业对于已经发生的交易或者事项应当及时进行会计确认、计量和报告，不得提前或者延后。会计信息的价值在于帮助使用者做出经济决策，具有时效性。即使是可靠的、相关的会计信息，如果不及时提供，也失去了时效性，对于使用者的效用就会大大降低，甚至不再具有实际意义。

第四节　会计要素确认与计量

一、财务会计报告及其种类

会计要素也称财务会计报告要素，是会计核算和监督的具体对象，也是财务会计报告的具体内容。财务会计报告包括财务报表及其附注和其他应当在财务会计报告中披露的相关信息和资料。财务报表至少应当包括资产负债表、利润表（又称损益表）、现金流量表、所有者权益（或股东权益）变动表及附注。本节只简略介绍前三张报表。

企业的会计要素由资产、负债、所有者权益、收入、费用和利润六项构成。其中前三项要素反映了企业在一定时点上（月末、季末、半年末、年末）的资金运动静态表现，即反映企业的财务状况，编制资产负债表；后三项要素反映了企业在一定期间（月度、季度、半年度、年度）的资金运动动态表现，即反映企业的经营成果，编制利润表。会计要素的界定和分类可以使财务会计系统更加科学严密，为投资者等财务会计报告使用者提供更加有用的信息。

会计要素如图1-2所示。

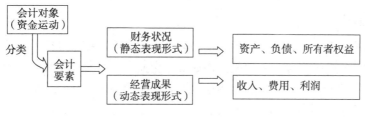

图 1-2　会计要素

（一）资产负债表

当一家企业刚刚成立时，需要各种各样的资金来源。例如，向银行借款，向社会公众发行公司债券等形成企业的负债，在之后的生产经营活动中，以现金购买设备和商品，形成固定资产和存货；销售产品时如果没有收到购买方支付的货款，则形成应收账款等资产。另外，接受投资者以现金或其他资产投入资源，形成企业的资产和所有者权益，所有者权益也不是固定不变的，企业每一期经营的盈亏将结转和附加到期初的所有者权益中去，计量出投资者在企业中的权益。

资产负债表是反映企业在某一特定日期的财务状况的会计报表（表 1-2）。财务状况指资产、负债和所有者权益的金额及相互之间的关系。

表 1-2　资产负债表（简表）

编制单位：×××公司　　　　　　　年　月　日　　　　　　　会企01表　单位：元

资产	期末余额	年初余额	负债和所有者权益（或股东权益）	期末余额	年初余额
流动资产：			流动负债：		
货币资金			短期借款		
应收票据			应付账款		
应收账款			应付职工薪酬		
⋮			⋮		
流动资产合计			流动负债合计		
非流动资产：			非流动负债：		
长期股权投资			长期借款		
固定资产			⋮		
无形资产			非流动负债合计		
⋮			所有者权益：		
非流动资产合计			实收资本		
			资本公积		
			盈余公积		
			⋮		
资产总计			负债和所有者权益总计		

（二）利润表

利润表指反映企业在一定会计期间的经营成果的报表。该表是按照各项收入、费用，以及构成利润的各个项目分录分项编制而成的。企业在每一会计期间末将当期发生的全部收入、费用归集到利润表中，计算出当期利润。利润的多少是判断一个企业经营成果和获利能力的主要依据。利润表如表1-3所示。

表1-3 利润表（简表）

编制单位：×××公司　　　　年　月　日　　　　　　　会企02表　单位：元

项目	本期金额	上期金额
一、营业收入		
减：营业成本		
税金及附加		
销售费用		
管理费用		
研发费用		
财务费用		
资产减值损失		
二、营业利润（亏损以"－"填列）		
加：营业外收入		
减：营业外支出		
三、利润总额（亏损总额以"－"填列）		
减：所得税费用		
四、净利润（净亏损以"－"填列）		

（三）现金流量表

现金流量表指反映企业在一定会计期间现金和现金等价物流入和流出的会计报表。

现金流量表的主体由三部分构成，分别是经营活动产生的现金流量、投资活动产生的现金流量和筹资活动产生的现金流量。一般来说：经营活动产生的现金流量是最为稳定和有保障的，对企业未来的现金流变化趋势具有较强的预测价值；投资活动产生的现金流量反映了企业投资的变化及收益情况；筹资活动现金流量反映了企业通过资本发行和债务发行筹措现金的能力。现金流量表如表1-4所示。

表1-4 现金流量表（简表）

编制单位：×××公司　　　　年　月　日　　　　　　　会企03表　单位：元

项目	本期金额	上期金额
一、经营活动产生的现金流量：		
销售商品、提供劳务收到的现金		

续表

项目	本期金额	上期金额
购买商品、接受劳务支付的现金		
经营活动产生的现金流量净额		
二、投资活动产生的现金流量：		
购建固定资产、无形资产和其他长期资产支付的现金		
投资活动产生的现金流量净额		
三、筹资活动产生的现金流量		
取得借款收到的现金		
偿还债务支付的现金		
筹资活动产生的现金流量净额		
四、现金及现金等价物净增加额		
加：期初现金及现金等价物余额		
五、期末现金及现金等价物余额		

二、会计要素的确认

（一）资产

1. 资产的定义和特征

按照《企业会计准则——基本准则》的规定："资产是指企业过去的交易或者事项形成的、由企业拥有或者控制的、预期会给企业带来经济利益的资源。"

根据资产的定义，作为一项资产必须具备下列几个基本特征。

1）资产是由过去的交易或事项形成的

作为企业资产，必须是现实的而不是预期的资产，是企业在过去的一个时期里，已经发生的交易或事项所产生的结果。过去已经发生的交易或事项包括购买、生产、建造行为或者其他交易或事项。至于未来交易或事项可能产生的结果，则不属于现在的资产，不得作为资产确认。如企业通过购买、自行建造等方式得到某项设备，或因销售产品而形成一项应收账款等，都是企业的资产。但是企业预计在未来某个时点将要购买的设备，就不能作为企业的资产。

2）资产应为企业拥有或者控制的资源

一项资源要作为企业资产，企业必须拥有此项资产的所有权，并可以由企业自行使用或处置。但在某些条件下，对一些由特殊方式形成的资产，企业虽然不拥有所有权，但能够控制的，同样表明企业能够从资产中获得经济利益。所以符合会计上对资产的定义，这种由特殊方式形成的资产也应作为企业资产确认。如某企业租入一项资产，尽管企业并不拥有其所有权，但是如果租赁合同规定的租赁期相当长，接近于该资产的预计使用寿命，则表明企业控制了该资产的使用及其所能带来的经济利益，按照实质重于形式的要求，应当将其作为资产予以会计确认、计量和报告。

3）资产预期会给企业带来经济利益

这是资产最重要的特征。预期会给企业带来经济利益，指能直接或间接增加流入企业的现金或现金等价物的潜力。如企业采购的原材料、购置的固定资产等可以用于生产经营过程，制造商品或提供劳务，对外出售后收回货款，货款即为企业所获得的经济利益。如果一个项目预期不能为企业带来经济利益，就不能再确认为企业的资产，只能作为费用或损失。例如，待处理财产损失及某些财务挂账等，由于不符合资产定义，均不应当确认为资产。

2. 资产的分类

资产按其流动性，可以分为流动资产和非流动资产。

1）流动资产

流动资产指在一年以内（含一年）或超过一年的一个经营周期之内变现或耗用的资产，主要包括货币资金、交易性金融资产、应收及预付款项、存货等。

货币资金指在企业生产经营管理过程中处于货币形态的那部分资金，包括库存现金、银行存款和其他货币资金。

交易性金融资产指企业为了近期内出售而持有的债券、股票和基金等投资。

应收及预付款项指企业在日常活动中发生的各项债权，包括应收款项和预付款项。应收款项包括应收票据、应收账款和其他应收款等；预付款项指企业按照合同规定预付的款项，如预付账款。

存货指企业在日常生产经营过程中持有以备出售的产成品或商品、处在生产过程中的在产品、在生产过程或提供劳务过程中耗用的材料和物料等。

2）非流动资产

非流动资产指流动资产以外的资产，指不能在一年或者超过一年的一个营业周期内变现或者耗用的资产。其主要包括固定资产、无形资产和长期股权投资等。

固定资产指同时具备下列特征的有形资产：①为生产商品、提供劳务、出租或经营管理而持有的；②使用寿命超过一个会计年度。

无形资产指企业拥有或者控制的没有实物形态的可辨认非货币性资产，通常包括专利权、非专利技术、商标权、著作权、特许权、土地使用权等。

长期股权投资指投资方对被投资单位实施控制、重大影响的权益性投资，以及对其合营企业的权益性投资。

3. 资产的确认条件

1）与该资源有关的经济利益很可能流入企业

资产的确认应与经济利益流入的不确定性程度的判断结合起来，如果根据编制财务报表时所取得的证据，与资源有关的经济利益很可能流入企业，那么就应当将其作为资产予以确认；反之，则不能确认为资产。

2）该资源的成本或者价值能够可靠地计量

资产的确认还应满足经济资源的成本或者价值能够可靠计量的要求，如果经济资源的成本或者价值不能可靠计量，即使经济资源很可能流入企业，也不能将该经济资源确认为资产。

在企业控制的资源中还有人力资源,而且这些人力资源很可能为企业带来经济利益。但在现行会计系统中,人力资源通常不确认为企业的一类资产,这是因为人力资源的成本或者价值无法被可靠计量。

(二)负债

1. 负债的定义和特征

按照《企业会计准则——基本准则》的规定:"负债是指企业过去的交易或者事项形成的、预期会导致经济利益流出企业的现时义务。"

根据负债的定义,负债具有以下几个特征。

1)负债是由企业过去的交易或事项形成的

负债应当由企业过去的交易或事项形成,即导致负债的交易或事项必须已经发生,如购货的应付账款、借入的款项等所产生的义务,在会计上才能确认为负债,而正在筹划的未来的交易或事项是不会产生负债的,如企业的业务计划。

2)负债是企业承担的现时义务

负债是企业承担的现时义务,这是负债的一个基本特征。其中,现时义务指企业在现行条件下已承担的义务。未来发生的交易或者事项形成的义务不属于现时义务,不应当确认为负债。这里所指的义务可以是法定义务,也可以是推定义务。由于具有约束力的合同或法定要求,义务在法律上可能是强制执行的,如收到货物或劳务而发生的应付款项,即属于法定义务。另外,义务还可能产生于正常的义务活动、习惯,以及为了保持良好的义务关系或公平处事的愿望。如果企业定出一条方针,即使产品在保证期满以后才显现问题的也要予以免费修理,则企业在已售出的产品上预期将会发生的修理费用就是一项推定义务,也属于企业的负债。

3)负债预期导致经济利益流出企业

预期会导致经济利益流出企业是负债的一个本质特征。当履行现时义务清偿负债时,可用现金或实物资产形式偿还,以提供劳务形式偿还,以负债转为资本偿还等。只有企业在偿还负债时,导致经济利益流出企业的,才符合负债的定义,如果不会导致经济利益流出企业的,就不符合负债的定义。

2. 负债的分类

负债按其流动性,可以分为流动负债和非流动负债。

1)流动负债

流动负债指在一年以内(含一年)或超过一年的一个经营周期内偿还的债务。流动负债包括短期借款、应付及预收款项等。

短期借款指企业向银行或其他金融机构等借入的期限在一年以下(含一年)的各种借款。

应付及预收款项指企业在日常生产经营活动中形成的各种负债，包括应付票据、应付账款、预收账款、应付职工薪酬、应交税费、应付利息、应付股利、其他应付款等。

2）非流动负债

流动负债以外的负债归类为非流动负债，指偿还期在一年以上的一个营业周期以上的债务。

非流动负债主要包括长期借款、应付债券、长期应付款等。

长期借款指向银行或其他金融机构借入的期限在一年以上（不含一年）的各种借款。

应付债券指企业为筹集长期资金而发行的债券，包括应付的债券本金和利息。

长期应付款指企业除长期借款和应付债券以外的其他各种长期应付款，包括应付融资租入固定资产的租赁费、以分期付款方式购入固定资产等发生的应付款项等。

3. 负债的确认条件

1）与该义务有关的经济利益很可能流出企业

负债的确认应当与经济利益流出的不确定性程度的判断结合起来，如果有确凿证据表明，与现时义务有关的经济利益很可能流出企业，就应当将其作为负债予以确认；相反，如果企业承担了现时义务，但是会导致企业经济利益流出的可能性很小，就不符合负债的确认条件，不应将其作为负债予以确认。

2）未来流出的经济利益的金额能够被可靠地计量

负债的确认在考虑经济利益流出企业的同时，对于未来流出的经济利益的金额应当能可靠计量。

（三）所有者权益

1. 所有者权益的定义

按照《企业会计准则——基本准则》的规定："所有者权益是指企业资产扣除负债后由所有者享有的剩余权益。公司的所有者权益又称为股东权益。"所有者权益是所有者对企业资产的剩余索取权，它是企业资产中扣除债权人权益后应由所有者享有的部分，既可反映所有者投入资本的保值增值情况，又体现了保护债权人权益的理念。

2. 所有者权益的来源

所有者权益的来源包括所有者投入的资本、直接计入所有者权益的利得和损失、留存收益等，通常由股本（或实收资本）、资本公积（含股本溢价或资本溢价、其他资本公积）、盈余公积和未分配利润构成。

所有者投入的资本既包括构成企业注册资本或者股本部分的金额，也包括投入资本超过注册资本或者股本部分的金额，即资本溢价或者股本溢价，这部分投入资本在我国企业会计准则体系中被计入资本公积，并反映在资产负债表中的资本公积项目下。

直接计入所有者权益的利得和损失，指不应计入当期损益、会导致所有者权益发生增减变动的、与所有者投入资本或者向所有者分配利润无关的利得或者损失。其中，利得指由企业非日常活动所形成的、会导致所有者权益增加的、与所有者投入资本无关的经济利益的流入。损失指由企业非日常活动所发生的、会导致所有者权益减少的、与向所有者分配利润无关的经济利益的流出。

留存收益是企业历年实现的净利润留存于企业的部分，主要包括累计计提的盈余公积和未分配利润。

3. 所有者权益的确认条件

所有者权益体现的是所有者在企业中的剩余权益，因此，所有者权益的确认依赖于其他会计要素，尤其是资产和负债的确认；所有者权益金额的确认也主要取决于资产和负债的计量。

（四）收入

1. 收入的定义和特征

按照《企业会计准则——基本准则》的规定："收入是指企业在日常活动中形成的、会导致所有者权益增加的、与所有者投入资本无关的经济利益的总流入。"

根据收入的定义，收入具有以下几个特征。

1）收入是企业在日常活动中形成的

日常活动指企业为完成其经营目标所从事的经营性活动及与之相关的活动。明确界定日常活动是为了将收入与利得相区分，因为企业非日常活动所形成的经济利益的流入不能被确认为收入，而应当计入利得。

2）收入是与所有者投入资本无关的经济利益的总流入

收入带来经济利益的流入，进而导致资产的增加，反映企业经济资源和经济价值的增加。由于该资产的增加不是投资者投入资本引起的，故收入所带来的经济利益的流入与投资者投入资本无关。

3）收入最终导致所有者权益的增加

收入是形成企业利润的基础，而通过对利润进行分配，会形成资本公积、盈余公积和未分配收益，进而增加所有者权益，不会导致所有者权益增加的经济利益的流入，不符合收入的确认条件。

2. 收入的分类

（1）按收入形成的来源，可将收入分为销售商品收入和提供服务收入。

销售商品收入指企业因销售商品而获得的收入。商品包括企业为销售而生产和为转售而购进的商品，如工业企业生产的产品、商业企业购进商品等，企业销售的其他存货，如原材料和包装物等，也视同企业的商品。

提供服务收入指企业通过提供服务而获得的收入。服务通常指其结果不形成有形资产的服务，比如旅游服务、运输服务、饮食服务、广告策划与制作、培训业务等。

（2）按收入在经济业务中的比重，可将收入划分为主营业务收入和其他业务收入。

主营业务收入指企业通过主要经营活动所取得的收入，包括销售商品、提供服务等主营业务获取的收入。

其他业务收入指主营业务收入以外的其他经营活动，如工业企业销售材料、提供非工业性服务等实现的收入。

3. 收入的确认条件

根据《企业会计准则第 14 号——收入》的规定：企业与客户之间的合同同时满足下列五项条件的，企业应当在客户取得相关商品控制权时确认收入：

（1）合同各方已批准该合同并承诺将履行各自义务。

（2）该合同明确了合同各方与所转让商品相关的权利和义务。

（3）该合同有明确的与所转让商品相关的支付条款。

（4）该合同具有商业实质，即履行该合同将改变企业未来现金流量的风险、时间分布或金额。

（5）企业因向客户转让商品而有权取得的对价很可能收回。

（五）费用

1. 费用的定义和特征

按照《企业会计准则——基本准则》的规定："费用是指企业在日常活动中发生的、会导致所有者权益减少的、与向所有者分配利润无关的经济利益的总流出。"

根据费用的定义，费用具有以下几个特征。

1）费用是企业在日常活动中形成的

费用必须是企业在其日常活动中所形成的，日常活动的界定与收入定义中涉及的日常活动的界定一致。日常活动所产生的费用通常包括销售成本、职工薪酬、折旧费、无形资产摊销费等，将费用界定为日常活动所形成的，目的是将其与损失相区分，因企业非日常活动所形成的经济利益的流出不能被确认为费用，而应计入损失，如自然灾害损失、企业支付的罚款等。

2）费用是与向所有者分配利润无关的经济利益的总流出

费用的发生应当会导致经济利益的流出，从而导致资产的减少或者负债的增加（负债增加最终也会导致资产的减少）。其表现形式包括：现金或者现金等价物的流出，存货、固定资产和无形资产等的流出或者消耗。

3）费用会导致所有者权益的减少

与费用相关的经济利益的流出应当导致所有者权益的减少，所以不会导致所有者权益减少的经济利益的流出不符合费用的定义，不应被确认为费用。

2. 费用的分类

企业的费用通常包括主营业务成本、其他业务成本、税金及附加和期间费用等。企业通常将在主营业务中已销售商品、已提供服务的成本确认为主营业务成本，将在其他业务中如销售多余材料、出租包装物的相关支出确认为其他业务成本。税金及附加是指企业经营活动应负担的相关税费，如消费税、城市维护建设税、教育费附加等。期间费用指不能直接归属于某个特定产品成本中，而只能直接计入本期损益的各项费用，包括管理费用、财务费用销售售用。

3. 费用的确认条件

费用的确认除了应当符合定义外，也应当满足严格的条件，费用的确认至少应当满足以下三个条件。

（1）与费用相关的经济利益应当很可能流出企业。

（2）经济利益流出企业的结果会导致资产的减少或者负债的增加。

（3）经济利益的流出额能够可靠计量。

（六）利润

1. 利润的定义

按照《企业会计准则——基本准则》的规定："利润是指企业在一定会计期间的经营成果。"通常情况下，如果企业实现了利润，表明企业的所有者权益增加，业绩得到了提升；相反，如果企业发生了亏损（即利润为负数），表明企业的所有者权益减少，业绩下滑了。因此，利润往往是评价企业管理层业绩的一项重要指标，也是投资者等财务会计报告使用者在进行决策时的重要参考指标。

2. 利润的构成

利润包括收入减去费用后的净额、直接计入当期利润的利得和损失等。其中收入减去费用后的净额反映的是企业日常活动的业绩，直接计入当期利润的利得和损失反映的是企业非日常活动的业绩。直接计入当期利润的利得和损失，指应当计入当期损益、最终会引起所有者权益发生增减变动的、与所有者投入资本或者向所有者分配利润无关的利得或者损失。利得指由企业非日常活动所产生的、会导致所有者权益增加的、与所有者投入资本无关的经济利益的流入。损失是由企业非日常活动所产生的、会导致所有者权益减少的、与所有者分配利润无关的经济利益的流出。

企业应当严格区分收入和利得、费用和损失，以更加全面地反映企业的经营业绩。

3. 利润的确认条件

利润反映的是收入减去费用后的净额、直接计入当前利润的利得和损失等。因此，利润的确认主要依赖于收入和费用、直接计入当前利润的利得和损失确认和计量。

收入和利得、费用和损失区别的是什么？

三、会计要素的计量

会计计量是为了将符合确认条件的会计要素登记入账并列表于财务报表而确定其金额的过程。企业应当按照规定的会计计量属性进行计量，并确定相关金额。会计计量属性反映的是会计要素金额的确定基础。根据《企业会计准则——基本准则》的规定，当企业对会计要素进行计量时，可以选择运用的会计计量属性有历史成本、重置成本、可变现净值、现值和公允价值。

（一）历史成本

历史成本又称实际成本，指取得或制造某项财产物资时所实际支付的现金或其他等价物。在历史成本计量下，当资产按照其购置时支付的现金或者现金等价物的金额，或者购置资产时所付出的对价的公允价值计量。负债按照其因承担现时义务而实际收到的款项或者资产的金额，或者承担现时义务的合同金额，或者按照日常活动中为偿还负债预期需要支付的现金或者现金等价物的金额计量。历史成本计量，要求对企业资产、负债和所有者权益等项目的计量，应当基于经济业务的实际交易成本，而不考虑随后市场价格变动的影响。

（二）重置成本

重置成本又称现行成本，指按照当前市场条件，重新取得同样一项资产所需支付的现金或现金等价物金额。在重置成本计量下：资产按照现在购买相同或者相似资产所需支付的现金或者现金等价物的金额计量；负债按照现在偿付该项债务所需支付的现金或者现金等价物的金额计量。重置成本多应用于盘盈固定资产的计量等。

（三）可变现净值

可变现净值指在正常生产经营过程中，以预计售价减去进一步加工成本和预计销售费用及相关税费后的净值。在可变现净值计量下，资产按照其正常对外销售所能收到现金或者现金等价物的金额，扣减该资产至完工时估计将要发生的成本、估计的销售费用及相关税费后的金额计量。可变现净值通常应用于存货资产减值情况下的后续计量。

（四）现值

现值指对未来现金流量以恰当的折现率进行折现后的价值，是考虑货币时间价值的一种计量属性。在现值计量下，资产按照预计从其持续使用和最终处置中所产生的未来净现金流入量的折现金额计量。负债按照预计期限内需要偿还的未来净现金流出量的折现金额计量。现值通常用于非流动资产可收回金额和以摊余成本计量的金融资产减值的确定等。

（五）公允价值

公允价值指市场参与者在计量日发生的有序交易中，出售一项资产所能收到或者转移一项负债所需支付的价格。在公允价值计量下，资产和负债按照公平交易原则，由熟悉情况的交易双方自愿交换或者债务清偿的金额计量。公允价值主要应用于交易性金融资产等资产计量。

应当指出，企业在对会计要素进行计量时，一般应当采用历史成本计量属性。原因在于历史成本的取得存在着可靠的证据——原始凭证，可以进行验证。但是，当资产价格波动较大或者存在通货膨胀时，期末对资产按照历史成本进行列示，以此计算相应的成本费用，必然会带来利润的虚增，扭曲企业的经营成果。为此当存在上述情况时，会计上要求采用重置成本、可变现净值、现值、公允价值计量，但必须应当保证所确定的会计要素金额能够取得并被可靠计量。

课堂讨论

为什么会计要素的计量一般要采用历史成本？采用历史成本之外的计量属性应满足什么条件？

第五节　会计核算的基本程序与方法

为了实现会计目标，当会计信息系统在提供信息时，有着其独特的一套会计程序与方法。

一、会计核算的基本程序

（一）会计确认

会计确认指把某个项目作为企业的资产、负债、所有者权益、收入、费用或者其他要素加以正式记录或列入最终财务报表中的过程。确认的主要特点如下。

（1）何时、以何种金额、以何种要素进行记录（初始确认）。即对输入会计核算系统的原始经济信息的确认，实际上是经济数据能否转化为会计信息，并进入会计核算系统的筛选过程。

（2）何时、以何种金额通过何种会计要素列入财务报表（再确认）。即根据信息使用者的需要，确认账簿所记录的资料中哪些内容应被列入财务报表，或者是在财务报表中应揭示多少财务资料和何种财务资料的过程。

（二）会计计量

会计计量指根据被计量对象的计量属性，选择运用一定的计量单位和计量基础，确定应记录项目数量的会计处理过程。会计计量应当以货币计量为主，实物和时间只能作为货币计量的补充。至于计量属性的选择，在资产负债表上，资产项目一般以历史成本进行列示，但当通货膨胀或资产价格受供求关系影响较大时，要求采用重置成本、可变现净值、现值或公允价值等计量属性来进行计量。

（三）会计记录

会计记录指对经过确认而进入会计信息系统的各项数据，通过预先设置好的各种账户，运用一定的专门记账方法，按照复式记账法的要求在账簿中进行记录的过程。会计记录的载体一般有纸介质的会计凭证、会计账簿、会计报表和磁盘、光盘等，唯有经过会计记录这个基本程序，会计才有可能最终生成有助于各项经济决策的会计信息。

（四）会计报告

会计报告指以会计记录为主要依据，采用以表格和文字为主的形式，将会计数据传递给信息使用者。会计报告是会计信息系统的最终产品，也是确认、计量、记录的结果和目的。

二、会计方法

会计方法是用来反映和监督会计对象，完成会计任务的手段。科学的会计方法可以帮助我们更好地完成会计任务，实现会计目标。

会计方法是从会计实践中总结出来的，并随着社会实践发展、科学技术的进步，以及管理要求的提高而不断地发展和完善。会计方法是用来反映和监督会计对象的，会计对象的多种多样、错综复杂决定了预测、反映、监督、检查和分析会计对象的手段不是单一的方法，而是由一个方法体系构成。

会计的方法体系主要由会计核算方法、会计分析方法及会计检查与监督方法、会计预测与决策方法等组成。

会计核算方法指对各单位已经发生的经济业务和事项进行确认、计量、记录、报告并反映财务状况、经营成果和现金流量所采用的专门方法。

会计分析方法指以会计核算资料为主要依据，对单位一定时期的经济活动过程及其结果进行剖析与评价，及时发现经营管理中存在的问题及缺陷，总结经验教训，以便在今后的经营活动中进一步加强管理、提高经济效益所采用的专门方法。

会计检查方法指以会计核算资料为基础，依据会计法律、法规、准则，对会计核算资料的真实性、完整性、准确性、合法性进行检查。会计监督方法则是对会计检查结果予以确认或对检查中发现的问题予以纠正判断和处置，从而达到控制和监督的目的。

会计预测方法指以会计核算和会计分析资料为依据，结合市场等其他相关的信息，对未来经营活动做出科学判断和推测所采用的方法。会计决策方法是依据会计核算、会计分析、会计预测等所提供的资料，针对将要开展的某项经营活动确定可能存在的各种备选方案，进行可行性分析和择优判断，以供有关决策者进行决策所采用的方法。

上述各种会计方法紧密联系、相互依存、相辅相成，形成了一个完整的会计方法体系。其中，会计核算方法是会计方法中最基本的方法，也是初学者必须掌握的基本知识，本书只介绍会计核算方法。

会计核算方法具体包括设置会计科目与账户、复式记账、填制和审核凭证、登记账簿、成本计算、财产清查和编制财务会计报告。

（一）设置会计科目与账户

设置会计科目是对会计对象的具体内容进行归类反映和监督的一种专门方法。为了对会计对象复杂多样的具体内容进行科学的分类和记录，企业除了设立科目进行分类以外，还必须根据规定的会计科目开设账户，将经济业务的数据有序地、分门别类地记入账户，以便取得各种核算指标。

（二）复式记账

复式记账是对每一项经济业务都要以相等的金额同时在两个或两个以上账户中进行登记的方法。在经济活动中，每一项经济业务都会引起至少两个项目发生增减变动，因此只有通过复式记账，才能完整地反映出经济业务的来龙去脉，才能把经济业务连续地记录下来。

（三）填制和审核凭证

会计凭证是记录经济业务、明确经济责任的书面证明，是登记账簿的依据。企业发生的经济业务都应取得或填制原始凭证，然后经过会计部门和有关部门的审核，在确认无误后，才能由会计人员填制记账凭证，作为登记账簿的依据。通过会计凭证的填制和审核，可以为经济管理提供完整、可靠的数据资料，同时也是会计监督的一个重要方面。

（四）登记账簿

账簿是由具有专门格式、相互连接的账页所组成，用来记录各项经济业务的簿籍。它是保存会计数据资料的重要工具。登记账簿就是把企业发生的经济业务，按其发生的顺序，分门别类记入有关账簿，以便为经济管理提供完整、系统的数据资料。登记账簿必须以凭证为依据，同时按照规定的会计科目在账簿中分设账户，利用复式记账的方法进行登记，并定期进行结账和对账，使账簿记录与实际情况相符。账簿所提供的各种数据资料，是编制会计报表的重要依据。

（五）成本计算

成本计算是将生产经营中发生的各项费用，按照不同的成本计算对象进行归集，从而计算出产品的总成本和单位成本的方法。成本计算是工业企业进行经济核算的中心环节。进行成本计算，可以确定材料采购、生产和销售的成本，了解企业成本的高低，考核成本计划的完成情况，以便采取措施，降低企业的成本。

（六）财产清查

财产清查是通过盘点实物、核对账目来查明各项财产物资的实有数的一种专门方法。为了保证财产的安全性、完整性，加强会计记录的准确性，各单位必须定期或不定期地对各项财产物资和资金进行盘点，以便发现问题，分析原因，查明责任，并调整账簿记录，做到账实相符。

（七）编制财务会计报告

财务会计报告是企业对外提供的反映企业某一特定日期的财务状况和某一特定期间的经营成果、现金流量等会计信息的文件。编制财务会计报告就是定期对日常分散的核算资料进行综合汇总，经过加工整理而形成系统的会计信息，以反映企业财务状况、经营成果、现金流量及计划预算的执行情况，促进增产节支，为有关各方提供参考资料。财务会计报告是会计工作的重要成果，也是会计信息最重要的载体。

知识链接

在会计方法体系中，会计核算方法是最基本的一种方法。会计核算方法包括七种具体方法，它们之间是相互联系、紧密结合的。

上述会计核算方法在实际的会计工作中不是单独存在的，而是相互联系、相互配合的。一项经济业务发生后，要填制和审核凭证，按照规定的会计科目和账户采用复式记账法在账簿中进行登记。会计期末，根据本期的账簿记录，计算成本，进行财产清查，结账之后，根据账簿记录编制财务会计报告。会计核算工作程序如图1-3所示。

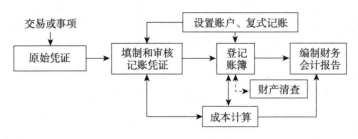

图 1-3　会计核算工作程序

第六节　企业会计准则体系

会计准则是会计核算工作的规范,是各个单位从事会计核算工作应当遵循的规则。根据《会计法》的规定,中国企业会计准则由财政部制定。

2006年2月15日,财政部在多年会计改革经验积累的基础上,顺应我国社会主义市场经济发展和经济全球化的需要,发布了企业会计准则体系。这套企业会计准则体系包括《企业会计准则——基本准则》和具体准则及有关应用指南,实现了与国际财务报告准则的趋同。企业会计准则体系自2007年1月1日起首先在上市公司范围内施行,之后逐步扩大到几乎所有的大中型企业中。

中国现行的企业会计准则体系由基本会计准则、具体会计准则、会计准则应用指南和解释组成。

一、基本会计准则

基本会计准则主要规定会计核算的基本前提和基本要求,它在整个企业会计准则体系中起着统驭作用,为具体会计准则的制定提供基本框架。基本会计准则主要包括:①财务会计报告目标;②会计核算基本假设;③会计核算基础;④会计信息质量要求;⑤会计要素确认与计量;⑥财务报告。其中会计要素的内容主要就资产、负债、所有者权益、收入、费用和利润的确认、计量与报告做出原则规定。

基本会计准则在企业会计准则体系中的主要作用表现在以下两方面。

(1)统驭具体准则的制定。基本会计准则是制定具体准则的基础,对各具体准则的制定起着统驭作用,可以确保各具体准则的内在一致性。在企业会计准则体系的建设中,各项具体准则也都是明确规定按照基本会计准则的要求进行制定和完善。

(2)为会计实务中出现的、具体准则尚未规范的新问题提供会计处理依据。在会计实务中,由于经济业务交易事项的不断发展、创新,一些新的交易事项在具体准则中尚未被规范但又急需处理,这时在处理时应当严格遵循基本会计准则的要求,从而确保了企业会计准则体系对所有会计实务问题的规范作用。

二、具体会计准则

具体会计准则根据基本会计准则的要求,对各项会计核算业务和报告事项做出具体规定。具体会计准则一般可分为三大类：一是一般业务准则，主要规范各类企业所共有的一般会计核算业务的确认和计量；二是特殊行业的特定业务准则，主要规范特殊行业的特定会计核算业务的确认和计量；三是报告准则，主要规范企业编报的财务会计报告。

三、会计准则应用指南

会计准则应用指南是具体会计准则的具体化，它对正确理解和运用具体会计准则提供可操作性的指导。会计准则应用指南与基本会计准则、具体会计准则具有同等的法律效力。

四、解释

解释是对具体准则实施过程中出现的问题、具体准则条款规定不清楚或者尚未规定的问题做出的补充说明。

【本章小结】

本章对会计的发展历程进行了扼要的描述。将会计定义为以货币为主要计量单位，核算和监督一个单位经济活动的一种经济管理工作。对会计的若干基本概念进行介绍是本章的重点。本章讲解了核算和监督是会计的两大基本职能；阐述了会计主体、持续经营、会计分期、货币计量是会计基本假设，权责发生制和收付实现制是两大会计核算基础；简述了会计信息质量要求及会计核算方法；着重对会计要素的划分、定义、特征及其分类做了重点的诠释，揭示了会计要素之间的数量关系；简述了企业会计准则体系的构成。

【主观题】

一、思考题

1. 如何理解会计的产生和发展？
2. 什么是会计？会计具有哪些特点？
3. 会计信息质量要求之间有何关系？如何权衡它们之间的关系？请举例。
4. 权责发生制和收付实现制有何区别？
5. 会计的基本职能是什么？它们之间有什么关系？
6. 什么是会计要素？如何理解各个要素的定义和特征？
7. 简要说明利得与收入、损失与费用之间的区别。
8. 会计核算方法有哪些？它们之间有什么关系？

二、计算题

资料：某企业 2×22 年 9 月份发生以下经济业务：

1. 支付上月份电费 5 000 元。
2. 收回上月的应收账款 10 000 元。

3. 收到本月的营业收入款 8 000 元。

4. 支付本月应负担的办公费 900 元。

5. 支付下季度保险费 1 800 元。

6. 应收营业收入 25 000 元,款项尚未收到。

7. 预收客户货款 5 000 元。

8. 负担上季度已经预付的保险费 600 元。

要求:

(1)请分别采用权责发生制和收付实现制,计算该企业 9 月份的收入和费用。

(2)比较权责发生制与收付实现制的异同。

(3)说明它们各有何优缺点。

即测即练

自学自测 扫描此码

第二章 账户设置和复式记账原理

学习目标

通过本章学习,应达到以下学习目标。
1. 了解会计科目的含义和设置。
2. 理解复式记账法的原理。
3. 熟悉会计科目和账户的含义与类别。
4. 掌握借贷记账法的内容及其应用。
5. 掌握总分类账和明细分类账的平行登记。

引导案例

每天面对由 10 个毫无生气的阿拉伯数字组成的世界,任何人都会有厌倦的时候,可身在其中的会计人员,却能找到让人迷恋和陶醉其间的乐趣。那种资金流转于各个账户,却始终存在着动态平衡的微妙关系;那种经过千辛万苦,终于把账做平了的狂喜,是对会计的最好诠释。这种神奇的力量就来自于一个小小的等式,它不仅是会计的逻辑起点,也是会计的归属。它不仅具有对称的美,更具有这种平衡产生的意义和达到平衡所使用的方法的精妙。

案例思考:

这"美"在哪里?会计是在一定的框架和原则指导下进行业务处理的,给人一种循规蹈矩的印象。但事实上,会计是充满灵动的,在日益复杂的交易面前,分析和专业判断能力也许更胜一筹。同学们应该如何理解会计信息的经济含义及影响管理决策的能力?

第一节 经济业务与会计等式

一、经济业务

经济业务通常指企业在进行生产经营活动过程中发生的、能引起会计要素发生增减变化的事项,也称为会计事项或交易事项。各单位在生产经营和业务活动中,会发生各种各样的经济业务,这些经济业务包括两类:一类是经济交易,指单位与其他单位和个人之间发生的各种经济利益交换,如产品销售;另一类是经济事项,指单位内部发生的具有经济影响的各类事件,如计提固定资产折旧等。但无论经济业务发生怎样的变化,都不会破坏会计等式的数量平衡关系。

一定数额的资金来源必然等于一定数额的资金占用，资产与权益的恒等关系是复式记账法的理论基础。因此，任何一笔经济业务的发生，对会计等式的影响是：都会引起资产和权益发生增减变化，但其变化结果是资产总额永远等于权益总额，即"资产＝负债＋所有者权益"。下面举例说明。

某公司2022年6月30日的资产负债表（简表）如表2-1所示。

表2-1　资产负债表

单位：某公司　　　　　　　　　2022年6月30日　　　　　　　　　金额单位：万元

资产		权益（负债+所有者权益）	
项　目	金　额	项　目	金　额
银行存款	70	短期借款	100
应收账款	40	应付账款	40
存货	130	实收资本	260
固定资产	160		
总计	400	总计	400

从表2-1中可以看出，该公司资产总额是400万元，权益总额也是400万元，资产与权益总额相等。7月份发生以下业务。

【例2-1】 公司接受投资者投入的大型设备一套，价值40万元。

这项业务发生后，公司的资产（固定资产）增加40万元，同时公司的权益方的实收资本项目增加40万元。由于资产和权益两方都以相等的金额增加，因此，两方总额仍然相等。此项经济业务发生后：

　　　　　　　资产（400万元）＝负债（140万元）＋所有者权益（260万元）

（1）固定资产＋40万元　　　　　　　　　　实收资本＋40万元

变动后的数额：440（万元）＝140＋300（万元）

【例2-2】 公司以银行存款20万元偿还到期的短期借款。

这项业务发生后，公司的资产（银行存款）减少20万元，同时权益方的负债（短期借款）也减少20万元。资产与权益同时减少相同数额，不影响资产与权益的平衡关系。此项经济业务发生后：

　　　　　　　资产（440万元）＝负债（140万元）＋所有者权益（300万元）

（2）银行存款－20万元　　短期借款－20万元

变动后的数额：420（万元）＝120＋300（万元）

【例2-3】 公司购入原材料20万元，已以银行存款付讫。

这项业务发生后，资产方的原材料项目增加了20万元，同时资产方的银行存款项目减少20万元。这项业务引起资产内部一个项目增加、另一个项目减少，增减金额相等，所以其总额不会发生变动，双方仍保持平衡。此项经济业务发生后：

　　　　　　　资产（420万元）＝负债（120万元）＋所有者权益（300万元）

（3）原材料＋20万元

　　银行存款－20万元

变动后的数额：420（万元）= 120 + 300（万元）

【例 2-4】 公司开出商业承兑汇票一张，金额为 10 万元，以抵付前欠应付账款。

这项经济业务，使权益方的应付票据项目增加了 10 万元，同时又使权益方的应付账款项目减少了 10 万元。因为这项业务引起的增减变化发生在同一类项目内，金额又是相等的，虽然使有关项目的金额发生了变化，但不会影响总额变动，所以双方仍保持平衡。此项经济业务发生后：

资产（420 万元）= 负债（120 万元）+ 所有者权益（300 万元）

（4）应付票据 + 10 万元

  应付账款 − 10 万元

变动后的数额：420（万元）= 120 + 300（万元）

某公司经济业务发生后引起资产与权益变化的结果如表 2-2 所示。

表 2-2　某公司资产与权益变化结果　　　　　　　金额单位：万元

项目	月初余额	增加额	减少额	月末余额	项目	月初余额	增加额	减少额	月末余额
银行存款	70		（2）20 （3）20	30	短期借款	100		（2）20	80
应收账款	40			40	应付账款	40		（4）10	30
存货	130	（3）20		150	应付票据	0	（4）10		10
固定资产	160	（1）40		200	实收资本	260	（1）40		300
总计	400	60	40	420	总计	400	50	30	420

由表 2-2 可见，经济业务发生的结果，只是使资产与权益的总额由月初的 400 万元变为 420 万元，并未影响资产总额与权益总额的平衡关系。尽管经济业务是错综复杂的，但是其变化可以归结为四种类型：

（1）资产与权益（所有者权益）同时增加，如【例 2-1】。

（2）资产与权益（负债）同时减少，如【例 2-2】。

（3）资产之间有增有减，如【例 2-3】。

（4）权益内部有增有减，如【例 2-4】。

上述四种类型如图 2-1 所示。

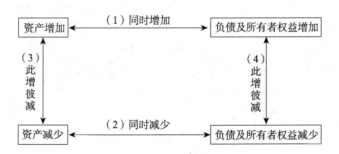

图 2-1　经济业务类型

将上述四种类型业务具体化，可表现为九种情况：

（1）资产与所有者权益同时增加。
（2）资产与负债同时增加。
（3）资产与负债同时减少。
（4）资产与所有者权益同时减少。
（5）一项资产增加，另一项资产减少。
（6）一项所有者权益增加，另一项所有者权益减少。
（7）一项负债增加，另一项负债减少。
（8）一项负债减少，一项所有者权益增加。
（9）一项所有者权益减少，一项负债增加。

经济业务的发生虽会导致资产和负债、所有者权益的增减变动，但无论其怎样变动，都不会破坏资产与权益之间的平衡关系。会计平衡式揭示了会计要素之间的规律性联系，只有在这个基础上对各要素做科学的界定分类，并为分类项目设置账户，进行复式记账，反映会计要素之间的平衡关系，才能全面、系统地反映企业经济活动的过程和结果。

二、会计等式

各会计要素之间构成的数量关系，可用公式表示为

$$资产 = 权益$$

或

$$资产 = 债权人权益 + 所有者权益$$

或

$$资产 = 负债 + 所有者权益$$

资金运动在静态情况下，其资产、负债和所有者权益三要素存在着平衡关系。资产各项目反映了资金使用情况，负债和所有者权益各项目反映了资金来源情况。

企业的资产来源于所有者的投入资本和向债权人的借入资金及其在生产经营中所产生的盈利，分别归属于所有者和债权人。归属于所有者的部分形成所有者权益；归属于债权人的部分形成债权人权益（即企业的负债）。资产来源于权益（包括所有者权益和债权人权益），资产与权益必然相等。

资产与权益的恒等关系是复式记账法的理论基础，也是企业编制资产负债表的理论依据。

资金运动在动态情况下，其循环周转过程中发生的收入、费用和利润也存在着平衡关系，用公式可以表示为

$$收入 - 费用 = 利润$$

收入、费用和利润之间的上述关系是企业编制利润表的理论基础。

上述两个平衡公式之间存在着有机的联系。在会计期间的任一时刻，两个公式可以合并为

$$资产 = 负债 + 所有者权益 + （收入 - 费用）$$

即

$$资产 + 费用 = 负债 + 所有者权益 + 收入$$

当企业在结算时，利润经过分配，上述平衡公式又表现为：资产 = 负债 + 所有者权益。

由于"资产=负债+所有者权益"这个平衡公式反映了资产的归属关系,是会计对象的公式化,其经济内容和数学上的等量关系,既是资金平衡的理论依据,也是设置会计账户、复式记账和编制会计报表的基本理论依据。因此,会计上又称为基本会计等式。

第二节 会计科目与会计账户

会计等式对企业的经济活动进行了粗线条的描绘,但所反映的只是概括的指标,并不能够详细揭示企业各种不同的经济业务的影响。为此,必须通过对会计要素进一步细化和具体化,才能分门别类地、完整地反映企业的各种经济业务活动。所以,设置会计科目与账户是会计核算方法之一。

一、会计科目

(一)会计科目的概念

会计科目指对会计对象的具体内容即会计要素进行分类核算的项目。企业在经营过程中,经常会发生各种各样的经济业务,经济业务的发生必然引起各项会计要素的增减变化。在会计上,正是通过记录经济业务所引起的各项会计要素具体内容的增减变化来反映和监督经济活动。但是,不同的会计要素具有不同的性质和内容,即使是同一项会计要素,其具体内容的性质、流动性及形成的原因也不完全相同,它们在经济活动中所起的作用也不一样。

例如,货币资金(库存现金和银行存款)和固定资产都属于资产,但它们的流动性和在经济活动中所起的作用并不相同。货币资金是以货币形态存在的资产,可以直接作为支付手段,用于购买商品或清偿债务。而固定资产是物质资料生产过程中用来改变或影响劳动对象的劳动资料,如房屋及建筑物、机器设备等。它能连续在若干生产周期内发挥作用而不改变其原有的实物形态,其价值按其磨损程度逐渐地、部分地转移到所生产的商品产品中去,构成产品价值的一部分,随着产品价值的实现而转化为货币资金。因此,为了全面地、系统地、分类地反映和监督经济活动,提高会计核算资料的使用价值,为经济管理和决策提供有用的会计信息,还必须根据经济管理的要求,将各项会计要素按其经济内容或用途做进一步分类,这种分类的项目在会计上称为会计科目。

设置会计科目是正确组织会计核算的一个重要条件,也是会计核算的一种专门方法。例如:为了核算和监督各项资产的增减变动,需要设置"库存现金""原材料""固定资产"等账户;为了核算和监督各项负债和所有者权益的增减变动,需要设置"短期借款""应付账款""实收资本""资本公积""盈余公积"等账户;为了核算和监督收入、费用和利润的增减变动,需要设置"主营业务收入""生产成本""管理费用""本年利润""利润分配"等账户。为了开设这些账户,就必须设置相应的会计科目。

(二)会计科目的分类

1. 按所提供信息的详细程度分

按其所提供信息的详细程度不同,会计科目可分为总分类科目和明细分类科目。

总分类科目是对会计对象的具体内容进行总括分类、提供总括信息的会计科目；明细分类科目是对总分类科目做进一步分类、提供更详细更具体会计信息的科目。如果某一总分类科目所辖的明细分类较多，可在该总分类科目下设置二级明细科目，然后在该二级明细科目下再设置三级明细科目，以此类推。

2. 按所反映的会计要素分

按其所反映的会计要素不同，会计科目可分为资产类科目、负债类科目、所有者权益类科目、成本类科目、损益类科目五大类。企业在不违反会计准则中确认、计量和报告规定的前提下，可以根据本单位的实际情况自行增设、分拆、合并会计科目。企业不存在的交易或事项，可不设置相关会计科目。企业设置的主要会计科目名称和序号如表2-3所示。

表2-3 会计科目名称和序号

序号	会计科目名称	序号	会计科目名称	序号	会计科目名称
	一、资产类	24	无形资产	46	本年利润
1	库存现金	25	长期待摊费用	47	利润分配
2	银行存款	26	待处理财产损溢		四、成本类
3	交易性金融资产		二、负债类	48	生产成本
4	应收票据	27	短期借款	49	制造费用
5	应收账款	28	交易性金融负债		五、损益类
6	预付账款	29	应付票据	50	主营业务收入
7	应收股利	30	应付账款	51	其他业务收入
8	应收利息	31	预收账款	52	投资收益
9	其他应收款	32	合同负债	53	营业外收入
10	坏账准备	33	应付职工薪酬	54	主营业务成本
11	材料采购	34	应交税费	55	其他业务成本
12	在途物资	35	应付利息	56	税金及附加
13	原材料	36	应付股利	57	销售费用
14	材料成本差异	37	其他应付款	58	管理费用
15	库存商品	38	长期借款	59	财务费用
16	合同资产	39	应付债券	60	研发费用
17	债权投资	40	租赁负债	61	资产减值损失
18	长期股权投资	41	长期应付款	62	信用减值损失
19	固定资产		三、所有者权益类	63	资产处置损益
20	累计折旧	42	实收资本	64	营业外支出
21	在建工程	43	资本公积	65	所得税费用
22	固定资产清理	44	其他综合收益	66	以前年度损益调整
23	使用权资产	45	盈余公积		

（三）会计科目的设置原则

设置会计科目应遵循下列基本原则。

1. 合法性原则

合法性原则指会计科目的设置和使用必须符合国家统一的会计制度的规定。

2. 相关性原则

相关性原则指所设置的会计科目应能为投资者、债权人等有关各方提供其所需要的会计信息，满足对外报告与对内管理的要求。

3. 实用性原则

实用性原则指所设置的会计科目应符合单位自身特点，满足单位实际需要。

当企业设置总分类科目时，总分类科目一定都有其所属的明细科目的名称吗？为什么？

二、会计账户

（一）会计账户的概念

设置会计科目只是规定了对会计对象具体内容进行分类核算的项目，为了序时、连续、系统地记录由于经济业务的发生而引起的会计要素的增减变动，提供各种会计信息，还必须根据设置的会计科目在账簿中开设账户。

会计账户简称账户，指根据会计科目设置的、具有一定格式和结构、用于分类反映会计要素增减变动情况及其结果的载体。设置账户是会计核算的重要方法之一。正确运用账户，分门别类地核算和监督由经济业务引起的各会计要素的变化，对于加强经济管理具有重要意义。

（二）账户的分类

账户的分类和会计科目分类一样，可将其分为资产类账户、负债类账户、所有者权益类账户、收入类账户、费用类账户、利润类账户等。按照会计科目提供核算资料的详细程度的不同，可将账户相应地分为总分类账户和明细分类账户。总分类账户指根据总分类科目设置的、用于对会计要素具体内容进行总括分类核算的账户，简称总账账户。明细分类账户是根据明细分类科目设置的、用来对会计要素具体内容进行明细分类核算的账户，简称明细账户。

（三）账户的基本结构

账户的基本结构指账户是由哪几个部分构成，以及每部分反映什么内容。

随着企业会计事项的不断发生，会计对象的具体内容必然发生变化，而且这种变化不管多么错综复杂，从数量上看不外乎增加和减少两种情况。因此，账户分为左方、右方两个方向，一个方向登记增加，另一个方向登记减少。至于哪一个方向登记增加、哪一个方向登记减少，取决于所记录经济业务内容和账户的性质。

一个完整的账户结构应包括以下内容。

（1）账户名称，即会计科目。
（2）记录经济业务的日期。
（3）凭证编号，即表明账户记录的依据。
（4）摘要，即经济业务的简要说明。
（5）增加金额、减少金额及余额。

账户的一般结构如表2-4所示。

表 2-4　账户的一般结构

账户名称（会计科目）

年		凭证编号	摘　要	左方（借方）	右方（贷方）	借或贷	余额
月	日						

为了便于说明问题，教学上可将上述账户结构简化为"T"型账户，如图2-2所示。

左方（借方）　　账户名称（会计科目）　　右方（贷方）

图 2-2　"T"型账户

每个账户记录的数额通常可以提供四个金额要素，分别是：期初余额、本期增加发生额、本期减少发生额和期末余额。

本期增加发生额指一定会计期间（月份、季度和年度）内账户所记录的增加金额的合计。本期减少发生额指一定会计期间（月份、季度和年度）内账户所记录的减少金额的合计。

期末余额指本期增加发生额和本期减少发生额相抵后的差额与本期期初余额之和。四项金额的关系是

账户期末余额＝账户期初余额＋本期增加发生额－本期减少发生额

本期的期末余额转入下期，即为下期的期初余额。期初余额一般与期末余额的方位一致，两者在正常情况下应该位于账户中登记发生额增加的方位。

那么是不是所有的账户在一定期间结束后都有余额呢？"资产＝负债＋所有者权益"等式反映了一个企业在特定时点上的资产、负债和所有者权益的结存情况，既然反映的是结存的数量和金额，它们就都存在着余额。而"收入－费用＝利润"的等式，揭示的是企业在一定会计期间内的经营成果。当期末要求计算利润时，就必须将收入、费用等账户予以结平。因此，一般来讲，当期末要求计算利润时，收入、费用等账户没有余额。

三、会计科目与会计账户的联系和区别

会计科目与账户都是对会计对象具体内容的科学分类，两者既有联系也有区别。会计

科目是账户的名称，也是设置账户的依据；账户是会计科目的具体运用。没有会计科目，账户便失去了设置的依据；没有账户，就无法发挥会计科目的作用。两者的区别是：会计科目仅仅是账户的名称，不存在结构；而账户则具一定的格式、结构和内容。在实际工作中，对会计科目和账户不加严格区分，而是相互通用。

课堂讨论

怎样理解会计科目没有结构，而账户有结构？为什么账户的结构只有两个部分？

第三节 复式记账原理

为了真实、全面地反映企业经济活动的过程和结果，除了科学地设置账户外，还要运用科学的记账方法。记账方法就是在账户中记录各项经济业务的方法，是完成会计任务、实现会计职能的最基本的手段之一。记账方法经历了由单式记账到复式记账的漫长的变迁过程。

一、复式记账法

复式记账法是单式记账法的对称，是会计核算方法的重要组成部分。它是以资产与权益平衡关系作为记账基础，对于每一笔经济业务，都要在两个或两个以上相互联系的账户中进行登记，系统地反映资金运动变化结果的一种记账方法。

复式记账法要求对每项经济业务至少在两个账户中进行记录。例如：以现金支付购买办公用品开支 200 元，记账时，不仅要登记"库存现金"的减少，还要反映"管理费用"的增加；购进材料一批，价款 5 000 元，以银行存款支付，记账时，不仅要登记"原材料"的增加，还要反映"银行存款"的减少等。

采用复式记账法对每项经济业务登记，就能够把所有经济业务相互联系地、全面地记入有关账户中，从而使账户能够完整地、系统地反映各项经济活动和财务收支的发生过程与结果，还可以通过账户间的相互联系了解经济业务的内容及其来龙去脉，检查经济业务是否合理合法。另外，由于对每项经济业务都以相等的金额在有关账户中进行记录，账户所记录的金额之间保持相应平衡关系，便于根据这种相等的关系来检查账户记录是否正确。因此，复式记账法是一种科学的记账方法。

知识链接

《会计法》规定："各单位必须依法设置会计账簿，并保证其真实、完整。""各单位必须根据实际发生的经济业务事项进行会计核算，填制会计凭证，登记会计账簿，编制财务会计报告"。"任何单位不得以虚假的经济业务事项或者资料进行会计核算"。

二、借贷记账法

复式记账法由于记账符号、记账规则和试算平衡等方面的不同，又可分为借贷记账法、增减记账法和收付记账法等。《企业会计准则——基本准则》规定，企业应当采用借贷记账法。

（一）借贷记账法的概念

借贷记账法是按照复式记账法的原理，以资产与权益的平衡关系为基础，以"借""贷"二字作为记账符号，以"有借必有贷，借贷必相等"为记账规则的一种复式记账方法。

借贷记账法产生于13世纪的意大利，开始只是从借贷资本家的角度来记录其经营货币资金的借入和贷出业务，大约到15世纪形成了比较完善的复式记账法，目前在世界各国通用。

（二）借贷记账法的基本内容

1. 借贷记账法的记账符号

借贷记账法中的"借""贷"二字的含义，最初是借贷资本家用来表示"借进来""贷出去"的债权债务的变动。随着商品经济的发展，借贷记账法的使用范围越来越广：不仅应用于金融行业，而且应用于工业、商业及行政事业单位；不仅记录货币资金业务、债权债务业务，而且逐渐发展到用于记录财产物资、经营损益等业务。"借""贷"二字也就逐渐地失去了原来的含义，而成为专门的记账符号。

借贷记账法以"借""贷"为记账符号，分别作为账户的左方和右方。至于"借"表示增加还是"贷"表示增加，则取决于账户的性质或账户反映的经济内容。

2. 借贷记账法下的账户结构

借贷记账法账户的基本结构是，每个账户都分为左、右两方，左方为"借方"，右方为"贷方"。如果在账户的借方记录经济业务，可以称为"借记某账户"；在账户的贷方记录经济业务，则可以称为"贷记某账户"。

采用借贷记账法时，规定账户的借贷两方必须做相反方向的记录。即对于每一个账户来说：如果规定借方用来登记增加额，则贷方就用来登记减少额；如果规定借方用来登记减少额，则贷方就用来登记增加额。究竟哪个账户的哪一方用来登记增加额，哪一方用来登记减少额，取决于账户的性质，即由账户反映的经济内容的性质决定。

根据"资产=负债+所有者权益"及"收入－费用=利润"这两个会计等式的平衡原理，"资产类"账户与"负债类"账户、"所有者权益类"账户之间存在对应关系，"收入类"账户与"费用类"账户之间也存在对应关系。按照约定俗成的惯例，借方登记增加，贷方登记减少，人们规定，资产类与费用类账户的结构基本一致（差别在于费用类账户可能没有余额）。而负债类账户、所有者权益类账户和收入类账户的结构基本相同，借方登记减少，贷方登记增加。在此基础上，有余额的账户一般与账户中登记增加额的方位一致，资产类账户的余额一般在借方，负债类、所有者权益类账户的余额一般在贷方。

1）资产、负债和所有者权益类账户的结构

（1）资产类账户。资产类账户是用来核算和监督各种资产增减变动和结果的账户。例如，"库存现金""银行存款""应收账款""固定资产""长期股权投资"等均为典型的资产类账户。资产类账户的期末余额一般为借方余额，其借方期末余额的计算公式如下：

资产类账户的借方期末余额 = 借方期初余额 + 本期借方发生额 – 本期贷方发生额

资产类账户的一般结构如图2-3所示。

借方	资产类账户		贷方
期初余额	×××		
本期增加发生额	×××	本期减少发生额	×××
期末余额	×××		

图 2-3　资产类账户的一般结构

（2）负债类账户。负债类账户是用来核算和监督各种负债增减变动和结果的账户。例如，"短期借款""应付账款""应付职工薪酬""应交税费"等账户为典型的负债类账户。负债类账户的期末余额一般为贷方余额，其贷方期末余额的计算公式如下：

负债类账户的贷方期末余额 = 贷方期初余额 + 本期贷方发生额 – 本期借方发生额

负债类账户的一般结构如图2-4所示。

借方	负债类账户		贷方
		期初余额	×××
本期减少发生额	×××	本期增加发生额	×××
		期末余额	×××

图 2-4　负债类账户的一般结构

（3）所有者权益类账户。所有者权益类账户是用来核算和监督所有者权益增减变动和结果的账户。例如，"实收资本（或股本）""资本公积""盈余公积"等账户为典型的所有者权益账户。所有者权益类账户的期末余额一般为贷方余额，其贷方期末余额的计算公式如下：

所有者权益类账户的贷方期末余额 = 贷方期初余额 + 本期贷方发生额 – 本期借方发生额

所有者权益类账户的一般结构如图2-5所示。

借方	所有者权益类账户		贷方
		期初余额	×××
本期减少发生额	×××	本期增加发生额	×××
		期末余额	×××

图 2-5　所有者权益类账户的一般结构

2）成本和费用、收入类账户的结构

（1）成本和费用类账户的结构。成本和费用可理解为资产耗费的转化形态，在抵消收入之前，可以将其看作是一种资产。因此该类账户的结构类似资产类账户，增加额记借方，减少额记贷方。期末余额如有余额应在借方，表示期末尚未结转的成本和费用。例如，"生产成本""制造费用""主营业务成本""税金及附加""管理费用""财务费用""销售费用""资产减值损失"等账户为典型的费用类账户。成本和费用类账户的一般结构如图2-6所示。

借方	成本和费用类账户	贷方
本期增加发生额 ×××		本期减少发生额 ×××

图 2-6　成本和费用类账户的一般结构

（2）收入类账户的结构。由于收入最终会导致所有者权益增加，因此该类账户的结构与负债及所有者权益类账户的结构类似，增加额记贷方，减少额或转出额记借方。收入或利润结转后，账户一般无余额。例如，"主营业务收入""其他业务收入""投资收益"等账户为典型的收入账户。收入类账户的一般结构如图2-7所示。

借方	收入类账户	贷方
本期减少发生额 ×××		本期增加发生额 ×××

图 2-7　收入类账户的一般结构

各类账户的记账规则和正常余额方向如表2-5所示。

表 2-5　各类账户的记账规则和正常余额方向

账户类别	借方	贷方	余额方向
资产负债表账户：			
资产类	增加	减少	余额在借方
负债类	减少	增加	余额在贷方
所有者权益类	减少	增加	余额在贷方
利润表账户：			
收入类	减少	增加	一般无余额
成本、费用类	增加	减少	一般无余额

3. 借贷记账法的记账规则

借贷记账法的记账规则为：有借必有贷，借贷必相等。即对于每一笔经济业务都要在两个或两个以上相互联系的账户中以借方和贷方相等的金额进行登记。

借贷记账法的记账规则是由以下两个方面决定的：一是根据复式记账的原理，对任何一项经济业务都必须以相等的金额，在两个或两个以上的相互联系的账户中进行登记；二是根据借贷记账法账户结构的原理,对每一项经济业务都应进行借贷相反的记录。因此,借贷记账法要求对每一项经济业务都按借贷相反的方向,以相等的金额,在两个或两个以上的相互联系的账户中进行登记。具体来说:如果一项经济业务在一个账户中记借方,必须同时在另一个或几个账户中记贷方;反之,一项经济业务在一个账户中记贷方,必须同时在另一个或几个账户中记借方;记入借方的总额与记入贷方的总额相等。全部可能发生的四种业务类型都不会违背这一规则。

现以某企业发生的经济业务为例进行说明。

【例 2-5】 企业收到投资者投入的货币资金,金额 20 000 元。

这笔经济业务涉及资产和所有者权益两个会计要素,使两者同时增加。一方面使资产方的银行存款增加了 20 000 元,应记入"银行存款"账户的借方;另一方面使所有者权益方的投入资本增加了 20 000 元,应记入"实收资本"账户的贷方。记入账户后的情况如图 2-8 所示。

图 2-8 某企业收到货币资金的记入账户

【例 2-6】 企业以银行存款 1 500 元偿还应付采购原材料的货款 1 200 元,归还其他应付款项 300 元。

这笔经济业务,涉及资产和负债两个会计要素,使两者同时减少。一方面使资产方的银行存款减少了 1 500 元,应记入"银行存款"账户的贷方;另一方面使负债方的应付账款减少了 1 200 元,其他应付款减少了 300 元,应记入"应付账款"和"其他应付款"账户的借方。记入账户后的情况如图 2-9 所示。

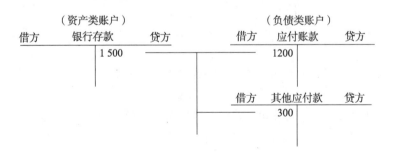

图 2-9 某企业偿还款项的记入账户

【例 2-7】 企业购入原材料一批,价值 3 000 元,款项未付。

这笔经济业务涉及资产和负债两个会计要素使两者同时增加。一方面使资产方的原材料增加了 3 000 元,应记入"原材料"账户的借方;另一方面使负债方的应付账款增加了 3 000 元,应记入"应付账款"账户的贷方。记入账户后的情况如图 2-10 所示。

图 2-10　某企业购入原材料未付款的记入账户

【例 2-8】 企业从银行提取现金 1 000 元，用于零星开支。

这笔经济业务只涉及资产要素，是资产内部的一个项目增加，另一个项目减少。一方面使资产方的库存现金增加了 1 000 元，应记入"库存现金"账户的借方；另一方面使资产方的银行存款减少了 1 000 元，应记入"银行存款"账户的贷方。记入账户后的情况如图 2-11 所示。

图 2-11　某企业提取现金的记入账户

【例 2-9】 企业购买设备一台 5 000 元，款项用银行存款已支付。

这笔经济业务只涉及资产要素，是资产内部一个项目增加，另一个项目减少。一方面资产方的固定资产增加了 5 000 元，应记入"固定资产"账户的借方；另一方面使资产方的银行存款减少了 5 000 元，应记入"银行存款"账户的贷方。记入账户后的情况如图 2-12 所示。

图 2-12　某企业购买设备已付款的记入账户

在借贷复式记账法下，要求对每一项经济业务都在两个或两个以上的相互联系的账户的借方和贷方进行登记，登记以后，账户之间就形成了应借、应贷的相互关系，这种建立在经济业务基础上的账户之间的相互关系，称为账户的对应关系。存在对应关系的账户，称为对应账户。

4. 编制会计分录

为了连续、系统地记录资产、负债和所有者权益的变化，清晰地反映各个账户之间的对应关系，保证账户记录的正确性，对每一项经济业务，在记入有关账户之前，首先应根据经济业务的有关凭据（实际工作中叫原始凭证）编制会计分录（实际工作中在记账凭证中进行）。

会计分录指对某项经济业务事项标明其应借应贷账户及其金额的记录，简称分录。运用借贷记账法编制会计分录,可按下列步骤进行。

(1) 分析经济业务事项涉及的是资产(费用、成本),还是权益(收入)。
(2) 确定影响到哪些要素项目,是增加,还是减少。
(3) 确定记入哪个(或哪些)账户的借方,哪个(或哪些)账户的贷方。
(4) 确定应借应贷账户是否正确,借贷方金额是否相等。

按照上述步骤,以本节【例2-5】至【例2-9】经济业务为例,可编制会计分录如下。

【例2-5】 借:银行存款　　　　　　　　　　　　　　　　　　　20 000
　　　　　　贷:实收资本　　　　　　　　　　　　　　　　　　　　20 000

【例2-6】 借:应付账款　　　　　　　　　　　　　　　　　　　 1 200
　　　　　　　其他应付款　　　　　　　　　　　　　　　　　　　　　300
　　　　　　贷:银行存款　　　　　　　　　　　　　　　　　　　　 1 500

【例2-7】 借:原材料　　　　　　　　　　　　　　　　　　　　 3 000
　　　　　　贷:应付账款　　　　　　　　　　　　　　　　　　　　 3 000

【例2-8】 借:库存现金　　　　　　　　　　　　　　　　　　　 1 000
　　　　　　贷:银行存款　　　　　　　　　　　　　　　　　　　　 1 000

【例2-9】 借:固定资产　　　　　　　　　　　　　　　　　　　 5 000
　　　　　　贷:银行存款　　　　　　　　　　　　　　　　　　　　 5 000

按照所涉及账户的多少,会计分录分为简单会计分录和复合会计分录。简单会计分录指只涉及一个账户借方和另一个账户贷方的会计分录,即一借一贷的会计分录,如上述【例2-5】【例2-7】【例2-8】和【例2-9】的会计分录。复合会计分录指由三个或三个以上账户相对应组成的会计分录,即一借多贷、一贷多借或多借多贷的会计分录。其中"多借多贷"的会计分录只有在账户的对应关系清晰的情况下才可编制,如上述【例2-6】会计分录。复合会计分录也可以写成几个简单会计分录。

例如,【例2-6】可以写为

借:应付账款　　　　　　　　　　　　　　　　　　　　　　　　 1 200
　　贷:银行存款　　　　　　　　　　　　　　　　　　　　　　　 1 200
借:其他应付款　　　　　　　　　　　　　　　　　　　　　　　　　300
　　贷:银行存款　　　　　　　　　　　　　　　　　　　　　　　　 300

编制会计分录举例:

【例2-10】 李厂长出差预借差旅费800元,以现金支付。

借:其他应收款——李厂长　　　　　　　　　　　　　　　　　　　 800
　　贷:库存现金　　　　　　　　　　　　　　　　　　　　　　　　 800

【例2-11】 李厂长出差归来,报销差旅费1 100元,不足部分以现金支付。

借:管理费用　　　　　　　　　　　　　　　　　　　　　　　　 1 100
　　贷:其他应收款——李厂长　　　　　　　　　　　　　　　　　　 800
　　　　库存现金　　　　　　　　　　　　　　　　　　　　　　　　 300

【例2-12】 生产车间生产A产品领用甲材料12 000元。

借：生产成本——A 产品　　　　　　　　　　　　　　　　　　　　　　12 000
　　贷：原材料——甲材料　　　　　　　　　　　　　　　　　　　　　　　　12 000

【例 2-13】 接受国家以固定资产进行的投资 750 000 元。
借：固定资产　　　　　　　　　　　　　　　　　　　　　　　　　　750 000
　　贷：实收资本——国家　　　　　　　　　　　　　　　　　　　　　　　750 000

【例 2-14】 销售一批产品，金额为 10 000 元，款项尚未收到。（假设不考虑相关税费项目）
借：应收账款　　　　　　　　　　　　　　　　　　　　　　　　　　10 000
　　贷：主营业务收入　　　　　　　　　　　　　　　　　　　　　　　　　10 000

5. 借贷记账法的试算平衡

试算平衡指根据资产与权益的恒等关系，以及借贷记账法的记账规则，检查所有账户记录是否正确的过程，包括发生额试算平衡法和余额试算平衡法两种方法。

（1）发生额试算平衡法。它是根据本期所有账户借方发生额合计与贷方发生额合计的恒等关系，检验本期发生额记录是否正确的方法。

计算公式为

所有账户本期借方发生额合计 = 所有账户本期贷方发生额合计

（2）余额试算平衡法。它是根据本期所有账户借方余额合计与贷方余额合计的恒等关系，检验本期账户记录是否正确的方法。当我们要检验所有账户记录的内容经过一个时期的增减变动之后，在某一时点上（期末）其结果是否正确时，可采用这种方法。

计算公式为

所有账户借方余额合计 = 所有账户贷方余额合计

根据余额时间不同又分为期初余额平衡与期末余额平衡两类。

计算公式分别为

所有账户的借方期初余额合计 = 所有账户的贷方期初余额合计
所有账户的借方期末余额合计 = 所有账户的贷方期末余额合计

现举例说明编制会计分录及编制试算平衡表的方法。

【例 2-15】 某企业 2022 年 5 月 31 日总账各账户余额表如表 2-6 所示。

表 2-6　A 企业 2022 年 5 月 31 日总账各账户余额表　　　　单位：元

资产类科目		负债和所有者权益类科目	
库存现金	500	短期借款	33 000
银行存款	20 000	应付账款	10 000
应收账款	1 500	实收资本	120 000
原材料	71 000		
固定资产	70 000		
总计	163 000	总计	163 000

A 企业 2022 年 6 月发生以下经济业务：

（1）接受甲公司投入货币资金 20 000 元，款项存入银行。
借：银行存款　　　　　　　　　　　　　　　　　　　　　　　　　20 000
　　贷：实收资本　　　　　　　　　　　　　　　　　　　　　　　　　20 000
（2）企业以银行存款 10 000 元，偿还银行短期借款。
借：短期借款　　　　　　　　　　　　　　　　　　　　　　　　　10 000
　　贷：银行存款　　　　　　　　　　　　　　　　　　　　　　　　　10 000
（3）企业开出一张商业承兑汇票 1 000 元，抵付前欠购货款。
借：应付账款　　　　　　　　　　　　　　　　　　　　　　　　　1 000
　　贷：应付票据　　　　　　　　　　　　　　　　　　　　　　　　　1 000
（4）企业用银行存款 5 000 元，购买原材料。
借：原材料　　　　　　　　　　　　　　　　　　　　　　　　　　5 000
　　贷：银行存款　　　　　　　　　　　　　　　　　　　　　　　　　5 000

根据该企业各账户的期初余额和编制的会计分录填列的试算平衡表如表 2-7 所示。

表 2-7　账户本期发生额及余额试算平衡表　　　　　　　单位：元

会计科目	期初余额		本期发生额		期末余额	
	借方	贷方	借方	贷方	借方	贷方
库存现金	500				500	
银行存款	20 000		20 000	15 000	25 000	
应收账款	1 500				1 500	
原　材　料	71 000		5 000		76 000	
固定资产	70 000				70 000	
短期借款		33 000	10 000			23 000
应付票据				1 000		1 000
应付账款		10 000	1 000			9 000
实收资本		120 000		20 000		140 000
合计	163 000	163 000	36 000	36 000	173 000	173 000

应当指出，试算平衡只是通过借贷金额是否相等来检查账户记录的正确性。如果借贷不相等，可以肯定账户记录或计算有错误，应采用一定的方法进一步查明原因，予以更正。

当试算表中借贷总和相符时，即可确定以下两点。

（1）全部经济业务均计入相等的借方和贷方金额。

（2）试算表所列账户余额的加总，正确无误。

然而试算表借贷平衡并不一定表示账户处理完全正确，有些错误的发生并不会使借贷失衡，这类错误常见的情况如下。

首先是借贷同时遗漏。当发生经济业务后，做分录时漏做，记账时漏记，或编制试算表时漏列，皆使试算表借贷表总额减少，但不影响试算表平衡。

其次是借贷同时重复记账。在做分录时，借贷同时重复记载，记账及列表时，皆使试算表借贷总额增加,也不影响试算表平衡。

最后是借方或贷方发生同数的错误。在做分录、记账、编表时,某项经济业务的借(贷)方少记(或多记),而另一项借(贷)方金额正巧也以相同金额多记(或少记),两个错误正好抵销,使借贷总额平衡未受影响。

除上述三种错误外,凡不影响试算平衡的错误,试算表上均难以发现。但是,因为会计记录上的许多错误往往会使借贷失衡,试算表在验证会计处理正确性方面仍有其重要的功效,仍不失为简便、有效的验证工具。

某企业收到购货方开来的一张商业汇票 5 000 元,用以抵付购货方前欠货款。会计人员在"银行存款"的借方登记了 5 000 元,同时在"应收账款"账户的贷方登记了 5 000 元。请问,会计人员这样处理有何差错?通过编制试算平衡表能否发现该项记账差错?为什么?

第四节　总分类核算、明细分类核算及平行登记

一、总分类账户与明细分类账户的关系

为了满足企业内部经营管理和企业外部有关方面对会计信息的不同需要,对于会计核算的内容,会计不仅要提供总括核算指标,而且在许多情况下还要提供详细的核算指标。因此,应当根据会计科目按提供核算指标详细程度分类开设账户,即开设总分类账户和明细分类账户。

总分类账户简称总账账户,指根据总分类科目设置的、用于对会计要素具体内容进行总括分类核算的账户。例如,"原材料"总分类账户,根据"原材料"一级科目设置,它反映的是企业全部原材料收入、发出和结存情况。总分类账户只用货币计量单位来反映总括的资料。

明细分类账户简称明细账户,是根据明细科目设置,用来对会计要素具体内容进行明细分类核算。例如,"原材料"总分类账户下设的甲材料明细账户,它反映的是企业原材料中甲材料收入、发出和结存情况。明细分类账户除用货币计量单位来反映详细资料外,有些账户还要用实物计量单位来计量。

总分类账户和明细分类账户是分别用来反映同一项目总括和详细核算资料的,这就决定了总分类账户与其所属的明细分类账户之间必然有着密切的关系。总分类账户提供总括核算资料,是明细账户提供资料的综合,对所属明细账户起着统驭控制作用;明细分类账户提供详细资料,对总分类账户起着辅助和补充作用。两者记账的原始依据相同,总金额上应该相等。

二、总分类账户与明细分类账户的平行登记

由于总分类账户与明细分类账户存在着上述联系，因此在会计核算工作中，对总分类账户与明细分类账户的登记应当利用平行登记的方法。所谓平行登记，指对所发生的每项经济业务事项都要以会计凭证为依据，一方面记入有关总分类账户、另一方面记入有关总分类账户所属明细分类账户的方法。

具体来说，平行登记的要点如下。

（1）同期登记，即对每一笔经济业务，在记入有关总分类账户的同时，必须记入其所属明细分类账户，如同时涉及几个明细分类账户，则应分别在有关的几个明细分类账户中登记。

（2）方向一致，即每一笔经济业务，在记入总分类账户及其所属明细分类账户时，记账的方向也必须一致。如记入总分类账户的借方，也必须记入其所属明细分类账户的借方。

（3）金额相等，即对每笔经济业务，记入总分类账户的金额必须与记入所属明细分类账户金额之和相等。

以下以资产类账户"应收账款"为例，说明平行登记的方法。

【例2-16】某工业企业2022年1月初"应收账款"账户的借方余额是9 000元，其中：应收A厂3 000元，应收B厂6 000元。

本月发生下列经济业务：

（1）25日向A厂销售产品一批，价款4 000元，货款尚未收到。

借：应收账款——A厂　　　　　　　　　　　　　　　　　　4 000
　　贷：主营业务收入　　　　　　　　　　　　　　　　　　　4 000

（2）29日收到A厂支付的货款5 000元，收到B厂支付的货款2 000元，款项存入银行。

借：银行存款　　　　　　　　　　　　　　　　　　　　　　7 000
　　贷：应收账款——A厂　　　　　　　　　　　　　　　　　5 000
　　　　　　　　——B厂　　　　　　　　　　　　　　　　　2 000

根据以上资料，采用平行登记后，其结果如表2-8～表2-11所示。

表2-8 "应收账款"总分类账户

账户名称：某工业企业　　　　　　　　　　　　　　　　　　　　　　单位：元

2022年		凭证号	摘要	借方	贷方	借或贷	余额
月	日						
1	1		期初余额			借	9 000
	25	转1	销售产品	4 000		借	13 000
	29	转3	收到货款		7 000	借	6 000
	31		本期发生额及期末余额	4 000	7 000	借	6 000

表 2-9 "应收账款"明细账户

户名：A 厂 单位：元

2022年		凭证号	摘要	借方	贷方	借或贷	余额
月	日						
1	1		期初余额			借	3 000
	25	转1	销售产品	4 000		借	7 000
	29	转3	收到货款		5 000	借	2 000
	31		本期发生额及期末余额	4 000	5 000	借	2 000

表 2-10 "应收账款"明细账户

户名：B 厂 单位：元

2022年		凭证号	摘要	借方	贷方	借或贷	余额
月	日						
1	1		期初余额			借	6 000
	29	转3	收到货款		2 000	借	4 000
	31		本期发生额及期末余额		2 000	借	4 000

表 2-11 "应收账款"明细分类账户发生额及余额平衡表 单位：元

明细账户	期初余额		本期发生额		期末余额	
	借方	贷方	借方	贷方	借方	贷方
A 厂	3 000		4 000	5 000	2 000	
B 厂	6 000			2 000	4 000	
合计（总账）	9 000		4 000	7 000	6 000	

总分类账户与所属明细分类账户采取了平行登记的方法，登记的结果是否正确、是否平衡，需要通过编制"本期发生额及余额平衡表"（表 2-11）来进行试算。

总分类账户与所属明细分类账户本期发生额及期末余额平衡关系如下：

（1）总分类账户期初借（或贷）方余额 = 所属明细分类账户期初借（或贷）方余额之和。

（2）总分类账户本期借（或贷）方发生额 = 所属明细分类账户本期借（或贷）方发生额之和。

（3）总分类账户期末借（或贷）方余额 = 所属明细分类账户期末借（或贷）方余额之和。

"应收账款"账户期初借方余额 9 000 元 = "应收账款——A 厂"账户期初借方余额 3 000 元 + "应收账款——B 厂"账户期初借方余额 6 000 元

"应收账款"账户本期借方发生额 4 000 元 = "应收账款——A 厂"账户本期借方发生额 4 000 元 + "应收账款——B 厂"账户本期借方发生额 0 元

"应收账款"账户本期贷方发生额 7 000 元 = "应收账款——A 厂"账户本期贷方发生额 5 000 元 + "应收账款——B 厂"账户本期贷方发生额 2 000 元

"应收账款"账户期末借方余额 6 000 元 = "应收账款——A 厂"账户期末借方余额 2 000 元 + "应收账款——B 厂"账户期末借方余额 4 000 元

【本章小结】

本章介绍了会计要素之间的数量关系及所形成的会计等式,即资产＝负债＋所有者权益、利润＝收入－费用;说明账户结构的设置、账户与会计科目的区别与联系、账户体系及账户的设置等。在此基础上,本章重点讲解借贷记账法的基本原理,并举例说明如何编制会计分录;对试算平衡及试算不平衡的可能原因进行解释。最后,本章还介绍了平行登记的原理及如何进行总分类账和明细分类账的相互核对。

【主观题】

一、思考题

1. 什么是会计科目？会计科目与账户之间有何联系和区别？
2. 什么是复式记账法？其理论依据是什么？
3. 如何理解借贷记账法下各类账户的结构？
4. 什么是会计分录？其有几种类型？
5. 如何理解借贷记账法下"借"和"贷"两个字的含义？
6. 什么是总分类账户和明细分类账户？它们之间的关系如何？怎样进行平行登记？
7. 什么是会计等式？如何表达？
8. 什么是试算平衡？为什么说试算平衡不能保证账户记录绝对正确？

二、计算题

1. 根据下列账户中的有关数据,计算字母代表的未知数(金额单位:元)。

账户名称	期初余额	本期借方发生额	本期贷方发生额	期末余额
银行存款	430 000	1 985 000	2 040 000	A
固定资产	2 400 000	B	496 000	1 920 000
短期借款	C	60 000	160 000	300 000
应付账款	230 000	200 000	D	55 000
生产成本	80 000	E	120 000	0

A =　　　　　D =　　　　　B =　　　　　E =　　　　　C =

2. 资料：振华工厂2022年7月31日资金项目如下：

（1）厂房及建筑物　　　　　　　　　380 000元
（2）机器设备　　　　　　　　　　　150 000元
（3）库存生产用钢材　　　　　　　　80 000元
（4）库存生产用外购零件　　　　　　10 000元
（5）接受国家以固定资产进行的投资　550 000元
（6）运货汽车　　　　　　　　　　　20 000元
（7）库存完工待售产品　　　　　　　85 000元

（8）出纳保管的现金　　　　　　　　　　　　200元
（9）存在银行的款项　　　　　　　　　　　120 000元
（10）应收未收回的货款　　　　　　　　　　30 000元
（11）暂付职工差旅费　　　　　　　　　　　　800元
（12）应付外单位购料款　　　　　　　　　　25 000元
（13）接受某企业以流动资产进行的投资　　260 000元
（14）欠交的税金　　　　　　　　　　　　　1 000元
（15）从银行借入的短期借款　　　　　　　　40 000元

要求：

（1）分析上列各项，说明哪些属于该厂的资产，哪些属于该厂的负债和所有者权益。

（2）计算出该厂2022年7月31日所拥有的经营资金总额，即资产总额；同时计算负债总额、所有者权益总额。

资产、负债和所有者权益状况表

2022年7月31日　　　　　　　　　　　　　　　　　　　单位：元

业务序号	会计要素及金额		
	资产	负债	所有者权益
1			
2			
3			
…			
合计			

三、业务题

（一）资料：某企业2022年4月发生下列经济业务。

（1）从银行提取现金80 000元，以备发放本月工资。

（2）以现金350元购入厂部用办公用品。

（3）从银行借入期限为3个月的借款200 000元，存入银行。

（4）王某到外地出差归来，报销差旅费2 500元，财会科补给其现金500元。王某出差时向财会科预借现金为2 000元。

（5）接受某公司投入新机床一台，计价20 000元。

（6）以银行存款1 000元偿还某供应单位货款。

（7）收到应收账款1 500元，存入银行。

（8）接到银行通知，收到国家投入流动资金450 000元。

（9）生产车间生产产品领用材料，原材料成本10 000元。

（10）购入材料一批，计价2 800元，材料已入库，货款未付。

（11）企业开出商业承兑汇票3 000元，抵付应付账款。

（12）通过开户银行代发职工工资80 000元。

（13）以银行存款1 500元支付产品广告费。

（14）以现金支付厂长出差预借差旅费1 000元。

（15）厂长出差归来，报销差旅费1 200元，不足部分以现金支付。

要求：根据以上经济业务用借贷记账法编制会计分录。

（二）练习借贷记账法编制会计分录和试算平衡。

资料1：某企业2022年6月份有关账户的期初余额如下。

库存现金	1 400元
银行存款	24 000元
应收账款	5 000元
原材料	12 000元
固定资产	48 600元
应付账款	10 000元
短期借款	14 000元
实收资本	60 000元
盈余公积	7 000元

资料2：2022年6月份发生下列经济业务。

（1）从银行提取现金500元，以备零用。

（2）用银行存款购买材料一批，货款5 500元。

（3）用银行存款归还前欠货款3 000元。

（4）国家投入新机器一台，价值25 000元。

（5）收到购货单位归还货款4 400元，存入银行。

（6）按规定将多余现金600元，存入银行。

（7）生产车间生产产品领用材料，价值14 500元。

（8）向银行借入3个月期限的款项70 000元，存入银行。

（9）购买一批原材料，价值4 000元，款项未付。

（10）销售产品一批，金额为15 000元，款项尚未收到。

（11）按规定将盈余公积3 000元转增资本金。

要求：

1. 根据资料1开设账户，并登记期初余额。
2. 根据资料2编制会计分录。
3. 结算各账户的本期发生额和期末余额。
4. 根据期初余额、本期发生额和期末余额编制试算平衡表，并进行试算平衡。

即测即练

自学自测 扫描此码

第三章 会计凭证、会计账簿与记账程序

学习目标

通过本章学习，应达到以下学习目标。
1. 了解会计凭证和账簿的含义、作用和种类。
2. 理解账簿设置、登记和更正错账的规则。
3. 熟悉对账和结账的内容、会计记账程序。
4. 掌握原始凭证和记账凭证的填制和审核。
5. 掌握日记账、总分类账和明细分类账的格式、登记方法。

引导案例

小凌大学毕业后从基层的销售员做起，一步步地了解市场，了解需求，掌握业务。打拼了十年，他终于开办了自己的公司，公司业务正处于发展阶段，他想了解公司的财务状况和经营成果，以便于加强公司的管理。2022年6月15日，单位会计人员将该年5月的资产负债表和利润表拿给小凌看。资产负债表资料显示：

资产合计	470.37 万元
负债合计	127.32 万元
所有者权益合计	343.05 万元

同时还看到：货币资金为76.94万元、资本公积为105.19万元、盈余公积为25.46万元、未分配利润为192.42万元。

利润表资料显示：

营业收入	43.49 万元
营业利润	8.34 万元
净利润	6.94 万元

小凌想知道企业发生的经济业务是如何最终形成财务报表的？其中经过哪些会计信息的加工处理过程？在形成会计信息的过程中是否真实地反映企业的经济活动。小凌认为企业要诚信经营，同时企业的财务会计报告也要真实可信。

通过本章的学习，你将能回答小凌所想了解的问题。本章介绍会计凭证、会计账簿和记账程序的内容及它们之间的关系，清楚地了解一个企业周而复始地对会计信息进行加工处理的过程，即一个会计信息不断循环的过程。

会计凭证分为原始凭证和记账凭证。原始凭证是记录经济交易发生的时间、发生的地

点、交易内容、交易数量、交易金额和交易对手等信息的书面文件，是会计进行确认与计量并按复式记账原理编制记账凭证的依据。会计账簿是连接会计凭证与财务会计报告的桥梁，是对会计凭证的信息进行汇总、浓缩，为编制财务会计报告做准备。

案例思考：

1. 对于小凌提出的上述问题，你能回答吗？
2. 一个企业周而复始地对会计信息进行加工处理的过程是如何进行的？
3. 一个会计主体如何保证所提供的财务会计报告的信息是客观的？

第一节 会计凭证概述

一、会计凭证的概念

各单位在生产经营和业务活动中，会发生各种各样的经济业务，各单位实际发生的经济业务并不是都需要进行会计记录和会计核算的。例如，签订合同或协议的经济业务，在签订合同或协议时，往往无须进行会计核算，只有当实际发生履行合同或协议并引起资金运动时，才需要对履行合同或协议这一经济业务如实记录和反映，进行会计核算。

为了如实地反映各种经济业务对企业会计诸要素的影响，就要求单位对外或对内所发生的每一项经济业务，都应该在其发生时填制或取得相应的书面文件。所以，经济业务就是以某种形式的书面文件表现在会计人员的面前，这些书面文件就是会计凭证。

会计凭证简称凭证，是用来记录经济业务，明确经济责任的书面证明，也是登记账簿的依据。会计凭证按照其填制程序和用途不同，可分为原始凭证和记账凭证两大类。

二、会计凭证的主要作用

（一）反映经济业务的发生和完成

一切会计记录都必须有真实凭据，使会计核算资料具有客观性，所以填制和审核会计凭证就成为会计核算工作的起点。在实际工作中，单位发生的经济业务和编制的会计分录都是记录在会计凭证上的。每个单位在办理经济业务时，都要由经办人员按照规定的程序和要求填制和取得会计凭证，用以记录经济业务发生的日期、经济业务的内容和金额，并在凭证上签名或盖章，以明确经济责任。所有的会计凭证都应由专人审核，只有审核无误后才能作为记账的依据。因此，正确填制和审核会计凭证，是会计核算的一项重要工作。

（二）记录和监督经济业务的合法性与合理性

在凭借会计凭证登记会计账簿之前，相关会计主管人员或其他会计人员需要对会计凭证进行严格的审核和查验，针对其所记录的经济业务的合法性、合理性进行会计监督，以确保该经济业务完全符合国家相关方针、政策、法律和法规，不允许存在任何违反法规、违背合理性的经济业务的发生。

（三）加强经济责任制，便于划分经济责任

会计凭证在填制完成后，需由相关经手人员在会计凭证上签字或盖章，再交由会计主管人员进行审核确认，审核无误后，会计主管人员同样要在会计凭证上签字或盖章，以对自己所负责工作进行责任划分。会计凭证的这种处理方式，有利于监督各个岗位的工作人员明确自身责任，加强经济责任制的实行，也在一定程度上促使各工作人员为避免问题出现，强化对会计凭证的记录和审核工作的负责态度。

第二节 原始凭证的填制和审核

一、原始凭证及其种类

原始凭证指在经济业务发生或完成时取得或填制的，用以证明经济业务的发生或完成情况，并作为记账原始依据的单据。我国《会计法》规定，各单位在办理经济业务时，必须填制或取得原始凭证并及时送交会计机构。

会计工作中应用的原始凭证很多，如发货票、收货单、领料单、银行结算凭证、各种报销单据等都属于原始凭证。但是，凡是不能证明某项经济业务已经发生或完成情况的书面文件就不能作为原始凭证，如生产计划、购销合同、材料请购单等。

经济业务是多种多样的，因而记录经济业务的各种原始凭证也是不尽相同的，但原始凭证都必须具备以下基本内容：

（1）原始凭证的名称。
（2）填制凭证的日期和编号。
（3）接受凭证的单位名称。
（4）经济业务的内容、数量、单价和金额等。
（5）填制凭证单位名称和有关人员签章。
（6）对外凭证要盖填对外的公章。

有些原始凭证除包括以上基本内容外，还要满足其他业务部门的管理需要，因此还需要列入一些补充内容。例如，限额领料单上注明计划或定额指标。

原始凭证按其取得的来源不同，可以分为自制原始凭证和外来原始凭证。

（一）自制原始凭证

自制原始凭证是由本单位业务经办人员，根据有关经济业务的执行和完成情况所填制的原始凭证。自制原始凭证按其填制手续不同可分为一次凭证、累计凭证及汇总凭证三种。

1. 一次凭证

一次凭证指只反映一项经济业务，或者同时反映若干项同类性质的经济业务，其填制手续是一次完成的原始凭证，如收据（图3-1）、增值税专用发票（图3-2）等。

收 据

日期：________

今收到 ________			
交来 ________			
人民币（大写）________ ￥________			
收款单位 ________			
收款单位公章	收款人（）		交款人（）

图 3-1　收据示例

增值税专用发票

1200002170　　记账联　　№ 000591031

年　月　日

购货单位	名　称			密码区		
	纳税人识别号					
	地址、电话					
	开户行及账号					
货物或应税劳务名称	计量单位	数　量	单　价	金　额	税　率	税　额
价税合计（大写）				（小写）		
销货单位	名　称			备注		
	纳税人识别号					
	地址、电话					
	开户行及账号					
收款人：	复核：	开票人：	销货单位（章）			

第一联：记账联　销货单位记账凭证

图 3-2　增值税专用发票示例（1）

课堂讨论

根据所学内容，请举例说明应该如何根据有关经济业务的会计账簿记录对有关经济业务加以归类、整理而填制原始凭证。

2. 累计凭证

累计凭证指在一定时期内连续记载若干项同类经济业务的会计凭证，其填制手续是随着经济业务发生而分次进行的，如“限额领料单”，如表 3-1 列示。

表 3-1　限额领料单

领料单位：　　　　　　　　　　　　　　　　　　　　　　　　　　编号：
用途：　　　　　　　　　　　　年　　月　　　　　　　　　　　　　仓库：

材料类别	材料编号	材料名称	计量单位	领料限额	实际领用	单价	金额	备注
日期	请　　领		实　　发			限额结余	退　　库	
	数量	签章	数量	发料	领料		数量	退库单

供应部门负责人：　　　　　　生产计划部门负责人：　　　　　　仓库负责人签章：

限额领料单按材料品种规格开设，一个月一张，月末汇总后根据其累计数记账。

3. 汇总凭证

汇总凭证是将一定时期若干份记录同类经济业务的原始凭证汇总编制的，用以集中反映某项经济业务发生情况的一张汇总原始凭证，如"发料凭证汇总表"等。

（二）外来原始凭证

外来原始凭证指在同外单位发生经济业务往来时，从外单位取得的凭证。外来原始凭证一般均属于一次凭证。例如，从供应单位取得的购货发票、上缴税金的收据、乘坐有关交通工具的票据等。如图 3-3 所示的增值税专用发票。

图 3-3　增值税专用发票示例（2）

二、原始凭证填制

（一）原始凭证填制的基本内容

经济业务的内容是多种多样的，记录经济业务的原始凭证所包括的具体内容也各不相同。但每一种原始凭证都必须客观地、真实地记录和反映经济业务的发生、完成情况，都必须明确有关单位、部门及人员的经济责任。这些共同的要求，决定了每种原始凭证都必须具备以下几方面的基本内容：①原始凭证的名称；②填制凭证的日期及编号；③接受凭证的单位名称；④经济业务的数量和金额；⑤填制凭证单位的名称和有关人员的签章。

（二）原始凭证的填制要求

尽管各种原始凭证的具体填制依据和方法不尽一致，但就原始凭证应反映经济业务、明确经济责任而言，其填制的一般要求有以下几个方面。

1. 记录真实

凭证上记载的经济业务，必须与实际情况相符合，决不允许有任何歪曲或弄虚作假。对于实物的数量、质量和金额，都要经过严格的审核，确保凭证内容真实可靠。从外单位取得的原始凭证如有丢失，应取得原签发单位盖有"财务专用章"的证明，并注明原凭证的号码、所载金额等内容，由经办单位负责人批准后，可代作原始凭证；对于确实无法取得证明的，如火车票、轮船票、飞机票等，可由当事人写出详细情况，由经办单位负责人批准后，也可代作原始凭证。

2. 手续完备

原始凭证的填制手续，必须符合内部牵制原则的要求。凡是填有大写和小写金额的原始凭证，大写与小写金额必须相符；购买实物的原始凭证，必须有实物的验收证明；支付款项的原始凭证，必须有收款方的收款证明。一式几联的凭证，必须用双面复写纸套写，单页凭证必须用签字笔填写；当销货退回时，除填制退货发票外，必须取得对方的收款收据或开户行的汇款凭证，不得以退货发票代替收据；各种借出款项的收据，必须附在记账凭证上，当收回借款时，应另开收据或退回收据副本，不得退回原借款收据。经有关部门批准办理的某些特殊业务，应将批准文件作为原始凭证的附件或在凭证上注明批准机关名称、日期和文件字号。

3. 内容齐全

凭证中的基本内容和补充内容都要详尽地填写齐全，不得漏填或省略不填，如果项目填写不全，则不能作为经济业务的合法证明，也不能作为有效的会计凭证。为了明确经济责任，原始凭证必须有经办部门和人员签章。从外单位取得的原始凭证，必须有填制单位的公章或财务专用章；从个人取得的原始凭证，必须有填制人员的签名或盖章。自制原始凭证必须有经办部门负责人或其指定人员的签名或盖章。对外开出的原始凭证，必须加盖本单位的公章或财务专用章。

4. 书写规范

原始凭证上的文字，要按规定书写，字迹要工整、清晰，易于辨认，不得使用未经国务院颁布的简化字。合计的小写金额前要冠以人民币符号"￥"（用外币计价、结算的凭证，金额前要加注外币符号，如"US $"等），币值符号与阿拉伯数字之间不得留有空白；所有以元为单位的阿拉伯数字，除表示单价等情况外，一律填写到角分，无角分的要以"0"补位。汉字大写金额数字，一律用正楷字或行书字书写，如壹、贰、叁、肆、伍、陆、柒、捌、玖、拾、佰、仟、万、亿、元（圆）、角、分、零、整（正）。大写金额最后为"元"的应加写"整"（或"正"）字断尾。当阿拉伯金额数字中间有"0"时，汉字大写金额要写"零"字，如"￥1 409.50"，汉字大写金额应写成"人民币壹仟肆佰零玖元伍角"。当阿拉伯金额数字中间连续有几个"0"时，汉字大写金额中可以只写一个"零"字，如"￥6 007.14"，汉字大写金额应写成"人民币陆仟零柒元壹角肆分"。当阿拉伯金额数字万位或元位是"0"，或者数字中间连续有几个"0"，元位也是"0"，但千位、角位不是"0"时，汉字大写金额中可以只写一个"零"字，也可以不写"零"字。如"￥1 580.32"，应写成"人民币壹仟伍佰捌拾元零叁角贰分"，或者写成"人民币壹仟伍佰捌拾元叁角贰分"。当阿拉伯金额数字角位是"0"，而分位不是"0"时，汉字大写金额"元"后面应写"零"字，如"￥16 409.02"，应写成"人民币壹万陆仟肆佰零玖元零贰分"。

原始凭证记载的各项内容均不得涂改，原始凭证有错误的应当由出具单位重开或者更正，更正处应当加盖出具单位印章。对于支票等重要的原始凭证，若填写错误，一律不得在凭证上更正，应按规定的手续注销留存，另行重新填写。

5. 编制及时

每笔经济业务发生或完成后，经办业务的有关部门和人员都必须及时填制原始凭证，做到不拖延、不积压，并按规定的程序将其送交会计部门。

三、原始凭证的审核

为了保证原始凭证内容的真实性和合法性，防止不符合填制要求的原始凭证影响会计信息的质量，必须由会计部门对一切外来的和自制的原始凭证进行严格的审核。审核内容主要包括以下两个方面。

（一）审核原始凭证所反映的经济业务是否合法、合规、合理

审核时应以国家颁布的现行财经法规、财会制度，以及本单位制定的有关规则、预算和计划为依据：审核经济业务是否符合有关规定，有无弄虚作假、违法乱纪、贪污舞弊的行为；审核经济活动的内容是否符合规定的开支标准，是否履行规定的手续，有无背离经济效益原则和内部控制制度的要求。

（二）审核原始凭证的填制是否符合规定的要求

首先应审核原始凭证是否具备作为合法凭证所必需的基本内容，所有项目是否填写齐全，有关单位和人员是否已签字盖章；其次要审核凭证中所列数字的计算是否正确，大、小写金额是否相符，数字和文字是否清晰等。

原始凭证的审核，是一项十分细致而严肃的工作，必须坚持原则，依法办事。对于不真实、不合法的原始凭证，会计人员有权不予受理，并要向单位负责人报告；对于记载不准确、不完整的原始凭证应予以退回，并要求按照国家统一的会计制度的规定进行更正、补充。原始凭证经审核无误后，才能作为编制记账凭证和登记明细分类账的依据。

《会计法》第十四条规定："原始凭证记载的各项内容均不得涂改；原始凭证有错误的，应当由出具单位重开或者更正，更正处应当加盖出具单位印章。原始凭证金额有错误的，应当由出具单位重开，不得在原始凭证上更正。"

2022年6月10日,甲公司会计人员张某在办理报销工作中,收到两张乙公司开具的销货发票均有更改迹象:其中一张发票更改了用途,另一张发票更改了金额。两张发票均盖有乙公司的单位印章。张某全部予以报销。

请问:会计人员张某将原始凭证均予以报销的做法是否正确?并说明理由。

第三节 记账凭证的填制和审核

一、记账凭证及其种类

原始凭证经审核后,即可作为编制会计分录的记账依据。在实际会计工作中,会计分录是编制在专门的表单中,这种表单就是记账凭证,即记账凭证是会计分录的载体。

记账凭证又称传票,它根据原始凭证编制,是确定会计分录,作为记账依据的一种会计凭证。由于原始凭证的内容和格式不一,直接根据原始凭证记账容易发生差错,所以在记账前,一般先要根据原始凭证编制记账凭证,在记账凭证中摘要说明经济业务的内容,确定应借、应贷的账户名称和金额,然后据以记账,原始凭证作为记账凭证的附件。这样既便于记账,又可防止差错,能够保证账簿记录的正确性。记账凭证与原始凭证的本质区别就在于记账凭证上载有会计分录。

(一)记账凭证按经济业务分类

记账凭证按其反映的经济业务内容的不同,可以分为专用记账凭证和通用记账凭证。

1. 专用记账凭证

专用记账凭证是专门用来记录某一特定种类经济业务的记账凭证,按其所记录的经济业务是否与货币资金收付有关又可以进一步分为收款凭证、付款凭证和转账凭证三种。

收款凭证是用来反映货币资金增加的经济业务而编制的记账凭证,也就是记录现金和银行存款等收款业务的凭证。收款凭证的具体格式如表3-2所示。

表3-2 收款凭证格式

收款凭证

借方科目:　　　　　　　　　　年　月　日　　　　　　　收字第　号

摘要	贷方科目		记账	金额	附件 张
	一级科目	二级或明细科目			
合计					

会计主管　　　　　　记账　　　　　　出纳　　　　　　审核　　　　　　制单

付款凭证是用来反映货币资金减少的经济业务而编制的记账凭证,也就是记录现金和银行存款付款业务的凭证。付款凭证的具体格式如表 3-3 所示。

表 3-3 付款凭证格式

付款凭证

贷方科目：　　　　　　　　　　　　年　月　日　　　　　　　　　付字第　　号

摘要	借方科目		记账	金额	附件
	一级科目	二级或明细科目			
					张
合计					

会计主管　　　　　记账　　　　　出纳　　　　　审核　　　　　制单

收、付款凭证既是登记现金、银行存款日记账和有关明细账的依据,也是出纳员办理收、付款项的依据。

需要指出的是,按照惯例,对于库存现金、银行存款和其他货币资金之间的收付业务（亦称相互划转业务）,如从银行提取库存现金、把库存现金送存银行、开设外埠存款账户等,为避免重复记账,只编制付款凭证,而不再编制收款凭证。

转账凭证是用来反映不涉及货币资金增减变动的经济业务（即转账业务）而编制的记账凭证,也就是记录与现金、银行存款的收付款业务没有关系的转账业务的凭证。转账凭证的具体格式如表 3-4 所示。

表 3-4 转账凭证格式

转账凭证

　　　　　　　　　　　　　　　　　年　月　日　　　　　　　　　转字第　　号

摘要	会计科目		记账	借方金额	贷方金额	附件
	一级科目	二级或明细科目				
						张
合计						

会计主管　　　　　记账　　　　　出纳　　　　　审核　　　　　制单

2. 通用记账凭证

通用记账凭证是采用一种通用格式记录各种经济业务的记账凭证。通用记账凭证的格式一般和转账凭证相同。

（二）记账凭证按填制方式分类

记账凭证按其填制方式的不同,可以分为复式记账凭证和单式记账凭证。

1. 复式记账凭证

复式记账凭证又叫作多科目记账凭证，要求将某项经济业务所涉及的全部会计科目集中填列在一张记账凭证上。复式记账凭证可以集中反映账户的对应关系，因而便于了解经济业务的全貌，了解资金的来龙去脉；在便于查账的同时还可以减少填制记账凭证的工作量，减少记账凭证的数量。但是，复式记账凭证不便于汇总计算每一会计科目的发生额，不便于分工记账。

2. 单式记账凭证

单式记账凭证又叫作单科目记账凭证，要求将某项经济业务所涉及的每个会计科目，分别填制记账凭证，每张记账凭证只填列一个会计科目，其对方科目只供参考，不据以记账。也就是把某一项经济业务的会计分录，按其所涉及的会计科目，分散填制两张或两张以上的记账凭证。

单式记账凭证便于汇总计算每一个会计科目的发生额，便于分工记账；但是填制记账凭证的工作量会变大，而且出现差错不易查找。

二、记账凭证的填制

记账凭证在会计资料的形成过程中，起着便于记账、减少差错、保证记账质量的作用，是原始凭证所记载内容向会计账簿传递的重要中间环节。为此，我国《会计法》规定，记账凭证应当根据经过审核的原始凭证及有关资料编制。记账凭证可以根据每一张原始凭证填制，或者将若干张反映同类经济业务的原始凭证汇总，编制汇总原始凭证，再据以填制记账凭证。

在实际工作中，记账凭证的种类和格式不尽相同，但作为确定会计分录、登记账簿的依据，必须具备以下基本内容：

（1）记账凭证的名称。

（2）填制凭证的日期和凭证的编号。

（3）经济业务的内容摘要。

（4）会计分录，即应借、应贷会计账户的名称（包括总分类账户和明细分类账户），借贷方向和金额。

（5）所附原始凭证的张数。

（6）填制单位的名称及有关人员的签章。

记账凭证的填制除必须符合原始凭证的填制要求外，还应注意以下几点。

（1）准确填写会计分录。根据经济业务的内容，按照统一规定的会计科目填写，不得任意简化或改动，不得只写科目编号，不写科目名称；同时，二级和明细科目也要填列齐全。

（2）不准将不同类型的经济业务合并编制成一张记账凭证，以避免科目的对应关系不明确。

（3）摘要应简明扼要。摘要栏应概括地填写经济业务的主要内容。既要防止简而不明，又要避免过于烦琐。

（4）记账凭证应连续编号。每月可按照收款凭证、付款凭证和转账凭证分别编号，从收字第1号、付字第1号和转字第1号编起。若一笔经济业务需填制多张记账凭证的，可采用"分数编号法",即按该项经济业务的记账凭证数量编列分号。例如,某笔经济业务需编制三张转账凭证,该转账凭证的顺序号为7,则这三张凭证的编号分别为转字第 $7\frac{1}{3}$ 号、转字第 $7\frac{2}{3}$ 号、转字第 $7\frac{3}{3}$ 号。每月月末最后一张记账凭证的号旁边要加注"全"字,以免凭证散失。

(5)原始凭证应附在记账凭证后面,并注明张数。记账凭证所附的原始凭证必须完整无缺,并在凭证上注明所附原始凭证的张数,以便核对摘要及所编会计分录是否正确无误。若两张或两张以上的记账凭证依据同一原始凭证,则应在未附原始凭证的记账凭证上注明"原始凭证×张,附于第×号凭证之后",以便复核和查账。

三、记账凭证的审核

记账凭证是登记账簿的直接依据,为保证记账凭证的质量,正确登记账簿,必须对记账凭证进行严肃、认真的审核。

(1)审核记账凭证所附原始凭证是否齐全,所附原始凭证的内容与记账凭证内容是否相符,金额是否一致。

(2)审核记账凭证中的会计分录是否正确,即应借、应贷的会计科目使用是否正确,所记金额有无错误,借贷金额是否一致。

(3)记账凭证所需填写的项目是否齐全,有关人员是否都签章。

在审核中如果发现记账凭证有记录不全或错误,应重新填制或按规定办理更正手续。只有经过审核无误的记账凭证,才能作为记账的依据。

第四节 会计账簿的设置与登记

一、会计账簿的概念

会计账簿简称账簿,指由具有一定格式而又互相联系的账页组成的,以会计凭证为依据,用来全面、连续、系统地记录和反映各项经济业务的簿籍。

在会计核算中,每一笔经济业务都必须取得或填制原始凭证,并根据原始凭证填制记账凭证,将经济业务以会计分录的形式记录在记账凭证中。但是每张凭证上记载的只是个别的经济业务,提供的核算资料是分散的和零星的。为了全面、系统地反映企业的经营活动情况,需要按照一定的程序,把分散在会计凭证中的资料加以归类和整理,登记到账簿中去。

账簿是由账页组成的会计簿籍,簿籍是账簿的外表形式,账户记录才是账簿的内容。通常所说的记账,就是根据记账凭证所确定的会计分录,在账簿中按账户进行登记,也称为过账。

二、会计账簿的种类

(一)账簿按用途分类

账簿按用途不同,可分为序时账簿、分类账簿和备查账簿三种。

1. 序时账簿

序时账簿通常称为日记账,是按照经济业务发生时间的先后顺序逐日、逐笔登记的账簿。在实际工作中通常设置的日记账是"库存现金日记账"和"银行存款日记账",以序时反映库存现金和银行存款的收支情况。

2. 分类账簿

分类账簿指对全部经济业务按照总分类账户和明细分类账户进行分类登记的账簿。分类账簿按其反映经济业务内容的详细程度不同,又可以分为总分类账簿和明细分类账簿。

总分类账簿简称总账,是根据总分类科目开设的账簿,用来分类登记全部经济业务,提供总括核算资料的账簿。

明细分类账簿简称明细账,是根据总分类账户所属明的二级或明细账户开设的、以分类登记某一类经济业务、提供明细核算资料的账簿。

3. 备查账簿

备查账簿也称辅助账簿,指对某些未能在序时账和分类账中记载的事项进行补充登记的账簿。备查账簿的设置应视实际需要而定,并非一定要设置,而且没有固定格式,如租入固定资产登记簿、受托加工处理登记簿等。

(二)账簿按外表形式分类

账簿按外表形式不同,可分为订本式账簿、活页式账簿和卡片式账簿。

1. 订本式账簿

订本式账簿又称订本账,是在未启用前就把具有一定格式的账页加以编号并订成固定本册的账簿。日记账和总分类账一般采用订本式账簿。

2. 活页式账簿

活页式账簿是把零散的账页装在账夹内,可以随时增添账页的账簿。它可以根据需要灵活添页或排列,但账页容易散乱丢失。一般明细账都采用活页式账簿。

3. 卡片式账簿

卡片式账簿是在使用时将许多具有一定格式的、零散的卡片存放在卡片箱中保管的账簿。如固定资产明细账常采用卡片式账簿。

当活页账和卡片账在使用完毕或换新账时,应装订成册,妥善保管。这两种账簿便于会计人员分工记账,但其账页容易散失和被抽换。明细分类账一般采用这两种形式。

三、账簿的格式和登记方法

(一)日记账的格式与登记方法

企业一般只设置库存现金和银行存款日记账。日记账一般采用三栏式订本账,设"收入""支出""结余"三个金额栏。其格式如表3-5所示。

表 3-5　库存现金（或银行存款）日记账

年		凭证		摘要	对方科目	收入	支出	结余
月	日	字	号					

库存现金日记账由出纳员根据现金收款凭证和付款凭证，以及从银行提取库存现金业务的银行存款付款凭证，逐日逐笔按顺序登记。每日登记完毕后，应计算当日收入、支出的合计数，结出账面余额，并将账面余额与库存现金实存数核对，以做到账实相符。

银行存款日记账由出纳员根据银行存款收款凭证和付款凭证，以及将库存现金存入银行业务的库存现金付款凭证，逐日逐笔按顺序登记。每日登记完毕后，应计算当日收入、支出的合计数，结出账面余额，并定期与银行对账单逐笔核对。

（二）总分类账的格式与登记方法

总分类账是根据总分类科目开设的账簿，用来分类登记全部经济业务，提供总括核算资料。它能够全面、总括地反映企业的经济活动情况，并为编制会计报表提供资料，因此，每个单位都必须设置总分类账。总分类账一般采用三栏式订本账，设"借方""贷方""余额" 3 个金额栏。其格式如表 3-6 所示。

表 3-6　总 分 类 账

会计科目：

年		凭证		摘 要	对方科目	借方	贷方	借或贷	余额
月	日	字	号						

总分类账的登记可以直接根据各种记账凭证逐笔登记，也可以先按一定方式将记账凭证汇总后登记。具体方法取决于各单位所采用的账务处理程序。采用的账务处理程序不同，登记总账的方法和依据也不相同。

（三）明细分类账的格式与登记方法

明细分类账是根据某个总账科目所属的二级科目或明细科目开设的账户，用来分类登记某一类经济业务，提供某一方面的详细情况。它是编制会计报表的依据。

明细分类账的格式，应根据所反映的经济业务的特点以及管理的不同要求进行设计。一般有三栏式明细账、数量金额式明细账和多栏式明细账 3 种格式。

1. 三栏式明细账

三栏式明细分类账的格式和三栏式总分类账的格式相同，即账页内只设置"借方""贷方"和"余额"三个金额栏。这种格式的明细账适用于只需要进行金额核算，不需要进行数量核算的债权债务类账户。例如，"应付账款""应收账款""预付账款""预收账款""其他应收款""其他应付款"等账户的明细分类核算。其格式如表3-7所示。

表 3-7　明细分类账（三栏式）

会计科目：

年		凭证		摘要	对方科目	借方	贷方	借或贷	余额
月	日	字	号						

2. 数量金额式明细账

数量金额式明细账的账页内，分别在"收入""发出""结存"栏内设数量栏、单价栏和金额栏。这种格式适用于既要进行金额核算，又要进行数量核算的各种财产物资账簿。例如，"原材料""库存商品"等账户的明细分类核算。其格式如表3-8所示。

表 3-8　原材料明细账（数量金额式）

类别：　　　　　　　　　名称及规格：　　　　　　　　　编号：
计量单位：　　　　　　　储备定额：　　　　　　　　　　最高储备量：
存放地点：　　　　　　　　　　　　　　　　　　　　　　最低储备量：

年		凭证		摘要	收　入			发　出			结　存		
月	日	字	号		数量	单价	金额	数量	单价	金额	数量	单价	金额

3. 多栏式明细分类账

多栏式明细分类账是根据经济业务的特点和经营管理的需要，在一张账页内按有关明细账户或项目分设若干专栏的账簿，以便通过一张账页集中反映各明细账户或明细项目的详细资料。这种格式适用于成本费用类账户的明细分类核算。例如，"生产成本""制造费用""管理费用"等账户的明细分类核算。"管理费用明细账户"格式如表3-9所示。

表 3-9　管理费用明细账（多栏式）

年		凭证		摘要	借方						贷方	余额
月	日	字	号		差旅费用	薪酬	折旧费用	修理费用	…	合计		

明细分类账的登记方法，应考虑经济业务的繁简程度和管理的需要，根据记账凭证或带有借贷科目的原始凭证逐笔登记，也可以将这些凭证定期汇总后登记。

四、登记账簿的规则

会计账簿是单位里重要的经济档案。为了保证账簿记录正确，提高会计信息质量，登记账簿时应当遵守以下规则。

（一）账簿启用的规则

每个会计主体在启用新账时，应填写账簿扉页上的"账簿启用与经管人员一览表"，详细写明所启用账簿的名称、编号、册数、共计页数、启用日期等，加盖单位公章，并由会计主管和记账人员签章。当更换记账人员时，应办理交接手续，在账簿扉页上填写交接日期和接管人姓名，并由交接人和监交人（一般是会计主管）签章。

（二）账簿的登记规则

（1）为了保证账簿记录的准确性，账簿必须根据审核无误的会计凭证登记各种账簿。登记账簿时，应将会计凭证的日期、编号、摘要、金额等逐项登记入账，同时在会计凭证上填写账簿页数或打"√"记号，表示该笔业务已经登记入账。

（2）为了使账簿记录清晰、耐久、防止涂改，登记账簿时必须用蓝黑墨水笔或签字笔书写，不得使用铅笔和圆珠笔。红墨水笔只能在结账、改错和冲账时使用。

（3）必须按照账簿页次顺序登记，不得隔行、跳页，如果发生隔行、跳页时，应将空行或空页用红线对角划掉，以示注销，并加盖记账员的人名章。

（4）"摘要"栏内的说明应简明扼要，文字要规范，"金额"栏的数字与账页上标明的位数对准，各账户结出余额后，应在"借或贷"栏内写明"借"或"贷"。没有余额的账户在"借或贷"栏内写"平"字，在"余额"栏内写"0"。

（5）当记满一张账页时，应在账页的最后一行加计本页发生额合计，结出余额，并在摘要栏内注明"过次页"。然后将发生额合计和余额记入下一页的第一行，并在此行摘要栏内注明"承前页"，以便对账和结账。

知识链接

《会计法》第十五条规定："会计账簿登记，必须以经过审核的会计凭证为依据，并符合有关法律、行政法规和国家统一的会计制度的规定。"

（三）错账更正规则

会计人员在记账过程中，难免会发生各种各样的错误，所以一般是通过编制试算平衡表来检查错误的存在情况。可能引起试算平衡表不平衡的错误一般包括编表过程的错误、编制记账凭证的错误、登记账簿的错误等。对于记账凭证本身的错误（账簿记录没有错误或没有登记账簿），不需要做具体的更正，只需要将错误的凭证撕掉然后再编一个正确的凭证即可；如果记账凭证没有错误但账簿记录有错误或记账凭证和账簿同时错误，则需要采用专门的方法进行更正。按照《会计基础工作规范》的要求，更正错账的方法一般有三种，即划线更正法、红字更正法、补充登记法。

1. 划线更正法

在结账前，如果发现账簿记录有错误，而记账凭证没有错误，即纯属账簿记录中的文字或数字的笔误，可用划线更正法予以更正。

更正的方法是：先将账页上错误的文字或数字划一条红线，以表示予以注销；然后，将正确的文字或数字用蓝字写在被注销的文字或数字的上方，并由记账人员在更正处盖章。应当注意的是，更正时，必须将错误数字全部划销，而不能只划销、更正其中个别错误的数字，并应保持原有字迹仍可辨认，以备查考。

2. 红字更正法

红字更正法，适用于以下两种错误的更正。

（1）根据记账凭证所记录的内容登记账簿以后，发现记账凭证的应借、应贷会计科目或记账方向有错误，但金额正确，应采用红字更正法。更正的具体办法是：先用红字填制一张与错误记账凭证内容完全相同的记账凭证，在摘要栏中注明"更正第×张凭证的错误"，并据以红字登记入账，冲销原有错误的账簿记录；然后，再用蓝字填制一张正确的记账凭证，据以用蓝字或黑字登记入账。

【例 3-1】 甲企业购入材料 5 000 元，款未付。这项经济业务编制的记账凭证误将贷方账户记为"银行存款"，并已入账。

①原错误分录如下：

借：原材料　　　　　　　　　　　　　　　　　　　　　　　　5 000
　　贷：银行存款　　　　　　　　　　　　　　　　　　　　　　　　5 000

用红字更正法更正如下：

②用红字金额冲销原错误分录：

借：原材料　　　　　　　　　　　　　　　　　　　　　　　　5 000
　　贷：银行存款　　　　　　　　　　　　　　　　　　　　　　　　5 000

（用"☐"表示红字，下同）

③再编制一笔正确分录：

借：原材料　　　　　　　　　　　　　　　　　　　　　　　　5 000
　　贷：应付账款　　　　　　　　　　　　　　　　　　　　　　　　5 000

（2）根据记账凭证所记录的内容记账以后，发现记账凭证中应借、应贷的会计科目、记账方向正确，只是金额发生错误，而且所记金额大于应记的正确金额，对于这种错误应采用红字更正法予以更正。更正的具体办法是将多记的金额用红字填制一张与原错误凭证中科目、借贷方向相同的记账凭证，其金额是错误金额与正确金额两者的差额，登记入账。

【例 3-2】 承【例 3-1】若上述经济业务在填制记账凭证时，应借、应贷账户未错，只是记载金额 50 000 元大于应记金额 5 000 元，则也可以用红字更正法予以更正。

（1）原错记的分录如下：

借：原材料　　　　　　　　　　　　　　　　　　　　　　　　50 000
　　贷：应付账款　　　　　　　　　　　　　　　　　　　　　　　50 000

（2）将多记的金额 45 000 元用红字金额编制记账凭证，从原记金额中冲销：

借：原材料　　　　　　　　　　　　　　　　　　　　　　　　45 000
　　贷：应付账款　　　　　　　　　　　　　　　　　　　　　　　45 000

3. 补充登记法

记账以后，如果发现记账凭证和账簿的所记金额小于应记金额，而应借、应贷的会计科目并无错误时，那么应采用补充登记的方法予以更正。更正的具体办法是：按少记的金额用蓝字填制一张应借、应贷会计科目与原错误记账凭证相同的记账凭证，在摘要栏中注明"补记×字第×号凭证少记数"并据以登记入账，以补充少记的金额。

【例 3-3】甲企业用银行存款 20 000 元偿还应付账款。会计人员在作分录时误记为 2 000 元，并已登记入账。

（1）原错误分录如下：

借：应付账款　　　　　　　　　　　　　　　　　　　　　　　2 000
　　贷：银行存款　　　　　　　　　　　　　　　　　　　　　　　2 000

（2）发现错误后，可将少记的金额 18 000 元再补作一笔分录如下：

借：应付账款　　　　　　　　　　　　　　　　　　　　　　　18 000
　　贷：银行存款　　　　　　　　　　　　　　　　　　　　　　　18 000

第五节　对账、结账和编制财务报表

一、对账

（一）对账的概念

对账就是核对账目。一般是在会计期间（月份、季度、年度）终了时，检查和核对账证、账账、账实、账表是否相符，以确保账簿记录的正确性。会计人员在填制凭证、登记账簿等一系列工作中出现的差错，因管理工作不善而带来的财产管理中的各种问题及其他一些因素的影响，都可能给账簿记录的真实性、正确性带来影响。为了保证账簿记录的真实、正确、可靠，必须对账簿和账户所记录的有关数据加以检查和核对。

（二）对账的内容

1. 账证核对

账证核对就是各种账簿（包括总分类账、明细分类账，以及库存现金和银行存款日记账）记录与有关的原始凭证、记账凭证进行核对，做到账证相符。

2. 账账核对

账账核对指账簿与账簿之间有关数字进行核对，主要包括以下内容：

（1）总分类账户之间的核对。一般通过编制"总分类账户发生额及余额试算表"进行。检查各总分类账户本期借方发生额合计是否等于本期贷方发生额合计，期末所有账户借方余额之和是否等于贷方余额之和。

（2）总分类账户与所属明细分类账户之间核对。一般是编制总分类账户与明细分类账户发生额及余额对照表进行。检查总分类账户本期借、贷方发生额及期末余额与所属明细分类账户本期借、贷方发生额合计数及余额合计数是否相符。

（3）总分类账户与库存现金、银行存款日记账之间的核对。核对"库存现金""银行存款"总账的期末余额，分别与"库存现金日记账""银行存款日记账"的期末余额相符。

（4）会计部门登记的各种财产物资明细分类账的结存数，与财产物资保管、使用部门的有关明细账的结存数核对相符。

3. 账实核对

账实核对是账簿记录结存数与各项财产物资、债权债务的实际结存数进行核对。这项工作是通过财产清查来进行的。其具体内容包括：库存现金日记账的余额与库存现金实际数核对；银行存款日记账的余额与银行对账单核对；财产物资明细账的结存数分别与财产物资的实存数核对；各种债权、债务的账面记录应定期与有关债务、债权单位或个人核对。

二、结账

（一）结账的概念

为了总结某一会计期间内账簿上的日常记录，以反映该期间的经营活动情况，必须定期进行结账。结账就是将某一会计期间所发生的全部经济业务，在全部登记入账的基础上结出有关账户的本期发生额及期末余额，并将其余额转入按规定应转入的账户中，或结转下期。结账包括两部分内容：一部分是期末结转有关收入和费用等虚账户，并据以计算本期的利润或者亏损。另一部分是期末结出资产、负债和所有者权益等实账户的本期发生额及期末余额，并将其余额结转下期。

根据会计分期，结账工作通常分为月结、季结、年结。对资产、负债和所有者权益等实账户可以在会计期末直接结账，而对那些收入、费用等虚账户，因为它们在结账前应按权责发生制要求先进行账项调整，所以，应在账项调整之后再结账。另外，企业因撤销、合并而办理账务交接时，也需要办理结账手续。

（二）结账步骤

检查结账日止以前所发生的全部经济业务是否都已经登记入账。检查账簿记录的完整性和正确性，不能漏记、重记每一项经济业务，也不能有错误的记账分录。

在本期经济业务全面入账的基础上，按照权责发生制原则的要求，将收入和费用归属于各个相应的会计期间，即进行账项调整。

根据权责发生制的会计处理基础，为了正确计算各个会计期间的盈亏，就必须将有关收入和费用，按照是否应归属于本期的原则，确定预收收入、预付费用、应计收入和应计费用等。换句话说，在权责发生制下，应归属于本期的收入和费用，既包括本期实际收到和实际付出的收入和费用,也包括上期已经取得和付出的收入和费用,还包括在下期才能收到和支付的收入和费用。因此,为了正确地确定各个会计期间的收入和费用,使之归属于应该归属的会计期间,以便于更好地确定各个期间的经营成果,在会计期末结账时,就需要对某些跨期间的账项进行调整,以保证会计记录在编制会计报表之前能反映最新信息。

会计期末要确定本期的收入和费用,就必须按照权责发生制的原则对账簿记录进行调整,称为账项调整。账项调整时所编制的会计分录就是调整分录。

1. 虚账户的结账

虚账户指收入类和费用类账户,即列在利润表上的账户。在会计期末,这些账户的余额应转入"本年利润"账户,以便计算本期损益。所以,这两类账户的结账指将账户结平,使账户的余额为零,从下一期开始计算收入和费用。在会计上,虚账户的结账需要编制三笔会计分录。

将本期所有收入类账户的余额转入"本年利润"账户的贷方,结清收入类账户。
借:收入类账户
　　贷:本年利润

将本期所有费用类账户的余额转入"本年利润"账户的借方,结清费用类账户。
借:本年利润
　　贷:费用类账户

年终,将"本年利润"账户的余额转入"利润分配"账户,结清"本年利润"账户。
借:本年利润
　　贷:利润分配

如年末发生亏损,则作相反的会计分录。

2. 实账户的结账

实账户指资产、负债和所有者权益类账户,即列在资产负债表上的账户。在会计期末,"结账"只是结出这些账户的期末余额,并将余额转入下期。这是因为在会计期末,这些账户仍然代表着有关会计要素项目的实存数额,需要继续在下一个会计期间予以反映。

根据会计分期,结账工作通常分为月结、季结、年结。月度结账时,应该结出本月借、贷双方的月内发生额和期末余额,在摘要栏内注明"本期发生额及期末余额",同时,在"本期发生额及期末余额"行的上、下端各划一条红线,表示账簿记录已经结束;季度结账应在本季度最后一个月的结账数字的红线下边一行,把本季度三个月的借、贷双方月结数汇总,并在摘要栏内注明"本季发生额合计及季末余额",同样在数字下端划一条红线;年度结账时,应将四个季度的借、贷双方季结加以汇总,在摘要栏内注明"本年发生额及年末余额",并在数字下端划双红线,表示本年度账簿记录已经结束。年度结账后,各账户的年末余额,应直接记入下年度的新账户的"余额"栏内,并在摘要栏注明"上年结转"字样。

三、财务报表的编制

按照《企业会计准则第 30 号——财务报表列报》的要求,每一会计期间终了时,企业单位均要编制和对外提供真实、完整的反映某一特定日期财务状况和某一期间经营成果的书面文件，这些书面文件称为财务报表。编制财务报表也就成为会计循环的最后一个工作步骤，财务报表则是会计循环的终端输出物。

财务报表指按照一定的格式，依据账簿中的资料，总括地反映企业在某一特定日期财务状况和某一期间经营成果的书面报告文件。根据《企业会计准则第30号——财务报表列报》的规定，企业需要编制的主要财务报表有资产负债表、利润表、现金流量表和所有者权益变动表。

资产负债表是反映企业在会计期末资产、负债和所有者权益情况的报表，它根据"资产＝负债＋所有者权益"的会计基本等式设计。资产负债表分为左右两方，左方是资产，右方是负债和所有者权益，左右两方金额相等。

利润表是反映企业在一定会计期间内所实现的利润（或者发生亏损）的报表，它根据"收入－费用＝利润"的会计等式设计。

现金流量表是反映企业在一定会计期间现金和现金等价物流入和流出情况的报表，它的编制基础是收付实现制。通过现金流量表，可以了解企业现金和现金等价物的来源渠道和支出方式，有助于企业合理调配和使用资金。

第六节　账务处理程序

账务处理程序也称会计记账程序或会计核算组织程序，它是一个会计主体采用的会计凭证、会计账簿、会计报表的种类和格式与记账程序有机结合的方法和步骤，主要体现会计记录的实务操作过程。

不同种类与格式的会计凭证、会计账簿、会计报表与一定的记账程序相结合，就形成了在做法上有着一定区别的账务处理程序。账务处理程序模式的选择是否科学合理，会对整个会计核算工作产生诸多方面的影响。确定科学合理的账务处理程序，对于保证能够准确、及时提供系统而完整的会计信息具有十分重要的意义。下面主要介绍重点体现会计记录和报告过程的两种常见账务处理程序模式。

一个单位由于性质、规模和业务的繁复程度不同决定了其会计凭证、会计账簿、会计报表之间的结合方式不同，就形成了不同的账务处理程序。

一、记账凭证账务处理程序

（一）记账凭证账务处理程序的特点和核算要求

记账凭证账务处理程序是会计核算中最基本的一种账务处理程序。它的特点是根据记账凭证逐笔登记总分类账。

采用记账凭证处理程序，一般设置现金日记账、银行存款日记账、总分类账和明细分类账。现金、银行存款日记账、总分类账和明细分类账均可用三栏式；明细分类账可根据需要用三栏式或数量金额式或多栏式；记账凭证可用一种通用格式，也可将收款凭证、付款凭证和收款凭证同时应用。在这种核算形式下，总分类账一般是按户分页。

（二）记账凭证账务处理程序的核算步骤

记账凭证账务处理程序的核算步骤如图3-4所示。

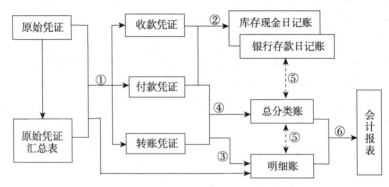

图 3-4　记账凭证账务处理程序的核算步骤

①根据原始凭证或原始凭证汇总表填制收款凭证、付款凭证和转账凭证，也可以填制通用记账凭证。

②根据收款凭证、付款凭证逐笔登记库存现金日记账和银行存款日记账。

③根据记账凭证和原始凭证（或原始凭证汇总表）逐笔登记各种明细分类账。

④根据记账凭证逐笔登记总分类账。

⑤期末，将库存现金日记账、银行存款日记账的余额分别与库存现金与银行存款总分类账的余额核对相符；总分类账与其所属各明细分类账的余额核对相符。

⑥期末，根据总分类账和明细分类账的记录编制会计报表。

（三）记账凭证账务处理程序的优缺点和适用范围

记账凭证账务处理程序的优点是简单明了，总分类账可详细记录和反映经纪业务状况，对于经济业务发生较少的科目，总账可代替明细账。但是登记分类总账工作量较大，也不便于会计分工。因此，一般只适用于规模较小、经济业务量较少的单位。

记账凭证账务处理程序的特点是什么？为什么说它是最简单的？

二、科目汇总表账务处理程序

（一）科目汇总表账务处理程序的特点和核算要求

科目汇总表账务处理程序的特点是先定期根据每张记账凭证按会计科目汇总编制科目汇总表，然后根据科目汇总表登记总分类账。科目汇总表账务处理程序是在记账凭证账务处理程序的基础上发展和演变而来的。

在科目汇总表账务处理程序下，记账凭证除了采用通用记账凭证，或者采用收款凭证、付款凭证和转账凭证三种专用记账凭证外，还需要设置"科目汇总表"这种具有汇总性质的记账凭证；设置的会计账簿、会计报表与记账凭证账务处理程序下设置的账簿、报表相同。

（二）科目汇总表账务处理程序的核算步骤

科目汇总表账务处理程序下的账务处理步骤如图 3-5 所示。

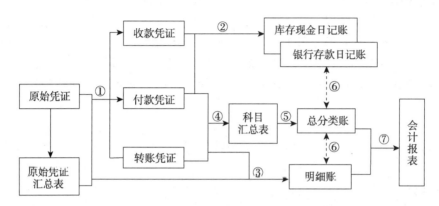

图 3-5　科目汇总表账务处理程序下的账务处理步骤

① 根据原始凭证或汇总原始凭证填制各种记账凭证。
②根据收款凭证、付款凭证逐笔登记库存现金日记账和银行存款日记账。
③根据记账凭证、原始凭证或汇总原始凭证逐笔登记明细账。
④根据各种记账凭证汇总编制科目汇总表。
⑤根据科目汇总表汇总登记总分类账。
⑥月末，库存现金日记账、银行存款日记账、各种明细账的期末余额与相应总分类账的期末余额核对。
⑦月末，根据总分类账、各种明细分类账编制会计报表。

（三）科目汇总表的编制方法

科目汇总表是根据专用记账凭证或通用记账凭证汇总编制的。编制方法是：定期（如5天或10天）将该期间内的所有记账凭证，按相同会计科目归类，汇总每一会计科目的借方本期发生额和贷方本期发生额，并填写在科目汇总表的相关栏内。用以反映全部账户的借方本期发生额和贷方本期发生额。当根据科目汇总表登记总分类账时，将科目汇总表中各科目的借方本期发生额和贷方本期发生额分次记入相应总分类账户的借方或贷方即可。

（四）科目汇总表账务处理程序的优缺点和适用范围

科目汇总表账务处理程序的优点是定期编制科目汇总表科目可以起到试算平衡和纠正错误的作用，同时大大减少总分类账的登记工作。缺点是在科目汇总表和总账中，不能反映科目之间的对应关系,不便于对经济业务的来龙去脉进行分析,也不便于进行会计检查。因此,科目汇总表账务处理程序适用于业务量较大的会计主体。

【本章小结】

本章主要介绍会计记账程序的流程。各单位经济业务发生,首先是取得或填制原始凭证,然后根据审核无误的原始凭证编制记账凭证、登记账簿、进行试算平衡、完成对账、结账,最后编制会计报表等一系列的会计工作。在会计记账程序中以会计凭证、会计账簿和会计报表为主线展开学习。会计凭证是进行会计核算的基础,会计凭证由原始凭证和记账凭证构成,记账凭证是登记账簿的直接依据;账簿体系是核心,通过设置和登记账簿,可以提供系统和完整的会计核算资料,登记账簿应遵守一定的规则,并需要定期结账、对账,为编制会计报表提供依据;会计报表能提供企业的财务状况、经营成果和现金流量等会计信息。

【主观题】

一、思考题

1. 会计凭证包括哪些基本分类?
2. 什么是会计凭证?其作用是什么?
3. 简述原始凭证的作用、种类及填制要求。
4. 简述记账凭证的作用、种类及填制要求。
5. 简述错账更正有几种方法?说明各种错账更正各种方法的适用条件。
6. 为什么要对账?应从哪几方面进行对账?
7. 什么是结账?结账由哪些工作组成?
8. 明细分类账账页有哪几种格式?其适用情况如何?
9. 科目汇总表账务处理程序有哪些优缺点?其适用于什么样的企业单位?

二、业务题

(一)目的:熟悉会计记账程序的基本步骤。

资料:1. ABC公司2022年3月份有关账户的期初余额如下。

库存现金	1 400元
银行存款	24 000元
应收账款	5 000元
原材料	12 000元
固定资产	48 600元
应付账款	10 000元
短期借款	14 000元
实收资本	60 000元

盈余公积　　　　　　　　　　　　　7 000元

2. ABC公司2022年3月份发生下列经济业务。

（1）从银行提取现金500元，以备零用。

（2）用银行存款购买材料一批，货款5 500元。

（3）用银行存款归还前欠货款3 000元。

（4）国家投入新机器一台，价值25 000元。

（5）收到购货单位归还货款4 400元，存入银行。

（6）按规定将多余现金500元，存入银行。

（7）生产车间生产产品领用材料，价值14 500元。

（8）向银行借入一年期借款70 000元，款项已存入银行。

要求：

（1）根据上述资料，编制会计分录。

（2）开设"T"形账户，登记各账户的期初余额和本期发生额，并结出期末余额，编制试算平衡表。

（3）编制ABC公司2022年3月的资产负债表。

（二）目的：熟悉记账凭证的填制。

某企业2022年2月发生下列经济业务。

1. 2月3日，采购员预借差旅费1 000元，用库存现金支付。

2. 2月5日，购入A材料一批，用银行存款支付材料的买价10 000元，增值税1 700元，运杂费300元，材料尚在未验收入库。

3. 2月8日，A材料验收入库，结转其实际成本。

4. 2月12日，计提固定资产折旧，其中：车间固定资产应提折旧4 000元，厂部固定资产应提折旧2 000元。

5. 2月15日，销售产品100件，价款共计150 000元，增值税率17%，价税款已通过银行收回75 000元，余款暂欠。

要求：

（1）根据上述经济业务，确定应编制的记账凭证的种类。

（2）根据上述经济业务填制记账凭证。

（三）目的：练习错账更正方法。

某工业企业将账簿记录与记账凭证进行核对，发现下列经济业务内容的账簿记录有错误。

1. 开出现金支票1 500元，支付企业管理部门日常零星开支。原编记账凭证的会计分录为：

借：管理费用　　　　　　　　　　　　　　　　　　　　　　1 500
　　贷：银行存款　　　　　　　　　　　　　　　　　　　　　　1 500

期末结账前，登记"管理费用"明细账时误将借方1 500元记为500元。

2. 企业的开户银行通知，收到购货单位偿还上月所欠货款6 800元。原记账凭证的会计分录为：

借：银行存款　　　　　　　　　　　　　　　　　　　　　　　　8 600
　　贷：应收账款　　　　　　　　　　　　　　　　　　　　　　　　8 600

3. 用现金支付行政管理部门零星办公用品购置费87元。原记账凭证的会计分录为：

借：管理费用　　　　　　　　　　　　　　　　　　　　　　　　　87
　　贷：库存现金　　　　　　　　　　　　　　　　　　　　　　　　　87

登记库存现金日记账时"付出"栏误记录为78元。

4. 企业计提本月行政管理部门用固定资产折旧费4 100元。原编记账凭证的会计分录如下：

借：管理费用　　　　　　　　　　　　　　　　　　　　　　　　1 400
　　贷：累计折旧　　　　　　　　　　　　　　　　　　　　　　　　1 400

要求：

（1）指出上述错误应采用何种适合的更正方法。

（2）若需编制错账更正分录的，请编制出错账更正分录。

即测即练

自学自测　扫描此码

第四章 货币资金与应收款项

 **学习目标**

通过本章学习,应达到以下目标。

1. 掌握:货币资金、应收款项的核算内容;不同银行转账结算方式下对应的会计账户;库存现金、银行存款的收付款业务核算;库存现金和银行存款清查。

2. 理解:其他货币资金与银行存款账户在运用上的差异;应收票据贴现业务的会计核算原理与方法;应收款项减值的确认和会计核算方法。

3. 了解:货币资金管理中的内部控制措施;国家关于现金和银行管理和结算制度的规定;新的收入准则在应收账款核算上的变化。

 **引导案例**

2020年,某省份纪委监委公开通报了全省纪检监察机关查处的6起"小金库"问题典型案例。不知从何时起,"小金库"成了一种社会现象,被广为诟病,尽管国家大力管控,但仍有个别人顶风作案,且形式越来越多、手段越来越隐蔽。

"小金库"指违反法律法规及其他有关规定,应列入而未列入符合规定的单位账簿的各项资金(含有价证券)及其形成的资产。在个别行政机关、事业单位、公司单位等存在"小金库",这种行为把他人创造的财富占为私人利益,是对经济和社会的一种伤害。

私立"小金库"的财富来源是什么?在这6起典型案例中,包括:少计或未开发票截留下属单位经营性收入;虚列套取项目资金;克扣费用,违规罚款不入账等方式。涉及金额高达千万元,严重扰乱了市场经济秩序,败坏了社会风气,损害了群众利益。

"小金库"具有隐蔽性,应该从何查起?可以审查会计凭证、收款票据、货币资金、往来账户、收支情况等。比如,临时检查库存现金、银行存款,进行账实核对,如果发现非正常现象则要进一步追查原因。

"小金库"的形成和使用与财务工作有很强的相关性,这是对财务人员敲响的警钟财务人员要遵守法律法规,对社会公众尽职尽责,坚守职业道德,绝不能逾越职业操守底线。

案例思考:

1. 私设"小金库"违反了什么法律法规?其行为会受到什么样的惩罚?

2. 在屡禁不止的情况下,在资金管理的内部控制建设方面有什么建议?

3. 在办理货币资金的业务中,会计人员应主动加强哪些职业道德的学习?

第一节 货币资金

一、货币资金概述

货币资金是公司流动性最强,且为公司进行生产经营活动必不可少的一种资产。大多数贪污、诈骗、挪用公款等违法乱纪的行为都与货币资金有关,因此,加强对公司货币资金的核算和管理尤为重要。

(一)货币资金的概念

货币资金指公司生产经营过程中处于货币形态的资产,包括库存现金、银行存款和其他货币资金。

(二)货币资金管理与控制

随着我国经济体制改革不断深入和公司市场主体逐步确立,会计管理在企事业单位内部管理中的地位日益突出,加强内部会计控制制度建设,已成为公司和其他单位建立科学的内部管理制度的重要基础。

1. 货币资金管理与控制的基本原则

货币资金是公司流动性最强的资产,公司必须加强对货币资金的管理,建立良好的货币资金内部控制,以确保全部货币资金的收支能被及时、正确地予以记录。因此,在货币资金的管理过程中,公司应严格遵守国家有关货币资金管理制度,正确进行货币资金收支的核算,监督货币资金使用的合法性与合理性,加强货币资金的内部控制,确保货币资金的安全与完整。

(1)严格职责分工,即将涉及货币资金不相容的职责分由不同的人员担任,形成严密的内部牵制制度,以减少和降低货币资金管理上出现舞弊的可能性。

(2)实行交易分开,即将现金的支出业务和现金的收入业务分开进行处理,防止将现金收入直接用于现金支出的坐支行为。

(3)实行内部稽核,即设置内部稽核单位和人员,建立内部稽核制度,加强对货币资金管理的监督,及时发现货币资金管理中存在的问题,及时改进对货币资金的管理控制。

(4)实施定期轮岗制度。即对涉及货币资金管理和控制的业务人员实行定期轮换岗位。通过轮换岗位,减少货币资金管理和控制中产生舞弊的可能性,能及时发现有关人员的舞弊行为。

2. 我国货币资金内部控制的有关规定

为了规范货币资金的内部会计控制,财政部于2001年6月22日发布了《内部会计控制规范——货币资金(试行)》(以下简称《试行》),该《试行》明文规定:"各单位应当根据国家有关法律法规和本规范,结合部门或系统的货币资金内部控制规定,建立适合本单位业务特点和管理要求的货币资金内部控制制度,并组织实施。单位负责人对本单位货币资金内部控制的建立健全和有效实施以及货币资金的安全完整负责。"具体内容如下:

1）岗位分工及授权批准

（1）单位应当建立货币资金业务的岗位责任制，明确相关部门和岗位的职责权限，确保办理货币资金业务的不相容岗位相互分离、制约和监督。出纳人员不得兼任稽核、会计档案保管和收入、支出、费用、债权债务账目的登记工作。单位不得由一人办理货币资金业务的全过程。

（2）单位办理货币资金业务，应当配备合格的人员，并根据单位具体情况进行岗位轮换。办理货币资金业务的人员应当具备良好的职业道德，忠于职守，廉洁奉公，遵纪守法，客观公正，不断提高会计业务素质和职业道德水平。

（3）单位应当对货币资金业务建立严格的授权批准制度，明确审批人对货币资金业务的授权批准方式、权限、程序、责任和相关控制措施，规定经办人办理货币资金业务的职责范围和工作要求。

（4）审批人应当根据货币资金授权批准制度的规定，在授权范围内进行审批，不得超越审批权限。经办人应当在职责范围内，按照审批人的批准意见办理货币资金业务。对于审批人超越授权范围审批的货币资金业务，经办人员有权拒绝办理，并及时向审批人的上级授权部门报告。

（5）单位应当按照规定的程序办理货币资金支付业务。

①支付申请。单位有关部门或个人用款时，应当提前向审批人提交货币资金支付申请，注明款项的用途、金额、预算、支付方式等内容，并附有效经济合同或相关证明。

②支付审批。审批人根据其职责、权限和相应程序对支付申请进行审批。对不符合规定的货币资金支付申请，审批人应当拒绝批准。

③支付复核。复核人应当对批准后的货币资金支付申请进行复核，复核货币资金支付申请的批准范围、权限、程序是否正确，手续及相关单证是否齐备，金额计算是否准确，支付方式、支付单位是否妥当等。复核无误后，交由出纳人员办理支付手续。

④办理支付。出纳人员应当根据复核无误的支付申请，按规定办理货币资金支付手续，及时登记现金和银行存款日记账。

（6）单位对于重要货币资金支付业务，应当实行集体决策和审批，并建立责任追究制度，防范贪污、侵占、挪用货币资金等行为。

（7）严禁未经授权的机构或人员办理货币资金业务或直接接触货币资金。

2）现金和银行存款的管理

（1）单位应当加强现金库存限额的管理，超过库存限额的现金应及时存入银行。

（2）单位必须根据《现金管理暂行条例》的规定，结合本单位的实际情况，确定本单位现金的开支范围。不属于现金开支范围的业务应当通过银行办理转账结算。

（3）单位现金收入应当及时存入银行，不得用于直接支付单位自身的支出。因特殊情况需坐支现金的，应事先报经开户银行审查批准。单位借出款项必须执行严格的授权批准程序，严禁擅自挪用、借出货币资金。

（4）单位取得的货币资金收入必须及时入账，不得私设"小金库"，不得账外设账，严禁收款不入账。

（5）单位应当严格按照《支付结算办法》等国家有关规定，加强银行账户的管理，严格按照规定开立账户，办理存款、取款和结算。单位应当定期检查、清理银行账户的开立及使用情况，发现问题，及时处理。单位应当加强对银行结算凭证的填制、传递及保管等环节的管理与控制。

（6）单位应当严格遵守银行结算纪律，不准签发没有资金保证的票据或远期支票，套取银行信用；不准签发、取得和转让没有真实交易和债权债务的票据，套取银行和他人资金；不准无理由拒绝付款，任意占用他人资金；不准违反规定开立和使用银行账户。

（7）单位应当指定专人定期核对银行账户，每月至少核对一次，编制银行存款余额调节表，使银行存款账面余额与银行对账单调节相符。如调节不符，应查明原因，及时处理。

（8）单位应当定期和不定期地进行现金盘点，确保现金账面余额与实际库存相符。发现不符，应查明原因，及时处理。

3）票据及有关印章的管理

（1）单位应当加强与货币资金相关的票据的管理，明确各种票据的购买、保管、领用、背书转让、注销等环节的职责权限和程序，并专设登记簿进行记录，防止空白票据的遗失和被盗用。

（2）单位应当加强银行预留印鉴的管理。财务专用章应由专人保管，个人名章必须由本人或其授权人员保管。严禁一人保管支付款项所需的全部印章。按规定需要有关负责人签字或盖章的经济业务，必须严格履行签字或盖章手续。

4）监督检查

（1）单位应当建立对货币资金业务的监督检查制度，明确监督检查机构或人员的职责权限，定期和不定期地进行检查。

（2）货币资金监督检查的内容主要包括以下方面。

①货币资金业务相关岗位及人员的设置情况。重点检查是否存在货币资金业务不相容职务混岗的现象。

②货币资金授权批准制度的执行情况。重点检查货币资金支出的授权批准手续是否健全，是否存在越权审批行为。

③支付款项印章的保管情况。重点检查是否存在办理付款业务所需的全部印章交由一人保管的现象。

④票据的保管情况。重点检查票据的购买、领用、保管手续是否健全，票据保管是否存在漏洞。

（3）对监督检查过程中发现的货币资金内部控制中的薄弱环节，应当及时采取措施，加以纠正和完善。

# 课堂讨论

案例资料：甲公司会计与出纳分设，由于会计工作量大，财务经理安排由出纳负责登记三大期间费用（管理费用、财务费用、销售费用）账户，并且根据规定，收款的同时应为销售部门开具销售票。办理付款手续时，直接根据采购人员提供的发票办理支付手续。

在财务部负责人的授意下，开立多个结算账户，资金紧张的时候就从没有资金的账户给客户开支票，暂时对付一下。期末结账以后，检查人员经常发现现金短款，原因是大量发票单据没有经过有权批准人员的批准，因此没有进行账务处理。

思考与讨论：

在本案例中，甲公司在货币资金管理中存在哪些问题？请说明改进意见。

（三）货币资金核算应设置的主要账户

货币资金核算一般应设置的主要账户如下。

"库存现金"账户，用于核算库存现金的增加、减少和结余（不包括备用金）。

"银行存款"账户，用于核算各种存款的增加、减少和结余（不包括外埠存款、本票存款和汇票存款）。

"其他货币资金"账户，主要用于核算外埠存款、本票存款、汇票存款、信用证存款、信用卡存款和存出投资款的增加、减少和结余情况。

期末将这三个账户的余额汇总列示于资产负债表的第一项"货币资金"中。

二、库存现金的管理和核算

（一）库存现金概述

现金的概念有广义与狭义之分。广义的现金指企业库存现金及可以随时用于支付的存款，包括库存现金、银行存款及其他货币资金。狭义的现金指库存现金，即纸币和硬币。本章现金的概念是狭义的现金，即库存现金，包括人民币现金和外币现金。

企业应当设置"库存现金"总账账户（一般采用三栏式）和现金日记账对库存现金进行核算。现金的总分类核算是通过"库存现金总账"进行，其明细分类核算是通过"现金日记账"进行。现金总账由不从事出纳工作的会计人员负责登记。企业记录的每一笔"库存现金"增减业务，都必须取得原始凭证，或者填制真实、合法、完整、正确的原始凭证，作为收付现金的书面证明。财会部门应对收付现金的有关原始凭证进行认真审核，然后再据以编制收、付款记账凭证作为登记现金日记账的依据。现金日记账是反映和监督现金收支结存的序时账，必须采用订本式账簿，并为每一账页进行顺序编号，防止账页丢失或随意抽换，也便于查阅。现金日记账一般采取收、付、余三栏式格式，由出纳人员根据审核后的原始凭证和现金收款凭证、付款凭证，按业务发生的顺序，逐日逐笔序时登记。每日终了应计算本日现金收入、支出的合计数和结存数，并同实存现金进行核对，做到日清月结，保证账款相符。月份终了，"现金日记账"的余额应与"库存现金"总账的余额核对相符。

（二）库存现金管理的主要内容

1. 现金的使用范围

国务院颁布的《现金管理暂行条例》规定了企业使用现金的范围。即企业现金只限于以下活动的支付：

（1）职工工资、津贴。

（2）个人劳务报酬。

（3）根据国家规定颁发给个人的科学技术、文化艺术、体育等各种奖金。

（4）各种劳保、福利费用及国家规定的对个人的其他支出。

（5）向个人收购农副产品和其他物资的价款。

（6）出差人员必须随身携带的差旅费。

（7）结算起点以下的零星支出。

（8）中国人民银行确定需要支付现金的其他支出等。

结算起点为1 000元。结算起点的调整由中国人民银行确定，报国务院备案。需要注意：在采用现金支付时，受结算起点1 000元限制的仅是零星支出，其他支出不受1 000元结算起点的限制。比如，出差人员可以随身携带差旅费5 000元现金。

2. 库存现金限额管理

我国《现金管理暂行条例》规定，由出纳保管的库存现金数应由开户银行根据企业的实际需要核定，一般不超过企业3～5天日常零星开支的需要，超过部分应于当日终了前存入银行。边远地区和交通不便地区开户企业的库存现金限额，可多于5天，但不得超过15天。

为了加强银行的监督：当企业在向银行送存现金时，应在解款单上注明款项的来源；当企业支取现金时，应在现金支票上注明款项的用途。对于那些违反现金管理制度所规定的款项，银行则有权拒绝支付。当企业从开户银行提取现金时，应如实写明提取现金的用途并由本企业财会部门负责人签字盖章，然后经开户银行审查批准后予以支付。

3. 现金日常收支管理

企业现金收支的管理，首先应保证企业库存现金的安全完整，现金收支不出差错。这就要求企业必须加强现金的管理与控制，其基本要求包括如下内容。

（1）建立授权批准制度。明确授权、执行、记录、稽核等各环节的相关控制措施和详细的工作要求。

（2）建立不相容岗位分离制度。在库存现金管理中，要实行钱账分离，使出纳人员和会计人员相互牵制、互相监督。凡有库存现金收付，应坚持复核制度，当面点清，以减少差错，堵塞漏洞。

（3）建立现金收支控制制度。企业收取现金应向交款人出具正式收据，收取的现金应于当日送存开户银行，当日送存确有困难的，由开户银行确定送存时间。企业支付现金必须凭经过审批的合法凭证，付款后加盖"付讫"戳记。现金收支应及时清理，做到日清月结，确保库存现金的账面余额与实际库存相符。如果发现账款不符，应及时查明原因，进行处理。要强化收据与发票的领用制度，加强对空白凭证及使用过的凭证的严格管理。

（4）严格执行现金管理的禁止性规定。不准坐支现金；不准以白条抵库；不准谎报用途套取现金；不准单位之间相互借用现金；不准私设小金库；不准公款私存。

所谓坐支现金，指企业从本单位的现金收入中直接支付业务活动需要的现金。企业支

付经营活动中所需要的现金，应从本单位的库存现金限额中支付或者从开户银行提取，不得从本单位的现金收入中直接支付（即坐支）。因特殊情况需要坐支现金的，应当事先报经开户银行审查批准，由开户银行核定坐支范围和限额。坐支单位应当定期向开户银行报送坐支金额和使用情况。

（三）库存现金的核算

1. 库存现金收付的核算

企业现金的收入主要包括：从银行提取现金；收取不足转账起点的小额销货款；企业员工交回的多余出差款等。企业的现金支出包括符合现金开支范围的各项支出。

企业的库存现金是通过"库存现金"账户进行核算的。该账户属于资产类账户，借方登记收到的现金，贷方登记支出的现金，期末余额在借方，表示企业实际持有的库存现金。

【例4-1】 2022年某企业发生下列现金收付业务，会计处理如下。

（1）7月1日企业从银行提取现金600元备用。

　　借：库存现金　　　　　　　　　　　　　　　　　　　　　　　　　600
　　　　贷：银行存款　　　　　　　　　　　　　　　　　　　　　　　　600

（2）7月10日用现金1 000元购买行政管理部门的办公用品。

　　借：管理费用　　　　　　　　　　　　　　　　　　　　　　　　1 000
　　　　贷：库存现金　　　　　　　　　　　　　　　　　　　　　　1 000

2. 库存现金的清查

为了保证现金的安全完整，公司应当对库存现金进行定期和不定期的清查。库存现金的清查包括出纳人员每日的清点核对和清查小组定期和不定期的清查。

现金清查中如果账款不符，发现了有待查明原因的现金短缺或溢余，应先通过"待处理财产损溢"科目核算。按管理权限报经批准后，分以下情况处理。

（1）如为现金短缺：属于应由责任人赔偿或保险公司赔偿的部分，计入其他应收款；属于无法查明的其他原因，计入管理费用。

（2）如为现金溢余：属于应支付给有关人员或单位的，计入其他应付款；属于无法查明原因的，计入营业外收入。

【例4-2】 甲公司在进行现金清查时，发现库存现金短缺100元，原因不明待查。会计处理如下：

　　借：待处理财产损溢　　　　　　　　　　　　　　　　　　　　　　100
　　　　贷：库存现金　　　　　　　　　　　　　　　　　　　　　　　　100

【例4-3】 经查明，上述现金短缺属于出纳人员的责任，根据主管部门批复意见应由责任人赔偿。收到责任人赔偿现金100元。会计处理如下：

（1）根据批复意见进行转销时：

　　借：其他应收款　　　　　　　　　　　　　　　　　　　　　　　　100
　　　　贷：待处理财产损溢　　　　　　　　　　　　　　　　　　　　　100

（2）实际收到赔偿金额时：

借：库存现金　　　　　　　　　　　　　　　　　　　　　　　　　　100
　　贷：其他应收款　　　　　　　　　　　　　　　　　　　　　　　100

【例 4-4】 甲公司在进行现金清查时，发现库存现金溢余 200 元，原因不明待查。会计处理如下：

借：库存现金　　　　　　　　　　　　　　　　　　　　　　　　　　200
　　贷：待处理财产损溢　　　　　　　　　　　　　　　　　　　　　200

【例 4-5】 上述现金溢余无法查明原因，经批准转作营业外收入处理：

借：待处理财产损溢　　　　　　　　　　　　　　　　　　　　　　　200
　　贷：营业外收入　　　　　　　　　　　　　　　　　　　　　　　200

三、银行存款的管理和核算

（一）银行存款管理

银行存款指企业存放于银行或其他金融机构的货币资金。企业应当根据业务需要，按照规定在其所在地银行开设账户。银行存款管理就是国家、银行、企业、事业、机关、团体等有义务方对银行存款及相关内容进行的监督和管理。银行存款管理的内容，根据其管理对象不同可分为银行存款账户管理、银行存款结算管理。

1. 银行存款账户的管理

银行存款账户的管理包括有关银行存款账户的开立，变更、合并、迁移、撤销和使用等内容的管理。根据中国人民银行颁发的《银行账户管理办法》规定，企业可以在银行或其他金融机构开立基本存款账户、一般存款账户、临时存款账户和专用存款账户。

（1）基本存款账户指企业办理日常转账结算和现金收付的账户，企业的工资、奖金等现金的支取，只能通过本账户办理。企业一般只能选择一家银行的一个营业机构开立一个基本存款账户。

（2）一般存款账户指企业基本存款账户以外的银行借款转存，与基本存款账户的企业不在同一地点的附属非独立核算单位开立的账户，本账户可以办理转账结算和现金缴存，但不能支取现金。

（3）临时存款账户指公司因临时生产经营活动的需要而开立的账户，如公司异地产品展销、临时性采购资金等，本账户既可以办理转账结算，又可以根据国家现金管理规定存取现金。

（4）专用存款账户指企业因特定用途需要所开立的账户。例如，用于基本建设项目专项资金、收购农副产品资金等，企业的销货款不得转入专用存款账户。

为了加强对基本存款账户的管理，企业开立基本存款账户，要实行开户许可证制度，各单位必须凭中国人民银行当地分支机构核发的开户许可证办理基本存款开户业务。企业不得为还贷、还债和套取现金而多头开立基本存款账户。

《银行账户管理办法》规定：企业不得出租、出借账户；不得违反规定在异地存款和贷款而开立账户。任何单位和个人不得将本单位的资金以个人名义开立账户存储。

2. 银行存款结算的管理

根据国家关于现金管理和结算制度的规定,企业要在当地的银行开立账户,企业除按规定留存少量现金以备日常零星开支外,其余的货币资金都应存入银行。企业一切货币资金的收支,除了按规定可以用现金结算方式直接以现金收付外,其余一律用非现金结算方式——通过银行划拨转账。即由银行按结算方式规定的手续,将结算款项从付款单位的账户划转到收款单位的账户,来完成各企业单位之间的款项收付。

(二)银行转账结算方式

结算业务指企业因为商品购销、提供劳务或资金调拨等业务而产生的货币收付行为。结算方式指进行收付款所采用的具体形式,主要有现金结算和银行转账结算两种方式。银行转账结算指通过银行划转款项完成收付款的行为。

根据中国人民银行的有关规定,目前我国企业可以采取的银行结算方式共有九种,分别是银行汇票、商业汇票、支票、银行本票、信用卡、委托收款、托收承付、汇兑和信用证。

1. 银行汇票

银行汇票是汇款人将款项交存当地出票银行,由出票银行签发给汇款人持往异地办理转账结算或支取现金的票据。

银行汇票可以用于转账,填明"现金"字样的银行汇票也可以用于支取现金。银行汇票一律记名,可用于支付各种款项,其汇款金额起点为500元,有效期为1个月,可以背书转让。银行汇票具有使用灵活、票随人到、兑现性强等特点,单位和个人的各种款项结算,均可使用银行汇票。适用于先收款后发货或钱货两清的异地商品交易。

2. 商业汇票

商业汇票是由出票人签发的,委托付款人在指定日期无条件支付确定的金额给收款人或者持票人的票据。

在银行开立存款账户的法人与其他组织之间须具有真实的交易关系或债权债务关系,才能使用商业汇票。它适用于同城或异地结算。商业汇票的付款期限由交易双方商定,但最长不得超过6个月。商业汇票一律记名,允许背书转让。商业汇票按承兑人不同分为商业承兑汇票和银行承兑汇票两种。

(1)商业承兑汇票

商业承兑汇票是由银行以外的付款人承兑。商业承兑汇票按交易双方约定,由销货企业或购货企业签发,但由购货企业承兑。

(2)银行承兑汇票

银行承兑汇票由银行承兑,由在承兑银行开立存款账户的存款人签发。承兑银行按票面金额向出票人收取0.5%的手续费。

采用商业汇票结算方式,可以使企业之间的债权债务关系表现为外在的票据,使商业信用票据化,加强约束力。商业汇票经过承兑,信用较高,可以按期收回货款、防止拖欠,在急需资金时还可以向银行申请贴现,融通资金,比较灵活。

3. 支票

支票是单位或个人签发的，委托办理支票存款业务的银行在见票时无条件支付确定的金额给收款人或者持票人的票据。

支票上印有"现金"字样的为现金支票，印有"转账"字样的为转账支票，未印有"现金"或"转账"字样的为普通支票。现金支票和普通支票可以支取现金也可以转账，转账支票只能用于转账。支票起点金额为100元，有效期一般为10天。在签发支票时，公司要详细列明收款单位或收款人，并列明款项用途和金额，同时必须认真检查银行存款账面余额，防止签发超过存款余额的空头支票。

支票是同城结算中应用比较广泛的一种结算方式。采用支票结算方式，手续简便，收付款及时，但结算的监督性较弱。

4. 银行本票

银行本票是申请人将款项交存银行，由银行签发给其凭以办理转账结算或支取现金的票据。

银行本票分为定额本票和不定额本票两种。定额本票面额分别为1 000元、5 000元、10 000元和50 000元，不定额本票的金额起点为100元。银行本票一律记名，允许背书转让，支付期为2个月。银行本票由银行签发并保证兑付，而且见票即付，具有信誉高、支付功能强等特点，在同城范围内的商品交易或劳务供应及其他款项的结算中都可以使用。

5. 信用卡

信用卡指商业银行向个人和单位发行的，凭以向特约单位购物、消费和向银行存取现金，且具有消费信用的特制载体卡片。

信用卡按使用对象分为单位卡和个人卡，按信用等级分为金卡和普通卡。信用卡在规定的限额和期限内允许善意透支，透支期限最长为60天。透支期限根据透支时间长短按一定比例收取透支利息。同城异地均可使用。

6. 委托收款

委托收款是收款人委托银行向付款人收取款项的结算方式。适用于单位和个人已承兑商业汇票、债券、存单等付款人债务证明办理款项的结算。委托收款不受金额起点的限制。凡是收款单位发生的各种应收款项，不论金额大小，在同城、异地只要委托银行就可办理。委托收款有效期为3天，分邮寄和电报划回两种。

7. 托收承付

托收承付是根据购销合同由收款人发货后委托银行向异地付款人收取款项，由付款人向银行承认付款的结算方式。

托收承付根据款项划回方式分为邮寄和电划两种，由收款人根据需要选择使用。托收承付方式的使用有许多限制。使用托收承付结算方式的收款单位和付款单位，必须是国有企业、供销合作社，以及经营管理较好，并经开户银行审查同意的城乡集体所有制工业企业。办理托收承付结算的款项，必须是商品交易，以及因商品交易而产生的劳务供应的款项。购销双方必须签有符合《中华人民共和国合同法》的购销合同，并在合同上写明使用托收承付结算方式。收款单位办理托收承付，必须具有商品发运的证件或其他证明。代销、寄销、赊销商品的款项，不得办理托收承付结算。

托收承付结算的每笔金额起点为 10 000 元（新华书店系统每笔金额起点为 1 000 元）。当采用托收承付结算方式时，收款单位根据合同发运货物或提供劳务后，委托银行收取款项。付款单位收到承付结算凭证后，应立即审核是否符合订货合同的规定。按照结算办法规定，承付货款分为验单付款和验货付款两种。验单付款的承付期同城为 1 天、异地为 3 天；验货付款的承付期为 10 天。托收承付结算方式适用于订有合同的商品交易和劳务供应的款项结算，同城和异地均可采用这种结算方式。

8. 汇兑

汇兑是汇款人委托银行将其款项支付给收款人的结算方式。单位和个人的各种款项结算，均可使用汇兑结算方式。

汇兑分为信汇和电汇两种。信汇指汇款人委托银行通过邮寄的方式将款项划转给收款人。电汇指汇款人委托银行通过电报将款项划转给收款人。汇兑结算适用范围广，手续简便易行，没有金额起点的限制，灵活方便，适用于异地之间的各种款项结算，因而是目前一种应用极为广泛的结算方式。

9. 信用证

信用证结算方式是国际结算的一种主要方式。经中国人民银行批准经营结算业务的商业银行总行，以及经商业银行总行批准开办信用证结算业务的分支机构，也可以办理国内企业之间商品交易的信用证结算业务。

（三）银行存款的核算

银行存款的核算，有总分类核算和明细核算两个方面。总分类核算通过"银行存款"总分类账户进行，其明细分类核算通过"银行存款日记账"序时核算。

1. 银行存款的总分类核算

为了总括反映银行存款的收入、支出和结存情况，企业应设置"银行存款"账户。该账户属于资产类账户，用来核算企业存入银行或其他金融机构的各种存款。借方登记存入银行或其他金融机构的款项，贷方登记从银行提取或支付的款项，期末余额在借方，表示企业期末银行存款的实际结存数额。

【例 4-6】 某企业发生以下有关银行存款的经济业务：

（1）收回红星工厂前欠货款 23 400 元，转账支票已送存银行。根据有关凭证会计处理如下：

借：银行存款　　　　　　　　　　　　　　　　　　　　　　　23 400
　　贷：应收账款——红星工厂　　　　　　　　　　　　　　　　　23 400

（2）开出转账支票一张，支付行政管理部门的电话费 2 500 元。根据有关凭证会计处理如下：

借：管理费用　　　　　　　　　　　　　　　　　　　　　　　 2 500
　　贷：银行存款　　　　　　　　　　　　　　　　　　　　　　　2 500

2. 银行存款的序时明细核算

为了反映银行存款的收入、支出和结存的详细情况，加强对银行存款的管理，企业应设置银行存款日记账对银行存款进行序时核算。银行存款日记账一般采用三栏式的订本账，由出纳员根据记账凭证和银行收、付款结算凭证，按经济业务发生的先后顺序逐日逐笔连续登记。有外币业务的公司应分别按人民币和外币设置银行存款日记账进行序时核算。

3. 银行存款的清查

为了加强对银行存款的管理，企业必须设置"银行存款日记账"，每日终了时应结出余额。月份终了，除了将"银行存款日记账"的余额必须与"银行存款"总账科目的余额核对相符外，还应该将"银行存款日记账"账面结余与银行对账单余额至少每月核对一次。若双方余额一致，则企业不用进行处理；若双方余额不一致，则需追查原因。但是，造成双方余额不一致的原因除记账错误外，还可能存在未达账项。

未达账项指对于同一经济业务，由于结算凭证在企业与银行之间或收付款银行之间传递需要的时间不同，造成一方已收到凭证入账，另一方尚未收到凭证未能入账的事项。

未达账项一般有下列四种情况。

（1）企业已经收款入账，银行尚未收到的款项。

（2）企业已经付款入账，银行尚未支付的款项。

（3）银行已经收款入账，企业尚未收到的款项。

（4）银行已经付款入账，企业尚未支付的款项。

对于未达账项应通过编制"银行存款余额调节表"进行检查核对，如没有记账错误，调节后的双方余额应相等。

【例 4-7】 乙企业 2022 年 12 月 31 日，银行存款日记账的余额为 5 400 000 元，银行存款对账单的余额为 8 300 000 元。经逐笔核对，发现以下未达账项。

（1）12 月 22 日，企业送存转账支票 6 000 000 元，并已登记银行存款增加，但银行尚未记账。

（2）12 月 24 日，企业开出转账支票 4 500 000 元，并已登记银行存款减少，但持票单位尚未到银行办理转账，银行尚未记账。

（3）12 月 25 日，企业委托银行代收某公司购货款 4 800 000 元，银行已收妥并登记入账，但公司尚未收到收款通知，尚未记账。

（4）12 月 29 日，银行代企业支付电话费 400 000 元，银行已登记减少公司银行存款，但企业未收到银行付款通知，尚未记账。

根据以上资料，乙企业编制的银行存款余额调节表，如表 4-1 所示。

表 4-1　乙企业银行存款余额调节表

2022 年 12 月 31 日　　　　　　　　　　　　　　　　单位：元

项目	金额	项目	金额
企业银行存款日记账余额	5 400 000	银行对账单余额	8 300 000
加：银行已收，公司未收	4 800 000	加：企业已收，银行未收	6 000 000
减：银行已付，公司未付	400 000	减：企业已付，银行未付	4 500 000
调节后的存款余额	9 800 000	调节后的存款余额	9 800 000

需要注意的是，银行存款余额调节表只是为了核对账目，并不能作为调整银行存款账面余额的记账依据；通过银行存款余额调节表，调节后的存款余额表示企业可以动用的银行存款数。

四、其他货币资金

（一）其他货币资金的内容

1. 其他货币资金概念及内容

其他货币资金指企业除现金和银行存款以外的各种货币资金。包括企业的外埠存款、银行本票存款、银行汇票存款、在途货币资金、信用卡存款、信用证保证金存款和存出投资款等。

2. 账户设置

为了反映和监督其他货币资金的收支和结存情况，企业应当设置"其他货币资金"账户，借方登记其他货币资金的增加数，贷方登记其他货币资金的减少数，期末余额在借方，反映企业实际持有的其他货币资金。本账户应按其他货币资金的种类设置明细科目。

（二）其他货币资金的账务处理

1. 外埠存款

外埠存款指企业为了到外地进行临时或零星采购，而汇往采购地银行开立采购专户的款项。该账户的存款不计利息、只付不收、付完清户，除了采购人员可从中提取少量现金外，一律采用转账结算。

【例4-8】 丙企业为增值税一般纳税人，2022年8月份发生以下有关外埠存款的经济业务。

（1）丙企业派采购员到异地采购原材料，8月10日企业委托开户银行汇款100 000元到采购地设立采购专户，根据收到的银行汇款凭证到单联，会计处理如下：

借：其他货币资金——外埠存款　　　　　　　　　　　　　　　　100 000
　　贷：银行存款　　　　　　　　　　　　　　　　　　　　　　　100 000

（2）8月20日，采购员交来从采购专户付款购入材料的有关凭证，增值税专用发票上载明的原材料价款为80 000元，增值税税额为10 400元，会计处理如下：

借：原材料　　　　　　　　　　　　　　　　　　　　　　　　　　80 000
　　应交税费——应交增值税（进项税额）　　　　　　　　　　　　10 400
　　贷：其他货币资金——外埠存款　　　　　　　　　　　　　　　90 400

（3）8月30日，收到开户银行的收款通知，该采购专户中的结余款项已经转回，根据收账通知，会计处理如下：

借：银行存款　　　　　　　　　　　　　　　　　　　　　　　　　9 600
　　贷：其他货币资金——外埠存款　　　　　　　　　　　　　　　9 600

2. 银行汇票存款

银行汇票指由出票银行签发的，由其在见票时按照实际结算金额无条件支付给收款人或者持票人的票据。银行汇票的出票银行为银行汇票的付款人。单位和个人各种款项的结算,均可使用银行汇票。银行汇票可以用于转账,填明"现金"字样的银行汇票也可以用于支取现金。

【例4-9】 丙企业为增值税一般纳税人,发生以下有关银行汇票存款的经济业务。

(1) 9月1日,丙企业向银行申请办理银行汇票用以购买原材料,将款项250 000元交存银行转作银行汇票存款,根据盖章退回的申请书存根联,会计处理如下:

借:其他货币资金——银行汇票　　　　　　　　　　　　　　250 000
　　贷:银行存款　　　　　　　　　　　　　　　　　　　　　　250 000

(2) 9月3日,丙企业购入原材料一批,取得的增值税专用发票上载明的原材料价款为200 000元,增值税税额为26 000元,已用银行汇票办理结算,多余款项24 000元退回开户银行,企业已收到开户银行转来的银行汇票第四联(多余款收账通知)。会计处理如下:

借:原材料　　　　　　　　　　　　　　　　　　　　　　　200 000
　　应交税费——应交增值税(进项税额)　　　　　　　　　　 26 000
　　贷:其他货币资金——银行汇票　　　　　　　　　　　　　226 000
借:银行存款　　　　　　　　　　　　　　　　　　　　　　　24 000
　　贷:其他货币资金——银行汇票　　　　　　　　　　　　　 24 000

3. 银行本票存款

银行本票指银行签发的,承诺自己在见票时无条件支付确定的金额给收款人或持票人的票据。单位和个人在同一票据交换区域需要支付的各种款项,均可使用银行本票。银行本票可以用于转账,注明"现金"字样的银行本票可以用于支取现金。

【例4-10】 丙企业发生以下有关银行本票存款的经济业务:

(1) 10月1日,丙企业为取得银行本票,向银行填交"银行本票申请书",并将10 000元银行存款转作银行本票存款。企业取得银行本票后,应根据银行盖章退回的银行本票申请书存根联填制银行付款凭证,会计处理如下:

借:其他货币资金——银行本票　　　　　　　　　　　　　　 10 000
　　贷:银行存款　　　　　　　　　　　　　　　　　　　　　 10 000

(2) 10月2日,丙企业用银行本票购买办公用品10 000元。根据发票账单等有关凭证,会计处理如下:

借:管理费用　　　　　　　　　　　　　　　　　　　　　　　10 000
　　贷:其他货币资金——银行本票　　　　　　　　　　　　　 10 000

4. 信用卡存款

信用卡存款指企业为取得信用卡而存入银行信用卡专户的款项。信用卡是银行卡的一种。

【例4-11】 丙企业于2022年3月5日向银行申请信用卡,并向银行交存50 000元。4月10日,该企业用信用卡向某饭店支付招待费3 000元。会计处理如下:

3月5日,申请取得:

借：其他货币资金——信用卡	50 000	
贷：银行存款		50 000

4月10日，支付招待费：

借：管理费用	3 000	
贷：其他货币资金——信用卡		3 000

5. 信用证存款

信用证保证金存款指采用信用证结算方式的企业为开具信用证而存入银行信用证保证金专户的款项。企业向银行申请开立信用证，应按规定向银行提交开证申请书、信用证申请人承诺书和购销合同。

【例4-12】丙企业发生以下有关信用证存款的经济业务。

（1）丙企业向银行申请开具信用证2 000 000元，用于支付境外采购材料价款，企业已向银行缴纳保证金，并收到银行盖章退回的进账单第一联。会计处理如下：

借：其他货币资金——信用证保证金	2 000 000	
贷：银行存款		2 000 000

（2）企业收到银行转来的境外销货单位信用证结算凭证及所附发票账单、海关进口增值税专用缴款书等有关凭证，材料价款1 500 000元，增值税额为195 000元。企业编制如下会计分录：

借：原材料	1 500 000	
应交税费——应交增值税（进项税额）	195 000	
贷：其他货币资金——信用证保证金		1 695 000

（3）企业收到银行收款通知，对该境外销货单位开出的信用证余款305 000元已经转回银行账户。企业编制如下会计分录：

借：银行存款	305 000	
贷：其他货币资金——信用证保证金		305 000

6. 存出投资款

当企业向证券公司划出资金时，应按实际划出的金额，借记"其他货币资金——存出投资款"科目，贷记"银行存款"科目；当购买股票、债券时，借记"交易性金融资产"等科目，贷记"其他货币资金——存出投资款"科目。

【例4-13】丙企业发生以下有关存出投资款的经济业务。

（1）2022年1月20日，丙企业委托某证券公司从上海证券交易所购入A上市公司股票10 000 000股，并将其划分为交易性金融资产。该笔股票投资在购买日的公允价值为10 000 000元。会计处理如下：

当向证券公司划出资金时：

借：其他货币资金——存出投资款	10 000 000	
贷：银行存款		10 000 000

当购买股票时：

借：交易性金融资产——成本　　　　　　　　　　　　　　　10 000 000
　　贷：其他货币资金——存出投资款　　　　　　　　　　　10 000 000

（2）假设仍以上例，如果2022年1月20日，丙企业从上海证券交易所购入A上市公司股票10 000 000股，并将其划分为交易性金融资产。该笔股票投资在购买日的公允价值为10 000 000元。会计处理如下：

借：交易性金融资产——成本　　　　　　　　　　　　　　　10 000 000
　　贷：银行存款　　　　　　　　　　　　　　　　　　　　10 000 000

知识链接

如果公司将委托某证券公司购买的股票作为交易性金融资产，则通过"其他货币资金"科目核算；如果公司直接从证券交易所购入，则使用"银行存款"科目核算。

第二节　应收及预付款项

应收款项及预付款主要包括因赊销业务而产生的应收账款、合同资产、应收票据；按购销合同的规定，预先支付给供货单位的账款而形成的预付账款，以及除应收账款，合同资产、应收票据和预付款项外的各种应收和暂付款项。

一、应收账款

（一）应收账款的确认

随着市场经济的发展，商业信用的推行，企业为了扩大销售，常常在商品交易或提供劳务时采用赊销方式，由此获得向对方收取款项的权利形成了应收账款，应收账款是伴随着公司的销售行为发生而形成的一项商业债权。因此，应收账款的确认与收入的确认密切相关。通常在确认收入的同时，要确认应收账款。

应收账款应于销售商品、提供劳务时，按照财政部于2017年修订发布的《企业会计准则第14号——收入》规定计算其收取的款项后予以确认。

《企业会计准则第14号——收入》规定，对于企业已向客户转让商品而有权收取对价的权利，按照是否仅取决于时间流逝因素区分为合同资产和应收账款。当该权利仅取决于时间流逝因素时，计入应收账款，否则计入合同资产。

（二）应收账款的入账金额

应收账款的入账金额，包括应收的价款、增值税的销项税额，以及代购货方垫付的包装费、运杂费等。需要注意的是：增值税的销项税额及代购货方垫付的包装费、运杂费等，虽然计入应收账款的入账金额，但不属于企业的销售收入。

通常情况下，应收账款按实际发生的交易金额入账。计价时应考虑商业折扣和现金折扣两个因素。

如果在有商业折扣的情况下，实际发生的交易金额为扣除商业折扣后的金额入账。商业折扣指公司为了促销，给顾客低于商品标价的优惠金额。如果在有现金折扣的情况下，实际发生的交易金额应考虑可变对价因素的影响。（详细内容见本书第十一章第一节的"收入的确认和计量"）

（三）应收账款的核算

当企业因销售商品等业务取得应收账款时，应按照实际发生的交易金额，借记"应收账款"科目，贷记"主营业务收入""应交税费"等科目。当实际收到款项时，借记"银行存款"等科目，贷记"应收账款"科目。

【例 4-14】 甲企业为增值税一般纳税人，某月发生以下有关应收账款的经济业务。

甲企业销售 100 台电视给某单位，标价 2 000 元/台，由于是批量销售，成交时给予 5% 的商业折扣，折扣金额为 10 000 元，适用的增值税税率为 13%。会计处理如下：

（1）当销售实现时：

借：应收账款　　　　　　　　　　　　　　　　　　　　　214 700
　　贷：主营业务收入　　　　　　　　　　　　　　　　　　190 000
　　　　应交税费——应交增值税（销项税额）　　　　　　　 24 700

（2）当收回价款时：

借：银行存款　　　　　　　　　　　　　　　　　　　　　214 700
　　贷：应收账款　　　　　　　　　　　　　　　　　　　　214 700

注意：不单独设置"预收账款"科目的企业，预收的款项也在"应收账款"科目核算。

二、合同资产

新《企业会计准则第 14 号——收入》对原收入准则做了重大修订，其中新增了"合同资产"和"合同负债"的概念。合同资产指公司已向客户转让商品而有权收取对价的权利，且该权利取决于时间流逝之外的其他因素。例如，公司向客户销售两项可明确区分的商品，公司因已交付其中一项商品而有权收取款项，但收取该款项还取决于公司交付另一项商品的，公司应当将该收款权利作为合同资产。公司拥有的、无条件的（即仅取决于时间流逝）向客户收取对价的权利应当作为应收款项单独列示。二者的区别在于，应收款项代表的是无条件收取合同对价的权利，即公司随着时间的流逝即可收款，而合同资产并不是一项无条件收款权，该权利除了时间流逝之外，还取决于其他条件（例如，履行合同中的其他履约义务）才能收取相应的合同对价。因此，与合同资产和应收款项相关的风险是不同的，应收款项仅承担信用风险，而合同资产除信用风险之外，还可能承担其他风险，如履约风险等。合同资产减值的计量、列报和披露应当符合相关金融工具准则的要求。对于合同资产，当公司取得无条件收款权时，借记"应收账款"等科目，贷记"合同资产"科目。

【例 4-15】 2022 年 3 月 1 日，甲企业与客户丙签订合同，以 25 000 元的价格向其销售 A、B 两项产品。按规定分摊到 A 产品的合同价为 5 000 元，分摊到 B 产品的合同价为 20 000 元。合同约定，A 产品于合同开始日交付，B 产品在一个月之后交付，只有当两项产品全部交付之后,甲企业才有权收取 25 000 元的全部合同对价。假定 A 产品和 B 产品分别构成单项履约义务,其控制权在交付时转移给客户。假定 A 产品和 B 产品的增值税率为 13%。

（1）2022 年 3 月 1 日,甲企业向客户丙交付 A 产品。会计分录如下:

借：合同资产——客户丙　　　　　　　　　　　　　　　　　　5 650
　　贷：主营业务收入　　　　　　　　　　　　　　　　　　　　5 000
　　　　应交税费——应交增值税（销项税额）　　　　　　　　　　650

（2）一个月之后,甲企业向客户丙交付 B 产品。会计分录如下:

借：应收账款——客户丙　　　　　　　　　　　　　　　　　　28 250
　　贷：主营业务收入　　　　　　　　　　　　　　　　　　　　20 000
　　　　应交税费——应交增值税（销项税额）　　　　　　　　　2 600
　　　　合同资产——客户丙　　　　　　　　　　　　　　　　　5 650

三、应收票据

（一）应收票据概述

应收票据核算的是企业因销售商品、提供劳务等而收到的商业汇票。商业汇票是一种由出票人签发的,委托付款人在指定日期无条件支付确定金额给收款人或者持票人的票据。

（二）应收票据的确认与计价

在我国,应收票据一般按其面值计价,即公司在销售商品、产品、提供劳务等而收到购买方开出并承兑的商业汇票时,按票据的票面价值入账。

（三）应收票据的会计处理

1. 不带息应收票据

不带息票据的到期价值等于其面值。当企业收到应收票据时,借记"应收票据"科目,贷记"主营业务收入"等科目；当票据到期收回票面金额时,借记"银行存款"科目,贷记"应收票据"科目。当商业承兑汇票到期,承兑人违约拒付或无力偿还票款时,收款公司应将到期票据的票面金额转入"应收账款"科目。

【例 4-16】 甲企业发生以下与应收票据有关的经济业务:

甲企业 2022 年 3 月 1 日向乙公司销售一批产品,货款为 1 000 000 元,收到一张期限为 3 个月的商业承兑汇票,面值为 1 130 000 元,适用的增值税税率为 13%。

（1）3 月 1 日当甲企业收到票据时,会计处理如下:

借：应收票据　　　　　　　　　　　　　　　　　　　　　　　1 130 000
　　贷：主营业务收入　　　　　　　　　　　　　　　　　　　　1 000 000
　　　　应交税费——应交增值税（销项税额）　　　　　　　　　130 000

（2）3 个月后,应收票据到期收回票面金额 1 130 000 元存入银行,会计处理如下:

借：银行存款　　　　　　　　　　　　　　　　　　　　　　　1 130 000
　　贷：应收票据　　　　　　　　　　　　　　　　　　　　　　1 130 000

（3）仍以上例，假设票据到期时，乙公司无力偿还，则甲企业会计处理如下：

借：应收账款——乙公司　　　　　　　　　　　　　　　　1 130 000
　　贷：应收票据　　　　　　　　　　　　　　　　　　　　　　　　1 130 000

2. 带息应收票据

当收到带息票据时，其会计处理与不带息应收票据相同。但是，对于带息的应收票据，应于期末按应收票据的票面价值和确定的利率计算计提票据利息，计提的利息增加应收票据的账面余额，借记"应收票据"科目，贷记"财务费用"科目。当带息应收票据到期收回款项时，按收到的本息，借记"银行存款"科目，按应收票据账面价值，贷记"应收票据"科目，按其差额贷记"财务费用"科目。

票据利息的计算公式为：

应收票据利息＝应收票据票面金额×票面利率×期限

其中，期限指票据签发日至到期日的时间间隔。票据的期限可以用"月"或"日"表示，当票据期限按"月"表示时，应以到期月份中与出票日相同的那一天为到期日。如果是月末签发的，则以到期月的月末日为到期日，同时把年利率换算为月利率（年利率÷12）。当票据期限按"日"表示时，应按公司持有票据的实际经历天数计算，但出票日和到期日只能算其中的一天，即"算头不算尾或算尾不算头"，同时利率应换算成日利率（年利率÷360）。

【例4-17】 甲企业发生以下与应收票据有关的经济业务。

（1）甲企业于2022年9月30日销售一批产品给乙公司，货已发出，发票上注明的价款为200 000元，增值税26 000元。收到乙公司交来的商业承兑汇票一张，面值为226 000元，票面利率10%，期限为6个月。会计处理如下：

借：应收票据　　　　　　　　　　　　　　　　　　　　　　226 000
　　贷：主营业务收入　　　　　　　　　　　　　　　　　　　　　　200 000
　　　　应交税费——应交增值税（销项税额）　　　　　　　　　　　 26 000

（2）12月31日计提票据利息：

票据利息＝226 000×10%×3／12＝5 650（元）

借：应收票据　　　　　　　　　　　　　　　　　　　　　　5 650
　　贷：财务费用　　　　　　　　　　　　　　　　　　　　　　　　5 650

（3）票据到期收回款项时：

收款金额＝226 000＋226 000×10%×6／12＝237 300（元）

应收票据账面价值＝226 000＋5 650＝231 650（元）

应计入收款年度的利息226 000×10%×3／12＝5 650（元）

借：银行存款　　　　　　　　　　　　　　　　　　　　　　237 300
　　贷：应收票据　　　　　　　　　　　　　　　　　　　　　　　　231 650
　　　　财务费用　　　　　　　　　　　　　　　　　　　　　　　　5 650

（4）如果上述票据到期无法按期收回款项，应将票据的面值和利息转入"应收账款"科目，同时停止计提利息：

借：应收账款　　　　　　　　　　　　　　　　　　　　237 300
　　贷：应收票据　　　　　　　　　　　　　　　　　　　　　237 300

（四）应收票据转让

如果企业资金紧张，无法按时购入物资或偿还货款，可以将持有的未到期应收票据进行背书转让。背书指持票人在票据背面签字，签字人称为背书人，背书人对票据的到期付款负连带责任。

当企业将持有的应收票据背书转让以取得所需物资时，按应计入取得物资成本的金额，借记"原材料""库存商品"等科目，按取得的增值税专用发票上注明的可抵扣的增值税额，借记"应交税费——应交增值税（进项税额）"科目，按应收票据的票面金额，贷记"应收票据"科目，如有差额，借记或贷记"银行存款"等科目。

【例 4-18】 仍以上例，假定甲企业于 11 月 30 日将上述应收票据背书转让，以取得生产经营所需的 A 种材料，该材料价款为 200 000 元，适用的增值税税率为 13%，甲企业会计处理如下：

借：原材料　　　　　　　　　　　　　　　　　　　　　200 000
　　应交税费——应交增值税（进项税额）　　　　　　　 26 000
　　贷：应收票据　　　　　　　　　　　　　　　　　　　　　226 000

（五）应收票据的贴现

1. 贴现息和贴现金额的计算

贴现指持票人将未到期的票据在背书后送交银行，银行受理后，从票据到期值中扣除按银行贴现率计算确定的贴现息，然后将余额付给持票人。应收票据贴现的贴现息和贴现净额可按下列公式计算：

贴现息 = 票据到期值 × 贴现率 × 贴现期

贴现净额 = 票据到期值 − 贴现息

其中，贴现期指贴现日至票据到期日的期间。贴现率指持票人贴现时所适用的利率。贴现息指贴现银行扣除的利息。

（注：带息票据的到期值为票据到期日的面值与利息之和，不带息票据的到期值为票据的面值。）

2. 应收票据贴现的会计处理

当企业持未到期的应收票据向银行贴现时，按实际收到的贴现金额借记"银行存款"科目，按应收票据的账面价值，贷记"应收票据"科目，按其差额借记或贷记"财务费用"科目。

企业对已经办理贴现的票据在法律上负有连带清偿的经济责任。若付款人到期无力支付票据款项，贴现企业须向贴现银行偿还债务。在进行会计处理时，按所支付本息，借记"应收账款"账户，贷记"银行存款"账户；如果申请贴现企业的银行存款账户余额不足，银行可做逾期贷款处理，按转作贷款的本息，借记"应收账款"账户，贷记"短期借款"账户。

【例 4-19】 甲企业发生以下与应收票据贴现有关的经济业务。

（1）甲企业于 2022 年 3 月 31 日出售给乙公司一批原材料，货款为 100 000 元，适用的增值税税率为 13%。乙公司交来一张出票日为当年 4 月 1 日的商业承兑汇票（不带息），该票据面值为 113 000 元，期限 3 个月。甲企业于 5 月 1 日持票据到银行贴现，贴现率为 8%。甲企业会计处理如下：

4 月 1 日收到票据时：

借：应收票据　　　　　　　　　　　　　　　　　　　　　　　　113 000
　　贷：主营业务收入　　　　　　　　　　　　　　　　　　　　100 000
　　　　应交税费——应交增值税（销项税额）　　　　　　　　　13 000

（2）5 月 1 日到银行贴现时，票据到期日为 7 月 1 日，贴现期为 2 个月。票据到期值为票据面值，价值为 113 000 元。

$$贴现息 = 113\,000 \times 8\% \times 2/12 \approx 1\,507（元）$$

$$贴现金额 = 113\,000 - 1\,507 = 111\,493（元）$$

借：银行存款　　　　　　　　　　　　　　　　　　　　　　　　111 493
　　财务费用　　　　　　　　　　　　　　　　　　　　　　　　 1 507
　　贷：应收票据　　　　　　　　　　　　　　　　　　　　　　113 000

（3）仍以上例，假设该票据为带息票据，票据年利率为 6%，其他条件不变，甲企业于 5 月 1 日到银行贴现，则会计处理为：

$$票据到期值 = 113\,000 + 113\,000 \times 6\% \times 3/12 = 114\,695（元）$$

$$贴现息 = 114\,695 \times 8\% \times 2/12 = 1\,529（元）$$

$$贴现金额 = 114\,695 - 1\,529 = 113\,166（元）$$

借：银行存款　　　　　　　　　　　　　　　　　　　　　　　　113 166
　　贷：应收票据　　　　　　　　　　　　　　　　　　　　　　113 000
　　　　财务费用　　　　　　　　　　　　　　　　　　　　　　 166

（4）7 月 1 日，甲企业已经办理贴现的应收票据到期，若乙公司无力向贴现银行支付票款，贴现银行将票据退回甲企业并从其账户将票款划出，甲企业的会计处理为：

借：应收账款——乙公司　　　　　　　　　　　　　　　　　　　114 695
　　贷：银行存款　　　　　　　　　　　　　　　　　　　　　　114 695

若甲企业银行存款余额不足，则贴现银行会将这笔款项作为逾期贷款通知甲公司，则会计处理为：

借：应收账款——乙公司　　　　　　　　　　　　　　　　　　　114 695
　　贷：短期借款　　　　　　　　　　　　　　　　　　　　　　114 695

四、预付账款

预付账款指公司按照购货合同或劳务合同规定，预先支付给供货方或提供劳务方的账款。预付账款也是商业信用的一种形式，代表公司将来从供货单位取得货物等的债权。

预付款项情况不多的公司，可以不设置"预付账款"科目，而直接通过"应付账款"

科目核算。(注,有关预付账款的会计处理详见第五章)

五、其他应收款

(一)其他应收款的概念

其他应收款指企业除应收票据、应收账款、预付账款等以外的其他各种应收及暂付款项。

(二)其他应收款的核算内容

(1)应收的各种赔款、罚款。例如,因公司财产等遭受意外损失而应向有关保险公司收取的赔款等。

(2)应收的出租包装物租金。

(3)应向职工收取的各种垫付款项例如:为职工垫付的水电费、差旅费;应由职工负担的医药费、房租费等。

(4)存出保证金,如租入包装物支付的押金。

(5)其他各种应收、暂付款项。

(三)其他应收款的账务处理

其他应收款应当按实际发生的金额入账。

为了反映其他应收账款的增减变动及其结存情况,企业应当设置"其他应收款"科目进行核算。"其他应收款"科目的借方登记其他应收款的增加,贷方登记其他应收款的收回,期末余额一般在借方,反映企业尚未收回的其他应收款项。当企业发生其他应收款时,借记"其他应收款"科目,贷记"库存现金""银行存款""营业外收入"等科目;当收回或转销其他应收款时,借记"库存现金""银行存款""应付职工薪酬"等科目,贷记"其他应收款"科目。

【例 4-20】 甲企业发生以下为员工垫付医疗费用的业务。

(1)9月10日,甲企业以银行存款替公司李经理垫付应由其个人负担的医疗费 5 000元,拟从其工资中扣回,会计处理如下:

  借:其他应收款——李经理   5 000
    贷:银行存款   5 000

(2)10月25日,甲企业从公司副总经理的工资中,扣回所垫付的医疗费用,会计分录如下:

  借:应付职工薪酬——工资   5 000
    贷:其他应收款——李经理   5 000

【例 4-21】 甲企业发生以下职工借支差旅费用的业务。

(1)9月10日,单位职工李飞出差,向财会部门预借差旅费 4 000元,以现金支付,会计分录如下:

  借:其他应收款——李飞   4 000
    贷:库存现金   4 000

(2)11月20日,李飞出差归来,报销差旅费 3 800元,交回余款 200元,有关凭证审核无误,会计分录如下:

借：管理费用	3 800
库存现金	200
贷：其他应收款——李飞	4 000

【例 4-22】甲企业发生以下租入包装物的业务。

（1）8月4日，甲企业租入包装物一批，以银行存款向出租方支付押金10 000元，会计处理如下：

借：其他应收款——存出保证金	10 000
贷：银行存款	10 000

（2）9月30日，甲企业租入包装物按期如数退回，甲企业收到出租方退还的押金10 000元，已存入银行，会计处理如下：

借：银行存款	10 000
贷：其他应收款——存出保证金	10 000

第三节　应收款项减值

一、应收款项减值损失的确认

企业的各种应收款项，可能会因购货人拒付、破产、死亡等原因而无法收回。这类无法收回或者收回的可能性极小的应收款项在会计上称为坏账。因坏账而产生的损失称为坏账损失。坏账的确认是会计人员依据存在的证据和有关规定，对确实无法收回的应收款项所作的判断或者鉴别。按照我国现行会计制度的规定，确认坏账的标准有两个：

（1）因债务人破产或死亡，以其破产财产或者遗产清偿后，仍然不能收回的应收款项。

（2）因债务人逾期未履行偿债义务，且有明显迹象表明无法收回（如超过3年仍不能收回）的应收款项。

按照《企业会计准则第22号——金融工具确认和计量》规定，一般企业应收款项减值损失的计量原则为：

对于单项金额重大的应收款项，应当单独进行减值测试。有客观证据表明其发生了减值的，应当根据其未来现金流量现值低于其账面价值的差额，确认减值损失，计提坏账准备。

对于单项金额非重大的应收款项：可以单独进行减值测试，确定减值损失，计提坏账准备；也可以与经单独测试后未减值的应收款项一起按类似信用风险特征划分为若干组合，再按这些应收款项组合占资产负债表日余额的一定比例计算确定减值损失，计提坏账准备。根据应收款项组合余额的一定比例计算确定的坏账准备，应当反映各项目实际发生的减值损失，即各项组合的账面价值超过其未来现金流量现值的金额。

确定应收款项减值有两种方法，即直接转销法和备抵法，目前我国小企业会计准则规定采用直接转销法确定应收款项的减值，而企业会计准则规定采用备抵法确定应收款项的减值。

在备抵法下，企业应设置"坏账准备"和"信用减值损失"账户进行坏账的核算。

"坏账准备"账户是"应收账款"和"其他应收款""长期应收款"等账户的备抵账户，其贷方反映坏账准备的提取，借方反映坏账准备的转销，期末贷方余额反映企业已经计提但尚未转销的坏账准备数额。

"信用减值损失"账户属于损益类账户，其借方登记企业应收款项发生的减值金额，贷方登记企业应收款项的价值得以恢复的金额，期末，应将本账户余额转入"本年利润"账户，结转后本账户无余额。

（一）直接转销法

当采用直接转销法时，日常核算中对应收款项可能发生的坏账损失不予考虑，只有在实际发生坏账时，才作为损失计入当期损益，同时冲销应收款项，即借记"信用减值损失"科目，贷记"应收账款"等科目。

【例 4-23】 某企业 2018 年发生的一笔 20 000 元的应收账款因长期无法收回，于 2021 年末确认为坏账，2021 年年末会计处理如下：

借：信用减值损失　　　　　　　　　　　　　　　　　　　　20 000
　　贷：应收账款　　　　　　　　　　　　　　　　　　　　　　　　20 000

假设 2022 年债务单位财务状况好转，收回该笔款项，其会计处理如下：

借：应收账款　　　　　　　　　　　　　　　　　　　　　　20 000
　　贷：信用减值损失　　　　　　　　　　　　　　　　　　　　　　20 000

同时：

借：银行存款　　　　　　　　　　　　　　　　　　　　　　20 000
　　贷：应收账款　　　　　　　　　　　　　　　　　　　　　　　　20 000

（二）备抵法

备抵法是采用一定的方法按期估计坏账损失，计入当期费用，同时建立坏账准备，待坏账实际发生时，冲销已提的坏账准备和相应的应收款项。采用这种方法，坏账损失计入同一期间的损益，体现了配比原则的要求，避免了公司明盈实亏；在报表上列示应收款项净额，使报表使用者能了解公司应收款项的可变现金额。

备抵法首先要按期估计坏账损失，估计的方法主要有四种：余额百分比法、账龄分析法、赊销百分比法和个别认定法。

余额百分比法是根据会计期末应收账款的余额乘以估计的坏账率来估计当期的坏账损失，并计提坏账准备。

账龄分析法是根据应收账款入账时间的长短来估计坏账损失的方法。企业为加强应收账款管理，期末一般都要编制"应收账款账龄分析表"。

赊销百分比法也称销货百分比法，是根据赊销金额和估计坏账损失占赊销金额的比例，估计坏账的一种方法。坏账损失率可根据过去的经验和资料进行估计确定，确定后还应根据公司生产经营情况的变化及时调整。

个别认定法是根据每一项应收账款的情况来估计坏账损失的方法。对公司所有应收账款都采用个别认定法来估计坏账，其操作成本较高，因此个别认定法一般与其他方法结合使用。

二、坏账准备的会计处理（本书仅以余额百分比法为例）

（1）资产负债表日，应收款项发生减值的，按应减记的金额，借记"信用减值损失"科目，贷记"坏账准备"科目。本期应计提的坏账准备大于其账面余额的，应按其差额计提；应计提的坏账准备小于其账面余额的差额做相反的会计分录。

（2）对于确实无法收回的应收款项，按管理权限报经批准后作为坏账，转销应收款项，借记"坏账准备"，贷记"应收账款""应收票据""预付账款""其他应收款""长期应收款"等科目。

（3）已确认并转销的应收款项在以后又收回的，应按实际收回的金额，借记"应收账款""应收票据""预付账款""其他应收款""长期应收款"等科目，贷记"坏账准备"科目；同时，借记"银行存款"科目，贷记"应收账款""应收票据""预付账款""其他应收款""长期应收款"等科目。

采用余额百分比法，可分为两个步骤进行。

第一步，计算坏账准备的应提数。

坏账准备应提数＝应收款项明细账期末借方余额合计×计提比例

第二步，调整"坏账准备"账面余额。具体有三种情况：

应提数＝"坏账准备"账面余额，说明本期预计的坏账损失与上期相等，无须进行会计处理。

应提数＞"坏账准备"账面余额，说明本期预计的坏账损失高于上期，需补提差额。

应提数＜"坏账准备"账面余额，说明本期预计的坏账损失低于上期，需冲减差额。

【例4-24】甲企业发生以下与坏账准备有关的经济业务。

（1）甲企业2022年12月31日应收账款余额为600 000元，估计坏账损失计提比率为3%。当日"坏账准备"账户贷方余额为5 000元。

本年度应计提的坏账准备＝600 000×3%＝18 000（元）

应计入当期损益的坏账损失＝18 000－5 000＝13 000（元）

会计处理如下：

借：信用减值损失 13 000
　　贷：坏账准备 13 000

（2）仍以上例，假设当日"坏账准备"账户的贷方余额为20 000元，则会计处理为：

应冲减的坏账准备＝20 000－18 000＝2 000（元）

借：坏账准备 2 000
　　贷：信用减值损失 2 000

（3）仍以上例，假设当日"坏账准备"账户的借方余额为3000元，则会计处理为：

应补提的坏账准备＝3000＋18 000＝21 000（元）

借：信用减值损失 21 000
　　贷：坏账准备 21 000

【例 4-25】 甲企业发生以下与坏账准备有关的经济业务。

（1）2021 年 12 月 31 日，甲企业对应收丙公司的账款进行减值测试。应收账款余额合计为 1 000 000 元，甲企业根据丙公司的资信情况确定应计提 100 000 元坏账准备。2021 年末计提坏账准备，甲企业会计处理如下：

借：信用减值损失 100 000
　　贷：坏账准备 100 000

（2）2022 年 3 月，甲企业对丙公司的应收账款实际发生坏账损失 30 000 元，当确认坏账损失时，甲企业会计处理如下：

借：坏账准备 30 000
　　贷：应收账款 30 000

（3）由于丙公司财务状况好转，甲企业于 2022 年 4 月收到 2022 年 3 月已转销的坏账 30 000 元，存入银行。甲企业会计处理如下：

借：应收账款 30 000
　　贷：坏账准备 30 000

同时：

借：银行存款 30 000
　　贷：应收账款 30 000

资料：甲股份有限公司对应收账款坏账准备的核算采用备抵法，并按余额百分比法估计坏账损失。2022 年该公司共发生赊销金额为 1 000 万元，根据以往的经验和资料，估计坏账损失率为 6%，公司在计提坏账准备前"坏账准备"科目有贷方余额 30 万元，为此该公司在 2022 年度提取了 30 万元的坏账准备。

讨论问题：判断甲股份有限公司对上述坏账准备的会计处理是否正确？如不正确，请简述理由，并做出正确的会计处理。

【本章小结】

本章主要涉及货币资金与应收及预付款项的内容。货币资金包括库存现金、银行存款和其他货币资金三项内容，本章分别阐释了它们的核算与管理。货币资金流动性最强，对于公司生产经营活动不可或缺，加强货币资金的管理与控制尤为必要。为确保货币资金的安全、完整，序时核算与期末清查是货币资金会计处理的重点。应收及预付款项是公司流动资产的重要组成部分，其核心问题是应收款项的确认、计价及账务处理。

【主观题】

一、思考题

1. 货币资金包括哪些内容？为什么说货币资金对于企业来说十分重要？
2. 银行结算方式有哪几种方式？其具体内容是什么？
3. 我国对货币资金的管理与控制有哪些具体规定？
4. 什么是未达账项？它有几种类型？
5. 试比较银行汇票与银行承兑汇票的异同。
6. 带息和不带息应收票据在会计处理上有何区别？
7. 现金清查中产生的溢余和短缺如何处理？
8. 其他货币资金包括哪些内容？
9. 什么是票据的贴现？如何确定商业汇票贴现期？票据贴现利息、贴现净额如何计算？
10. 什么是坏账？坏账的核算方法有哪些？

二、计算题

1. 甲公司 2022 年 5 月 31 日银行存款日记账余额为 99 100 元，而同日银行存款对账单余额为 109 700 元。经逐笔核对，发现以下几种情况。

（1）银行已于 5 月 30 日代公司支付电费 2 000 元，尚未通知公司。

（2）银行结算公司存款利息 3 600 元，银行已入账，但存款利息通知尚未送达公司。

（3）公司于 5 月 31 日收到外单位偿还欠款交来的转账支票一张，金额为 5 000 元，但尚未送到银行。

（4）公司于 5 月 31 日签发一张 4 500 元的转账支票，持票人尚未到银行办理结算。

（5）公司支付罚款 200 元，误记为 2 000 元。

（6）银行误将外单位 7 700 元收款记入本公司。

要求：编制甲公司 2022 年 5 月 31 日的银行存款余额调节表。

2. 甲公司的坏账损失核算采用备抵法，并按年末应收账款的余额百分比法计提坏账准备。2021 年 12 月 31 日"坏账准备"账户余额 24 000 元。2022 年 10 月份将已确认无法收回的应收账款 12 500 元作为坏账处理，当年年末应收账款余额 1 200 000 元，坏账准备提取率为 3%；2022 年 6 月份收回以前年度已作为坏账注销的应收账款 3 000 元，当年年末应收账款余额 1 000 000 元，坏账准备提取率由原来的 3% 提高到 5%。

要求：分别计算 2021 年年末、2022 年年末应计提的坏账准备及应补提或冲减坏账准备的金额。

三、业务题

1. 资料：甲公司本期发生下列与现金有关的经济业务。

（1）出纳员开出转账支票，提取现金 3 000 元备用。

（2）采购员王某预支差旅费 2 000 元，以现金支付。

（3）采购员王某出差回来报销差旅费 1 900 元，交回余款 100 元。

（4）公司收取一项现金劳务收入 1 000 元，并将现金收入存入银行。

（5）月末对现金进行清查，发现溢余现金 200 元，原因正在核查。

（6）经批准，上项现金溢余转作营业外收入。

要求：根据以上经济业务编制该公司相关会计分录。

2. 2022 年 1 月 1 日，甲企业应收账款余额为 3 000 万元，坏账准备贷方余额为 150 万元。2022 年度，甲企业发生了如下相关业务。

（1）销售商品一批，增值税专用发票上注明的价款为 5 000 万元，增值税税额为 650 万元，货款尚未收到。

（2）因某客户破产，该客户所欠货款 10 万元不能收回，确认为坏账损失。

（3）收回上年度已转销为坏账损失的应收账款 8 万元并存入银行。

（4）收到某客户以前所欠的货款 4 000 万元并存入银行。

（5）2022 年 12 月 31 日，甲企业对应收账款进行减值测试，确定按 5%计提坏账准备。

要求：

（1）编制 2022 年度确认坏账损失的会计分录。

（2）编制收到上年度已转销为坏账损失的应收账款的会计分录。

（3）计算 2022 年年末"坏账准备"科目余额。

（4）编制 2022 年年末计提坏账准备的会计分录。

（答案中的金额单位用万元表示）

第五章 存 货

学习目标

通过本章学习,应达到以下目标。

1. 掌握:存货的概念及确认条件;存货采购成本的确定;存货发出的计价方法;原材料在按实际成本计价下取得和发出的日常会计处理;存货清查的会计处理。
2. 理解:存货两种盘存方法的区别;存货减值确认的规定和会计处理原理。
3. 了解:原材料按计划成本计价的设计思路。

引导案例

扇贝冻死了:2014年10月14日,獐子岛申请停牌,并隔日发布公告解释停牌原因为公司拟披露与存货(消耗性生物资产)增值海域有关的重大事项,但因核查结果尚不确定,故申请停牌。当月末,公司发布公告称在秋季例行存量抽测中发现存货异常,具体原因为遭受北海、黄海冷水团低温及变温等自然灾害,决定对存货进行核销和减值处理,将核销与减值损失全部计入第三季度,最终造成2014年全年亏损。

扇贝饿死了:2018年1月31日,獐子岛在业绩预告修正报告中称:审计人员在上年年末进行存货盘点时发现存货异常,公司将根据盘点情况预计亏损5.3亿~5.7亿元,结果造成2017年全年亏损。2月5日,公司发布公告称本次亏损是扇贝受降水减少导致饵料短缺诱发大量死亡。2月9日证监会认为其涉嫌重大信息披露违规,正式对其进行调查。

扇贝逃跑了:2019年11月12日,獐子岛发布风险提示,声称在秋季抽测中扇贝平均亩产过低,初步判断造成重大减值风险。

2020年6月15日,证监会依法对獐子岛及相关人员涉嫌违法证券法律法规案做出行政处罚和市场禁入决定。证监会认定,獐子岛在2016年虚增利润1.3亿元,占当期披露利润总额的158%;2017年虚减利润2.8亿元,占当期披露利润总额的39%。至此,獐子岛的扇贝在经历冻死、饿死及凭空消失之后,事件最终尘埃落定。

案例思考:

你认为对于獐子岛三番五次不合理计提存货减值的行为是否符合会计职业道德要求?其对生物资产计提减值准备的会计处理是否符合会计准则和法律法规?

第一节 存货概述

一、存货的概念及内容

存货属于企业流动资产的一个重要项目，是一项有形资产，通常占全部资产的比重较大。

根据《企业会计准则第1号——存货》规定，"存货，是指企业在日常活动中持有以备出售的产成品或商品、处在生产过程中的在产品、在生产过程或提供劳务过程中耗用的材料和物料等"。它通常包括以下内容。

（1）原材料，指用于产品生产并形成产品实体组成部分的各种原料及主要材料、辅助材料、外购半成品、修理用备件、燃料、各种包装材料等。

（2）在产品，指处于加工或装配过程中的产品以及虽已加工或装配完成但尚未被验收入库的产品。

（3）半成品，指完成阶段加工，经检验合格存放于半成品仓库，仍需进一步加工的半成品。

（4）产成品，指已经完成全部生产过程并已验收合格可供对外销售的产品。企业接受外来原材料加工制造的代制品和为外单位加工修理的代修品，制造和修理完成验收入库后应视同企业的产成品。

（5）商品，指商品流通企业外购或委托加工完成验收入库用于销售的各种商品。

（6）周转材料，指企业能够多次使用、逐渐转移其价值但仍保持原有形态，不确认为固定资产的材料，如包装物和低值易耗品。其中包装物指为了包装企业商品而储备的各种包装容器，如桶、箱、瓶、坛等；低值易耗品指不能作为固定资产管理的劳动资料，包括一般用工具、专用工具、劳动保护用品等。

二、存货范围的确认

根据《企业会计准则第1号——存货》规定，存货应同时满足以下两个条件，才能予以确认。

（1）该存货包含的经济利益很可能流入企业。

（2）该存货的成本能够被可靠地计量。

企业存货的范围应以其是否拥有法定所有权作为标准，即不管存货的存放地点，只要拥有了存货的所有权，均应作为企业存货。反之，则企业不具有对存货的所有权，即使存放于本企业，也不能作为企业的存货。

三、存货数量的盘存方法

存货的盘存方法主要有实地盘存制和永续盘存制两种。

（一）实地盘存制

实地盘存制指在期末通过盘点实物，来确定存货的数量，并据以计算出存货期末结存额和本期减少额的一种方法。

当这种方法用于产品制造企业时，称"以存计耗制"；当用于商品流通企业时又称"以存计销制"。采用实地盘存制，平时只根据会计凭证在账簿中登记存货的增加数，不登记减少数，期末对各项存货进行盘点，倒挤出本期存货的减少数。即

本期减少数＝账面期初余额＋本期增加数－期末实际结存数

期末存货成本＝库存数量（实地盘点数）×单位成本

本期销售（耗用）成本＝期初存货成本＋本期购货成本－期末存货成本

在实地盘存制下，因平时对存货发出和结存的数量可以不做详细记录，从而简化了存货的明细分类核算工作。但平时对各项存货的收入、发出和结存没有严密的手续、不能及时提供各种存货收、发、结存的动态信息，因此不利于进行日常管理和监督；由于期末倒挤计算存货减少数，除正常耗用或销售的以外，把可能存在的损耗、差错、短缺等隐含在本期耗用或销售成本中，这既不利于财产的管理，又影响了成本计算的正确性；由于不能及时反映财产的耗用或销售成本，从而影响成本结转的及时性。

（二）永续盘存制

永续盘存制指通过设置存货明细账，逐日逐笔地登记存货收入发出数，并随时结出账面余额的一种方法，因此又称账面盘存制。

采用这种盘存方法，平时增加或减少某种存货时，都要根据会计凭证逐日逐笔在该存货明细账上作连续登记，并随时结出账面余额。企业在永续盘存制下计算存货本期销售或耗用成本和期末存货成本时，应按下列公式计算：

本期销售（耗用）成本＝本期销售（耗用）数量×单位成本

账面期末余额＝账面期初余额＋本期增加额－本期减少额

其单位成本的计价方法与实地盘存制下的方法相同。

采用永续盘存制，在存货明细账中，可随时掌握存货收入、发出和结存的情况，并进行数量和金额的双重控制，从而可加强对存货的日常管理；对存货明细账的结存数量与实际盘点数进行核对，可及时发现短缺或溢余；存货明细账上的结存数，随时与预定的最高和最低限额进行比较，可及时取得存货积压或不足的信息。但是，当存货的种类较多，且采用月末一次结转销售（耗用）成本时，计算工作量会过于集中。

第二节　存货的计量

一、存货成本的确定

存货应当按照成本进行初始计量。存货成本分为采购成本、加工成本和其他成本。

（一）存货的采购成本

存货的采购成本，包括购买价款、相关税费、运输费、装卸费、保险费及其他可归属于存货采购成本的费用。

存货的购买价款指企业购入的材料或商品的发票账单上列明的价款，但不包括按规定可以抵扣的增值税额。

存货的相关税费指企业购买存货发生的进口关税、消费税、资源税和不能抵扣的增值税进项税额及相应的教育费附加等应计入存货采购成本的税费。

其他可归属于存货采购成本的费用指采购成本中除上述各项以外的可归属于存货采购的费用。例如，在存货采购过程中发生的仓储费、包装费、运输途中的合理损耗、入库前的挑选整理费用等。

商品流通企业在采购商品过程中发生的运输费、装卸费、保险费及其他可归属于存货采购成本的费用等进货费用，应当计入存货采购成本，也可以先进行归集，期末根据所购商品的存销情况进行分摊。对于已售商品的进货费用，计入当期损益；对于未售商品的进货费用，计入期末存货成本。企业采购商品的进货费用金额较小的，可以在发生时直接计入当期损益。

（二）存货的加工成本

存货的加工成本指在存货的加工过程中发生的追加费用，包括直接人工，以及按照一定方法分配的制造费用。

直接人工指企业在生产产品和提供劳务过程中发生的直接从事产品生产和劳务提供人员的职工薪酬。

制造费用指企业为生产产品和提供劳务而发生的各项间接费用。

（三）存货的其他成本

存货的其他成本指除采购成本、加工成本以外的，使存货达到目前场所和状态所发生的其他支出。企业设计产品发生的设计费用通常应计入当期损益，但是为特定客户设计产品所发生的、可直接确定的设计费用应计入存货成本。

存货成本的构成内容在实务中具体按以下原则确定。

（1）购入的存货，其成本包括买价、运杂费（包括运输费、装卸费、保险费、包装费、仓储费等）、运输途中的合理损耗、入库前的挑选整理费用（包括挑选整理中发生的人工费支出和挑选整理过程中所发生的数量损耗、并扣除回收的废料价值）及按规定应计入成本的税费和其他费用。

（2）自制的存货，包括自制原材料、自制包装物、自制低值易耗品、自制半成品及库存商品等，其成本包括直接材料、直接人工和制造费用等的各项实际支出。

（3）委托外单位加工完成的存货，包括加工后的原材料、包装物、低值易耗品、半成品、产成品等，其成本包括实际耗用的原材料或者半成品、加工费、装卸费、保险费、委托加工的往返运输费等费用，以及按规定应计入成本的税费。

但是，下列费用不应计入存货成本，而应在其发生时计入当期损益。

（1）非正常消耗的直接材料、直接人工和制造费用，应在发生时计入当期损益，不应计入存货成本。例如，因自然灾害而发生的直接材料、直接人工和制造费用，由于这些费用的发生无助于使该存货达到目前场所和状态，不应计入存货成本，而应确认为当期损益。

（2）仓储费用，指企业在存货采购入库后发生的储存费用，应在发生时计入当期损益。但是，在生产过程中为达到下一个生产阶段所必需的仓储费用应计入存货成本。

（3）不能归属于使存货达到目前场所和状态的其他支出。

二、发出存货的计价方法

日常工作中，企业发出的存货可以按实际成本核算，也可以按计划成本核算。如采用计划成本核算，会计期末应调整为实际成本。

在实际成本核算方式下，企业可以采用的发出存货成本的计价方法包括个别计价法、先进先出法及加权平均法（包括月末一次加权平均法、移动加权平均法）等。

（一）个别计价法

个别计价法亦称个别认定法、具体辨认法、分批实际法，采用这一方法是假设存货具体项目的实物流转与成本流转相一致，按照各种存货逐一辨认各批发出存货和期末存货所属的购进批别或生产批别，分别按其购入或生产时所确定的单位成本计算各批发出存货和期末存货成本的方法。在这种方法下，是把每一种存货的实际成本作为计算发出存货成本和期末存货成本的基础。

【例5-1】 甲公司2022年5月A商品的收入、发出及购进单位成本如表5-1所示。

表5-1　A商品购销明细账　　　　　　　　　　　单位：元

日期		摘要	收入			发出			结存		
月	日		数量	单价	金额	数量	单价	金额	数量	单价	金额
5	1	期初余额							150	10	1 500
	5	购入	100	12	1 200				250		
	11	销售				200			50		
	16	购入	200	14	2 800				250		
	20	销售				100			150		
	23	购入	100	15	1 500				250		
	27	销售				100			150		
	30	本期合计	400	—	5 500	400	—		150		

假设经过具体辨认，本期发出存货的单位成本如下：5月11日发出的200件存货中，100件是期初结存存货，单位成本为10元，100件作为5日购入存货，单位成本为12元；5月20日发出的100件存货是16日购入，单位成本为14元；5月27日发出的100件存货中，50件为期初结存，单位成本为10元，50件为23日购入，单位成本为15元。则按照个别认定法，甲公司5月份A商品收入、发出与结存情况如表5-2所示。

从表5-2中可知，甲公司本期发出存货成本及期末结转存货成本如下：

本期发出存货成本 = $100 \times 10 + 100 \times 12 + 100 \times 14 + 50 \times 10 + 50 \times 15 = 4\ 850$（元）

期末结存存货成本 = 期初结存存货成本 + 本期购入存货成本 − 本期发出存货成本

$\qquad = 150 \times 10 + 100 \times 12 + 200 \times 14 + 100 \times 15 - 4\ 850 = 2\ 150$（元）

表 5-2　A 商品购销明细账（个别认定法）　　　　　　　　　　单位：元

日期		摘要	收入			发出			结存		
月	日		数量	单价	金额	数量	单价	金额	数量	单价	金额
5	1	期初余额							150	10	1 500
	5	购入	100	12	1 200				150 100	10 12	1 500 1 200
	11	销售				100 100	10 12	1 000 1 200	50	10	500
	16	购入	200	14	2 800				50 200	10 14	500 2 800
	20	销售				100	14	1 400	50 100	10 14	500 1 400
	23	购入	100	15	1 500				50 100 100	10 14 15	500 1 400 1 500
	27	销售				50 50	10 15	500 750	100 50	14 15	1 400 750
	30	本期合计	400	—	5 500	400	—	4 850	100 50	14 15	1 400 750

（二）先进先出法

先进先出法指以先购入的存货应先发出(销售或耗用)这样一种存货实物流动假设为前提，对发出存货进行计价的一种方法。采用这种方法，先购入的存货成本在后购入存货成本之前转出，据此确定发出存货和期末存货的成本。具体方法是：当收入存货时，逐笔登记收入存货的数量、单价和金额；当发出存货时，按照先进先出的原则逐笔登记存货的发出成本和结存金额。

【例 5-2】 在【例 5-1】资料中，假设甲公司 A 商品本期收入、发出和结存情况如表 5-3 所示。从该表可以看出存货成本的计价顺序。例如，11 日发出的 200 件存货，按先进先出法的流转顺序，应先发出期初库存存货 1 500（150×10）元，然后再发出 5 日购入的 50 件，即 600（50×12）元，其他以此类推。从表中可以看出，使用先进先出法得出的发出存货成本和期末存货成本分别为 4 800 元和 2 200 元。

表 5-3　A 商品购销明细账（先进先出法）　　　　　　　　　　单位：元

日期		摘要	收入			发出			结存		
月	日		数量	单价	金额	数量	单价	金额	数量	单价	金额
5	1	期初余额							150	10	1 500
	5	购入	100	12	1 200				150 100	10 12	1 500 1 200
	11	销售				150 50	10 12	1 500 600	50	12	600
	16	购入	200	14	2 800				50 200	12 14	600 2 800
	20	销售				50 50	12 14	600 700	150	14	2 100

续表

日期		摘要	收入			发出			结存		
月	日		数量	单价	金额	数量	单价	金额	数量	单价	金额
5	23	购入	100	15	1 500				150 100	14 15	2 100 1 500
	27	销售				100	14	1 400	50 100	14 15	700 1 500
	30	本期合计	400	—	5 500	400	—	4 800	50 100	14 15	700 1 500

甲公司日常账面记录显示，A 商品期初结存存货为 1 500（150×10）元，本期购入存货三批，按先后顺序分别为：（100×12）元；（200×14）元；（100×15）元。假设经过盘点，发现期末库存 150 件。则本期发出存货为 400 件，甲公司本期发出存货成本及期末结转存货成本如下：

本期发出存货成本 = 150×10 + 50×12 + 50×12 + 50×14 + 100×14 = 4 800（元）

期末结存存货成本 = 50×14 + 100×15 = 2 200（元）

 知识链接

采用先进先出法进行存货发出的核算，能随时结转存货的成本，且期末存货的成本较接近于市场价值，使企业不能随意挑选存货计价以调整当期利润。但如果存货收发业务较多且存货单价不稳定时，其工作量较大。而且当物价上涨时会高估企业当期利润和库存存货价值；反之，会低估企业当期利润和存货价值，不符合配比原则。

（三）月末一次加权平均法

月末一次加权平均法指以本月全部进货数量加上月初存货数量作为权数，去除本月全部进货成本加上月初存货成本，计算出存货的加权平均单位成本，以此为基础计算本月发出存货的成本和期末存货的成本的一种方法。计算公式如下：

存货加权单位成本 = $\dfrac{\text{月初库存存货的成本} + \sum(\text{本月各批进货的单位成本} \times \text{本月各批进货的数量})}{\text{月初库存存货的数量} + \text{本月各批进货数量之和}}$

本月发出存货的成本 = 本月发出存货的数量 × 存货加权单位成本

本月月末库存存货成本 = 本月月末库存存货的数量 × 存货加权单位成本

或

本月月末库存存货成本 = 月初库存存货的实际成本 + 本月收入存货的实际成本 − 本月发出存货的实际成本

【例 5-3】 仍以【例 5-1】资料为例，假设甲公司采用月末一次加权平均法，则 5 月份 A 商品的平均单位成本为

5 月份 A 商品平均单位成本

= （150×10 + 100×12 + 200×14 + 100×15）÷（150 + 100 + 200 + 100）= 12.727（元）

5 月份 A 商品的发出存货成本 = 400 × 12.727 = 5 090.8（元）

5月份A商品的期末结存成本 = 7 000 − 5 090.8 = 1 909.2（元）

知识链接

采用全月一次加权平均法进行存货发出的核算，只在月末一次计算加权平均单价比较简单，而且在市场价格上涨或下跌时计算出来的单位成本比较平均化，对存货成本的分摊较为折中。但是，由于这种方法只在期末时才计算加权平均单价，因此平时无法从明细账中得到发出和结存存货的成本，不利于日常存货的管理。同时，成本计算工作大量集中于月末，加大了月末的工作量。

（四）移动加权平均法

移动加权平均法指以每次进货的成本加上原有库存存货的成本，除以每次进货数量加上原有库存存货的数量，据以计算加权平均单位成本，作为在下次进货前计算各次发出存货成本依据的一种方法。计算公式如下：

$$存货单位成本 = \frac{库存原有存货实际成本 + 本次进货的实际成本}{库存原有存货的数量 + 本次进货的数量}$$

本次发出存货的成本 = 本次发出存货的数量 × 本次发货前存货的单位成本

本月月末库存存货成本 = 月末库存存货的数量 × 本月月末存货单位成本

【例5-4】假设甲公司采用移动加权平均法核算企业存货，作为A商品本期收入、发出和结存情况如表5-4所示。从表中看出，存货的平均成本从期初的10元变为期中的10.8元、13.36元，再变成期末的14.016元。各平均成本计算如下：

表5-4　A商品购销明细账（移动加权平均法）　　　　金额单位：元

日期		摘要	收入			发出			结存		
月	日		数量（件）	单价	金额	数量（件）	单价	金额	数量（件）	单价	金额
5	1	期初余额							150	10	1 500
	5	购入	100	12	1 200				250	10.8	2 700
	11	销售				200	10.8	2 160	50	10.8	540
	16	购入	200	14	2 800				250	13.36	3 340
	20	销售				100	13.36	1 336	150	13.36	2 004
	23	购入	100	15	1 500				250	14.016	3 504
	27	销售				100	14.016	1 401.6	150	14.016	2 102.4
	30	本期合计	400	—	5 500	400	—	4 897.6	150	14.016	2 102.4

5月5日购入存货后的平均单位成本 =（150×10 + 100×12）÷（150 + 100）= 10.8（元）

5月16日购入存货后的平均单位成本 =（50×10.8 + 200×14）÷（50 + 200）= 13.36（元）

5月23日购入存货后的平均单位成本 =（150×13.36 + 100×15）÷（150 + 100）= 14.016（元）

如表5-4所示，采用移动加权平均成本法得出的本期发出存货成本和期末结存存货成本分别为4 897.36元和2 102.4元。

移动平均法的优点在于能使管理当局及时了解存货的结存情况,而且计算的平均单位成本及发出和结存的存货成本比较客观。但是采用这种方法,企业每次收货时都要计算一次平均单价,计算工作量大,在传统手工会计核算中对收发货频繁的企业不适用。但是,随着计算机技术运用于会计核算,这一问题已经得到解决。

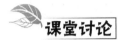

案例资料:存货核算方法的变动是新企业会计准则的重大变革内容之一。新存货准则取消了后进先出法,有关评论认为这将会对某些上市公司的业绩产生重大影响。例如,采用后进先出法的家电上市公司,在显像管价格不断下跌的过程中,一旦改为先进先出法,其成本将大幅上升,毛利率快速下滑,当期利润下降。

思考讨论:
1. 为什么新企业会计准则要取消后进先出法?
2. 取消后进先出法对上市公司的业绩有何影响?请具体说明。

第三节　原材料的核算

原材料指企业在生产过程中经过加工改变其形态或性质并构成产品主要实体的各种原料、主要材料和外购半成品,以及不构成产品实体但有助于产品形成的辅助材料。原材料具体包括原料及主要材料、辅助材料、外购半成品(外购件)、修理用备件(备品备件)、包装材料、燃料等。

原材料的日常收发及结存,可以采用实际成本核算,也可以采用计划成本核算。本节各例题如不做特殊说明,均假定会计主体为增值税一般纳税人。

一、采用实际成本核算

(一)账户设置

"原材料"科目用于核算库存各种材料的收发与结存情况。在原材料按实际成本核算时,该科目的借方登记入库存材料的实际成本,贷方登记发出材料的实际成本,期末余额在借方,反映企业库存材料的实际成本。

"在途物资"科目用于核算企业采用实际成本进行材料、商品等物资的日常核算、货款已付尚未验收入库的各种物资(即在途物资)的采购成本,该科目应按供应单位和物资品种进行明细核算。该科目的借方登记企业购入的在途物资的实际成本,贷方登记验收入库的在途物资的实际成本,期末余额在借方,反映企业在途物资的采购成本。

（二）账务处理

1. 购入材料

由于支付方式不同，原材料入库的时间与付款的时间可能一致，也可能不一致，在会计处理上也有所不同。主要有以下几种情况。

（1）发票账单与材料同时到达（即单货同到）。其会计处理为：借记"原材料""应交税费——应交增值税（进项税额）"科目，贷记"银行存款"等科目。

【例5-5】 甲公司购入A材料一批，增值税专用发票记载的货款为500 000元，增值税税额65 000元，对方代垫包装费1 000元，全部款项已用转账支票付讫，材料已验收入库。甲公司应编制如下会计分录：

借：原材料——A材料	501 000
应交税费——应交增值税（进项税额）	65 000
贷：银行存款	566 000

【例5-6】 甲公司持银行汇票1 810 000元购入B材料一批，增值税专用发票上记载的货款为1 600 000元，增值税税额208 000元，对方代垫包装费2 000元，材料已验收入库。甲公司应编制如下会计分录：

借：原材料——B材料	1 602 000
应交税费——应交增值税（进项税额）	208 000
贷：其他货币资金——银行汇票	1 810 000

【例5-7】 甲公司采用托收承付结算方式购入C材料一批，货款40 000元，增值税税额5 200元，对方代垫包装费5 000元，款项在承付期内以银行存款支付，材料已验收入库。甲公司应编制如下会计分录：

借：原材料——C材料	45 000
应交税费——应交增值税（进项税额）	5 200
贷：银行存款	50 200

（2）发票账单已到、材料未到（即单到货未到）。其会计处理为：当发票账单到达时，借记"在途物资""应交税费——应交增值税（进项税额）"科目，贷记"银行存款"等科目。待材料到达验收入库时，借记"原材料"科目，贷记"在途物资"科目。

【例5-8】 甲公司采用汇兑结算方式购入D材料一批，发票及账单已收到，增值税专用发票记载的货款为20 000元，增值税税额2 600元，支付保险费1 000元，材料尚未到达。甲公司应编制如下会计分录：

借：在途物资——D材料	21 000
应交税费——应交增值税（进项税额）	2 600
贷：银行存款	23 600

【例5-9】 承【例5-8】资料，上述购入D材料已收到，并验收入库。甲公司应编制如下会计分录：

借：原材料——D材料	21 000
贷：在途物资——D材料	21 000

（3）材料已到、发票账单未到（即货到单未到）。平时可暂时不入账，但如果月末发票账单等结算凭证仍未到达，则会计处理为：月末，按材料的估计价值入账，借记"原材料"科目，贷记"应付账款"科目。待下月初做相反会计分录予以冲回（或用红字作同样的记录，予以冲回），借记"应付账款"科目，贷记"原材料"科目。下月按正常程序处理，借记"原材料""应交税费——应交增值税（进项税额）"科目，贷记"银行存款"等科目。

【例5-10】甲公司采用托收承付结算方式购入E材料一批，材料已验收入库。月末发票账单尚未收到也无法确定其实际成本，暂估价值为30 000元。甲公司应编制如下会计分录：

借：原材料——E材料　　　　　　　　　　　　　　　　　　　　30 000
　　贷：应付账款　　　　　　　　　　　　　　　　　　　　　　　30 000

下月初做相反会计分录予以冲回：

借：应付账款　　　　　　　　　　　　　　　　　　　　　　　　30 000
　　贷：原材料——E材料　　　　　　　　　　　　　　　　　　　30 000

【例5-11】承【例5-10】资料，上述购入E材料于次月收到发票账单，增值税专用发票上记载的货款为31 000元，增值税税额4 030元，对方代垫保险费2 000元，已用银行存款付讫。甲公司应编制如下会计分录：

借：原材料——E材料　　　　　　　　　　　　　　　　　　　　33 000
　　应交税费——应交增值税（进项税额）　　　　　　　　　　　　4 030
　　贷：银行存款　　　　　　　　　　　　　　　　　　　　　　　37 030

（4）采用预付货款的方式采购材料。其会计处理为：当预付款项时，借记"预付账款"科目，贷记"银行存款"科目。待收到预付账款的货物时，借记"原材料""应交税费——应交增值税（进项税额）"等科目，贷记"预付账款"科目。如果预付的款项与收到预付款项的货物金额不一致时，则采用"多退少补"原则进行补退价款处理。若补付货款，则借记"预付账款"科目，贷记"银行存款"科目。若收到退回多预付的款项，则借记"银行存款"科目，贷记"预付账款"科目。

【例5-12】根据与某钢厂的购销合同规定，甲公司购买F材料，向该钢厂预付100 000元货款的80%，计80 000元。已通过汇兑方式汇出。甲公司应编制如下会计分录：

借：预付账款——某钢厂　　　　　　　　　　　　　　　　　　　80 000
　　贷：银行存款　　　　　　　　　　　　　　　　　　　　　　　80 000

【例5-13】承【例5-12】资料，甲公司收到该钢厂发运来的F材料，已验收入库。有关发票账单记载，该批货物的货款为100 000元，增值税税额13 000元，对方代垫包装费3 000元，所欠款项以银行存款付讫。甲公司应编制如下会计分录：

借：原材料——F材料　　　　　　　　　　　　　　　　　　　　103 000
　　应交税费——应交增值税（进项税额）　　　　　　　　　　　　13 000
　　贷：预付账款——某钢厂　　　　　　　　　　　　　　　　　　80 000
　　　　银行存款　　　　　　　　　　　　　　　　　　　　　　　36 000

2. 发出材料

原材料按实际成本计价，材料发出的会计处理比较简单。平时材料明细账应随时登记，以反映各种材料的收发结存情况。月末根据发料凭证，按材料领用部门和用途归类汇总编制"发料凭证汇总表"，据此编制记账凭证，一次性登记材料总分类账。

原材料发出的会计处理应根据材料的用途借记"生产成本""制造费用""管理费用""销售费用""在建工程"等科目，贷记"原材料"科目。

【例 5-14】甲公司根据"发料凭证汇总表"的记录，1 月份基本生产车间生产产品领用 G 材料 500 000 元，辅助生产车间领用 G 材料 40 000 元，车间管理部门领用 G 材料 5 000 元，企业行政管理部门领用 G 材料 4 000 元，共计 549 000 元。甲公司应编制如下会计分录：

```
借：生产成本——基本生产成本              500 000
        ——辅助生产成本                    40 000
    制造费用                               5 000
    管理费用                               4 000
  贷：原材料——G 材料                              549 000
```

二、采用计划成本核算

（一）账户设置

1."材料采购"账户

该账户用来核算企业购入原材料的采购成本。其借方反映外购材料的实际采购成本和实际成本低于计划成本的节约差异，贷方反映已付款并验收入库材料的计划成本和实际成本高于计划成本的超支差异，期末借方余额表示已付款但尚未到达或尚未验收入库的在途材料的实际成本。本科目按原材料的品种或类别设置明细账。

2."原材料"账户

该账户用来核算企业库存的各种材料的计划成本。借方登记通过外购、自制、委托加工完成、盘盈等形式增加的原材料的计划成本，贷方登记发出各种原材料的计划成本，期末借方余额反映企业期末库存原材料的计划成本。本科目按照原材料的保管地点（仓库），原材料的类别、品种和规格设置原材料明细账或卡片。

3."材料成本差异"账户

该账户用来核算各种材料的实际成本与计划成本之间的差异。其借方反映验收入库材料的实际成本大于计划成本的超支差异，贷方反映验收入库材料的实际成本低于计划成本的节约差异，以及发出材料应负担的材料成本差异（超支差异用蓝字，节约差异用红字）。该账户期末若为借方余额，表示库存材料的实际成本大于计划成本的超支差异；若余额为贷方，则表示库存材料的实际成本小于计划成本的节约差异。本科目应按照材料的类别和品种设置明细账。

（二）账务处理

1. 购入材料

企业材料的购入业务，由于采用的结算方式不同及其他的原因，应根据不同的情况进行相应的会计处理。

（1）发票账单与材料同时到达。其会计处理为：借记"材料采购（实际成本）""应交税费——应交增值税（进项税额）"科目，贷记"银行存款"等科目。同时，借记"原材料（计划成本）"科目，贷记"材料采购（计划成本）"科目。若入库材料为超支差异，则借记"材料成本差异"科目，贷记"材料采购"科目；若入库材料为节约差异，则借记"材料采购"科目，贷记"材料成本差异"科目。

【例5-15】 甲公司购入H材料一批，专用发票上记载的货款为3 000 000元，增值税税额390 000元，发票账单已收到，计划成本为3 200 000元，已验收入库，全部款项以银行存款支付。甲公司应编制如下会计分录：

①采购付款时：

借：材料采购——H材料　　　　　　　　　　　　　　　3 000 000
　　应交税费——应交增值税（进项税额）　　　　　　　　390 000
　　贷：银行存款　　　　　　　　　　　　　　　　　　　3 390 000

②入库和结转材料成本差异

借：原材料——H材料　　　　　　　　　　　　　　　　3 200 000
　　贷：材料采购——H材料　　　　　　　　　　　　　　3 200 000

实际成本小于计划成本，节约金额 = 3 200 000 - 3 000 000 = 200 000（元）

借：材料采购——H材料　　　　　　　　　　　　　　　　200 000
　　贷：材料成本差异——H材料　　　　　　　　　　　　　200 000

（2）发票账单已到、材料未到。其会计处理为：借记"材料采购""应交税费——应交增值税（进项税额）"科目，贷记"银行存款"等科目。待原材料到达，验收入库并结转入库材料的成本差异。

【例5-16】 甲公司采用汇兑结算方式购入I材料一批，增值税专用发票上记载的货款为200 000元，增值税税额26 000元，发票账单已收到，计划成本为180 000元，材料尚未入库，款项已用银行存款支付。甲公司应编制如下会计分录：

借：材料采购——I材料　　　　　　　　　　　　　　　　200 000
　　应交税费——应交增值税（进项税额）　　　　　　　　 26 000
　　贷：银行存款　　　　　　　　　　　　　　　　　　　 226 000

知识链接

在计划成本法下，购入的材料无论是否验收入库，都要先通过"材料采购"科目进行核算，以反映企业所购材料的实际成本，以便与"原材料"科目相比较，计算确定材料成本差异。

（3）材料已到、发票账单未到，平时可暂时不入账，但如果月末发票账单等结算凭证仍未到达，可以按材料的计划成本暂估入账，其会计处理为：借记"原材料"科目，贷记"应付账款"科目。下月初做相反会计分录予以冲回（或用红字作同样的记录，予以冲回），借记"应付账款"科目，贷记"原材料"科目。待收到发票账单时，按正常程序处理。

【例 5-17】 甲公司购入 K 材料一批，材料已验收入库。月末，发票账单仍未收到，按照计划成本 600 000 元估价入账。甲公司应编制如下会计分录：

借：原材料——K 材料　　　　　　　　　　　　　　　　　　　600 000
　　贷：应付账款——暂估应付账款　　　　　　　　　　　　　600 000

下月初做相反的会计分录予以冲回：

借：应付账款——暂估应付账款　　　　　　　　　　　　　　　600 000
　　贷：原材料——K 材料　　　　　　　　　　　　　　　　　600 000

2. 发出材料

在计划成本计价情况下，材料发出的核算主要包括两部分内容。

（1）按计划成本发出原材料

领用原材料时，根据按计划成本计价的领、发料凭证，按材料领用部门和用途的不同，以计划成本借记"生产成本""制造费用""管理费用""销售费用""在建工程"等账户，贷记"原材料"账户。

（2）结转发出材料应负担的材料成本差异。

将材料成本差异总额在发出材料和期末库存材料之间进行分配，按照发出原材料的计划成本计算分摊的成本差异额，借记"生产成本""制造费用""管理费用""销售费用""在建工程"等账户，贷记"材料成本差异"账户。（注：发出材料负担的差异额一律在"材料成本差异"账户的贷方结转，如果发出材料负担的是节约额则用红字贷方转出）

为了确定发出材料的计划成本应分摊的成本差异，需要确定分摊使用的材料成本差异率。

$$本期材料成本差异率 = \frac{期初结存材料的成本差异 + 本期验收入库材料的成本差异}{期初结存材料的计划成本 + 本期验收入库材料的计划成本} \times 100\%$$

$$期初材料成本差异率 = \frac{期初结存材料的成本差异}{期初结存材料的计划成本} \times 100\%$$

公式说明：月初材料成本差异账户如果是借方余额，表示超支额，在公式中用"＋"号表示；月初材料成本差异账户如果是贷方余额，表示节约额，在公式中用"－"号表示。本期购入材料成本差异额为超支额用"＋"号表示；本期购入材料成本差异额为节约额用"－"号表示。期末计算的材料成本差异率为"＋"号的，表示超支差异率；期末计算的材料成本差异率为"－"号的，表示节约差异率。

发出材料应负担的成本差异额 = 发出材料的计划成本 × 本期材料成本差异率

原材料实际成本 = "原材料"科目借方余额 + "材料成本差异"科目借方余额（或 － "材料成本差异"科目贷方余额）

【例 5-18】 甲公司根据"发料凭证汇总表"的记录，某月 H 材料的消耗（计划成本）为：基本生产车间领用 2 000 000 元，辅助生产车间领用 600 000 元，车间管理部门领用 250 000 元，企业行政管理部门领用 50 000 元。甲公司应编制如下会计分录：

借：生产成本——基本生产成本	2 000 000
——辅助生产成本	600 000
制造费用	250 000
管理费用	50 000
贷：原材料——H 材料	2 900 000

【例 5-19】 承【例 5-18】资料，甲公司某月月初结存 H 材料的计划成本为 1 000 000 元。成本差异为超支 30 740 元；当月入库 H 材料的计划成本为 3 200 000 元，成本差异为节约 200 000 元，则

材料成本差异率 =（30 740 − 200 000）÷（1 000 000 + 3 200 000）× 100% = −4.03%

结转发出材料的成本差异，甲公司应编制如下会计分录：

借：生产成本——基本生产成本	80 600
——辅助生产成本	24 180
制造费用	10 075
管理费用	2 015
贷：材料成本差异——H 材料	116 870

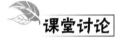

资料：甲公司为增值税小规模纳税人，原材料采用计划成本法核算。A 材料的计划成本为每吨 20 元，本期甲公司购进 A 材料 6 000 吨，收到的增值税专用发票上注明的价款总额为 102 000 元，增值税额为 13 260 元，另发生运杂费 1 400 元，途中保险费 359 元，原材料运抵企业后，验收入库原材料为 5 995 吨，运输途中发生合理损耗 5 吨。在处理该原材料发生的成本差异中，甲公司的会计李某认为，运输途中发生的合理损耗不应该计入原材料的成本之中，而应扣除，作为营业外损失计入"营业外支出"科目；此外，根据税法规定，运输费的 11% 可以抵扣销项税额，不应计入原材料的入账价值中，购进原材料发生的增值税额也不应计入原材料成本，因此，购进 A 材料发生的成本差异应为

102 000 + 1 400 ×（1 − 11%）+ 359 − 5 995 × 20 = −16 295（元）

即节约 16 295 元成本。

因此，会计李某将该批原材料发生的成本差异 16295 元计入材料成本差异。

思考与讨论：

判断甲公司的会计李某对该批原材料产生的材料成本差异的会计处理是否正确？如不正确，请你简述理由，并做出正确的会计处理。

第四节　存货的清查

为了反映企业在财产清查中查明的各种存货的盘盈、盘亏和毁损情况，企业应当设置"待处理财产损溢"账户，借方登记存货的盘亏、毁损金额及盘盈的转销金额，贷方登记存货的盘盈金额及盘亏和毁损的转销金额。企业清查的各种存货损溢应查明原因，并在期

末结账前处理完毕。期末处理后，该账户应无余额。存货清查核算时通常分两步：第一步，批准前调整为账实相符；第二步，批准后结转处理。

一、存货盘盈的账务处理

（1）批准处理前，借记"原材料"等科目，贷记"待处理财产损溢——待处理流动资产损溢"科目。

（2）批准处理后，借记"待处理财产损溢——待处理流动资产损溢"科目，贷记"管理费用"等科目。需要注意的是：盘盈的存货查明原因后，应按不同的原因及处理决定分别入账，对于材料收发计量差错或无法确定具体原因的，一般应冲减企业当期的管理费用。

【例5-20】 甲公司在财产清查中盘盈 L 材料 1 000 千克，实际单位成本 60 元。经查属于材料收发计量方面的错误。甲公司应编制如下会计分录：

（1）批准处理前：

借：原材料——L 材料　　　　　　　　　　　　　　　　　　　　60 000
　　贷：待处理财产损溢——待处理流动资产损溢　　　　　　　　　60 000

（2）批准处理后：

借：待处理财产损溢——待处理流动资产损溢　　　　　　　　　　60 000
　　贷：管理费用　　　　　　　　　　　　　　　　　　　　　　60 000

二、存货盘亏及毁损的账务处理

（1）批准处理前，借记"待处理财产损溢——待处理流动资产损溢"科目，贷记"原材料"等科目。

（2）批准处理后，借记"其他应收款"（过失人赔偿）、"原材料"（残料入库）、"管理费用"（一般经营损失）、"营业外支出"（非常损失）科目，贷记"待处理财产损溢——待处理流动资产损溢"科目。

注：公司查明盘亏和毁损存货的原因后，应按不同的原因及处理决定分别入账。其中，属于定额内合理损耗的，应转作管理费用；属于一般经营性损失的，扣除残料价值，以及可以收回的保险赔偿和过失人赔偿后的剩余净损失，经批准也可以作为管理费用列支；属于自然灾害损失，因管理不善造成货物被盗、发生霉烂变质等损失及其他非正常损失的，扣除可以收回的保险赔偿及残料后的净损失，作为企业的营业外支出处理；属于责成过失人赔偿的计入其他应收款科目；属于收回残料处理的计入原材料科目。

【例5-21】 甲公司在财产清查中发现盘亏 M 材料 500 千克，实际单位成本 200 元，经查属于一般经营损失。假定不考虑相关税费，甲公司应编制如下会计分录：

（1）批准处理前：

借：待处理财产损溢——待处理流动资产损溢　　　　　　　　　100 000
　　贷：原材料——M 材料　　　　　　　　　　　　　　　　　100 000

（2）批准处理后：

借：管理费用　　　　　　　　　　　　　　　　　　　　　　　100 000

贷：待处理财产损溢——待处理流动资产损溢　　　　　　　　　　　100 000

【例5-22】 甲公司在财产清查中发现毁损N材料300千克，实际单位成本为100元，经查属于因材料保管员的过失造成的，按规定由其个人赔偿20 000元，残料已办理入库手续，价值2 000元。假定不考虑相关税费。甲公司应编制如下会计分录：

（1）批准处理前：

借：待处理财产损溢——待处理流动资产损溢　　　　　　　　　　　30 000
　　贷：原材料——N材料　　　　　　　　　　　　　　　　　　　　30 000

（2）批准处理后：

①由过失人赔款部分。

借：其他应收款　　　　　　　　　　　　　　　　　　　　　　　　20 000
　　贷：待处理财产损溢——待处理流动资产损溢　　　　　　　　　　20 000

②残料入库。

借：原材料——N材料　　　　　　　　　　　　　　　　　　　　　 2 000
　　贷：待处理财产损溢——待处理流动资产损溢　　　　　　　　　　 2 000

③材料毁损净损失。

借：管理费用　　　　　　　　　　　　　　　　　　　　　　　　　 8 000
　　贷：待处理财产损溢——待处理流动资产损溢　　　　　　　　　　 8 000

【例5-23】 甲公司因台风造成一批库存C材料毁损，实际成本70 000元，根据保险责任范围及保险合同规定，应由保险公司赔偿50 000元。假定不考虑相关税费。甲公司应编制如下会计分录：

（1）批准处理前：

借：待处理财产损溢——待处理流动资产损溢　　　　　　　　　　　70 000
　　贷：原材料——C材料　　　　　　　　　　　　　　　　　　　　70 000

（2）批准处理后：

借：其他应收款　　　　　　　　　　　　　　　　　　　　　　　　50 000
　　营业外支出——非常损失　　　　　　　　　　　　　　　　　　 20 000
　　贷：待处理财产损溢——待处理流动资产损溢　　　　　　　　　　70 000

第五节　存　货　减　值

会计期末，为了客观、真实、准确地反映企业期末存货的实际价值，企业在编制资产负债表时，要确定期末存货的价值。《企业会计准则第1号——存货》第十五条规定："资产负债表日，存货应当按照成本与可变现净值孰低计量。"

所谓成本与可变现净值孰低法，指对期末存货按照成本与可变现净值两者中较低计价的方法。即当成本低于可变现净值时，存货按成本计价；当可变现净值低于成本时，存货按可变现净值计价，同时按照成本高于可变现净值的差额计提存货跌价准备，计入当期损益。

期末，对存货采用成本与可变现净值孰低计量，主要是使存货符合资产的定义。当存货的可变现净值跌至成本以下时，由此所形成的损失已不符合资产的定义，因而应将这部分损失从存货价值中扣除，计入当期损益。否则，当存货的可变现净值低于其成本价值时，如果仍然以其历史成本计价，就会出现虚夸资产现象，导致会计信息失真。

一、存货跌价准备的计提和转回

资产负债表日，存货应当按照成本与可变现净值孰低计量。其中，成本指期末存货的实际成本。可变现净值指在日常活动中，存货的估计售价减去至完工时估计将要发生的成本、估计的销售费用及相关税费后的金额。

（1）无须加工直接出售的存货：

可变现净值＝估计售价－估计的销售费用及相关税费

（2）需要进一步加工才能出售的存货：

可变现净值＝估计售价－进一步加工成本－估计的销售费用及相关税费

存货成本高于其可变现净值的，应当计提存货跌价准备，计入当期损益。以前减记存货价值的影响因素已经消失的，减记的金额应当予以恢复，并在原已计提的存货跌价准备金额内转回，转回的金额计入当期损益。

二、存货跌价准备的会计处理

企业计提和转回的存货跌价准备，应通过"存货跌价准备"和"资产减值损失"账户进行核算。

"存货跌价准备"账户是存货的备抵账户，其贷方登记企业计提的存货跌价准备的数额，借方登记企业转回和结转的存货跌价准备的数额，期末贷方余额反映企业已计提但尚未转销的存货跌价准备的数额。

（一）计提存货跌价准备

当存货成本高于其可变现净值时，企业应当按照存货可变现净值低于成本的差额，借记"资产减值损失——计提的存货跌价准备"科目，贷记"存货跌价准备"科目。

（二）存货跌价准备转回

转回已计提的存货跌价准备金额时，按恢复增加的金额，借记"存货跌价准备"科目，贷记"资产减值损失——存货跌价准备"科目。

【例5-24】 甲公司从2020年开始计提存货跌价准备，2020年12月31日存货的账面价值为15 000元，可变现净值为12 000元。

2021年12月31日，存货的市场价格继续下跌，账面价值为19 000元，可变现净值为14 000元。

2022年12月31日，存货市场价格的上升，账面价值为24 000元，可变现净值为30 000元。

要求：根据以上资料编制甲公司各年与存货跌价准备相关的会计分录。

（1）2020年12月31日存货的可变现净值低于成本，甲公司应计提存货跌价准备

3 000（15 000－12 000）元，并计入当期损益，会计分录如下：

借：资产减值损失——计提的存货跌价准备　　　　　　　　　　　　　　　3 000
　　贷：存货跌价准备　　　　　　　　　　　　　　　　　　　　　　　　　　　3 000

（2）2021年12月31日存货的可变现净值低于成本，甲公司应计提存货跌价准备5000（19000－14000）元，由于2020年12月31日存货跌价准备账户已有贷方余额3000元，故应补提差额2000（5000－3000）元，会计分录如下：

借：资产减值损失——计提的存货跌价准备　　　　　　　　　　　　　　　2 000
　　贷：存货跌价准备　　　　　　　　　　　　　　　　　　　　　　　　　　　2 000

（3）2022年12月31日存货的可变现净值高于成本，表明市场价格的上升导致存货减值因素已经完全消失，因此甲公司应转回存货跌价准备5 000元。会计分录如下：

借：存货跌价准备　　　　　　　　　　　　　　　　　　　　　　　　　　　5 000
　　贷：资产减值损失——计提的存货跌价准备　　　　　　　　　　　　　　　5 000

（三）结转存货跌价准备

当企业结转存货销售成本时，对于已计提存货跌价准备的，借记"存货跌价准备"科目，贷记"主营业务成本""其他业务成本"等科目。

【例5-25】 A公司某项库存商品2021年12月31日账面余额为100万元，已计提存货跌价准备20万元。2022年1月20日，A公司将上述商品对外出售，售价为90万元，增值税销项税额为11.7万元，收到款项存入银行。A公司会计处理如下：

①确认销售收入：

借：银行存款　　　　　　　　　　　　　　　　　　　　　　　　　　　1 017 000
　　贷：主营业务收入　　　　　　　　　　　　　　　　　　　　　　　　　　900 000
　　　　应交税费——应交增值税（销项税额）　　　　　　　　　　　　　　　117 000

②结转存货销售成本：

借：主营业务成本　　　　　　　　　　　　　　　　　　　　　　　　　1 000 000
　　贷：库存商品　　　　　　　　　　　　　　　　　　　　　　　　　　　1 000 000

③结转已计提存货跌价准备：

借：存货跌价准备　　　　　　　　　　　　　　　　　　　　　　　　　　200 000
　　贷：主营业务成本　　　　　　　　　　　　　　　　　　　　　　　　　　200 000

【本章小结】

存货对企业财务状况、经营成果和现金流量影响较大，因企业的管理要求不同，存货的核算方法也各异。本章在阐释存货确认、计量的基础上，以原材料为例，主要介绍了制造业存货按实际成本核算和按计划成本核算的两种核算方法；阐释了发出存货的计价方法（个别计价法、先进先出法、加权平均法等）、期末对存货的清查盘点，以及期末计价应按照成本与可变现净值孰低进行确定。要求重点掌握存货的确认、计价，以及发出存货的方法；掌握存货期末计价的会计处理；存货的清查及会计处理。

【主观题】

一、思考题

1. 什么是存货？它包括哪些内容？
2. 如何判断一项商品是否属于企业存货的范围？
3. 存货入账价值如何确定？
4. 什么是实地盘存制和永续盘存制？各自的优缺点是什么？
5. 存货发出的计价方法有哪些？简述各种方法的特点。
6. 什么是成本与可变现净值孰低法原则？
7. 什么是可变现净值？如何确定可变现净值？
8. 哪些因素会导致存货发生减值？

二、计算题

1. 甲公司采用永续盘存制，有关存货的收发情况如下：

9月份期初库存情况，数量1000件，单价400元，金额为400 000元。

9月15日购入1 000件，单价420元。

9月18日购入2 000件，单价410元。

9月19日销售1 800件。

9月20日购入1 000件，单价400元；

9月30日，经过盘点，库存存货3 200件。

要求：分别按照先进先出法、月末一次加权平均法计算甲公司9月份发出存货成本和期末结存存货的成本。

2. 甲公司从2020年开始为存货计提跌价准备，其2020—2022年的相关数据如下所示。

2020—2022年的相关数据 单位：元

日期	存货的成本	存货的可变现净值
2020年12月31日	850 000	800 000
2021年12月31日	920 000	910 000
2022年12月31日	700 000	720 000

要求：

（1）计算甲公司各年应计提或转回的存货跌价准备。

（2）编制相应的会计分录。

三、业务题

1. 甲公司为增值税一般纳税人，增值税税率为13%，原材料采用实际成本核算，2022年8月份公司发生下列材料物资采购业务。

（1）公司购入 A 材料 7 000 千克，单价 16 元，增值税进项税额 14 560 元，款项未付，材料尚未到达。

（2）用银行存款 3 500 元支付上述 A 材料外地运杂费。

（3）购入 B 材料 240 吨，单价 840 元，增值税进项税额 26 208 元，款项均通过银行付清，材料尚未入库。

（4）购入 C 材料 3 000 千克，单价 11 元，增值税进项税额 4 290 元，另外支付运杂费 600 元，款项均通过银行付清，材料尚未入库。

（5）用银行存款 200 000 元预付订购 D 材料款。

（6）上述已预付的 D 材料本月到货，价款 144 000 元，增值税进项税额 18 720 元，剩余款供货单位尚未退回。材料尚未验收入库。

（7）本月购入的 A、B、C、D 材料均已验收入库，结转其实际成本。

要求：根据上述经济业务编制甲公司本月相关的会计分录。

2. 2022 年 12 月 31 日，甲公司 W7 型机器的账面成本为 500 万元，但由于 W7 型机器的市场价格下跌，预计可变现净值为 400 万元，由此计提存货跌价准备 100 万元。

假定：（1）2022 年 6 月 30 日，W7 型机器的账面成本仍为 500 万元，但由于 W7 型机器市场价格有所上升，使得 W7 型机器的预计可变现净值变为 475 万元。

（2）2022 年 12 月 31 日，W7 型机器的账面成本仍为 500 万元，由于 W7 型机器的市场价格进一步上升，预计 W7 型机器的可变现净值为 555 万元。

要求：

（1）计算甲公司 2022 年 6 月 30 日和 2022 年 12 月 31 日应转回或计提的存货跌价准备金额。

（2）编制 2022 年 6 月 30 日和 2022 年 12 月 31 日转回或计提存货跌价准备的会计分录。

即测即练

自学自测　扫描此码

第六章 投　资

 学习目标

通过本章学习，应达到以下学习目标。

1. 掌握：投资的概念、分类；我国会计准则对金融资产的分类；交易性金融资产的概念；长期股权投资的概念。
2. 理解：投资业务按我国会计准则规定在报表中的列示，成本法和权益法适用的范围和核算上的差异。
3. 了解：长期股权投资的计量和会计处理原理。

 引导案例

美的集团2021年的财务报告披露对外投资249.27亿元，约占其总资产的64.25%，具体投资状况如表6-1所示：

表6-1　美的集团2021年对外投资情况　　　　　　　　　单位：元

对外投资项目	金额
交易性金融资产	5 879 202 000
衍生金融资产	545 865 000
发放贷款及垫款	851 927 000
其他债权投资	7 893 935 000
长期股权投资	3 796 705 000
其他权益工具投资	45 747 000
其他非流动金融资产	5 912 873 000
合计	24 926 254 000

公司年报表显示，美的集团主要进行了两方面的对外投资。

一是金融资产投资。公司购买了小米集团-W、乐鑫科技和埃夫特股票；购买了期货公司的期货合约和外汇衍生工具。公司将这类投资记入交易性金融资产、衍生金融资产等报表项目中。

二是对子公司的投资。美的集团在其成长过程中通过参股和控股，目前已经在全球拥有约200家子公司、35个研发中心和35个主要生产基地，员工超过16万人。其产品业务涉及家用电器、机器人与自动化、智慧楼宇、工业技术和数字化创新五大业务板块。美的集团将公司对于子公司、联营企业和合营企业的投资记为长期股权投资项目。

（资料来源：美的集团2021年财务报表。）

案例思考：

（1）会计上所说的投资和我们生活中所说的投资是一回事吗？企业投资的目的是为了单纯获利吗？

（2）财务报表中将投资分为这些项目的依据是什么？

（3）对于不同类型的投资及投资获得的收益，会计是如何处理的？

（4）党的二十大报告给我们指出了哪些投资机遇？

第一节 投资概述

一、投资的概念与特点

在经济领域中，投资一词有广义和狭义之分。从广义的角度看，凡是把资金投入到将来能获利的生产经营活动中都可以称之为投资。在广义投资的概念下，投资既包括将资金投入到企业内部的生产经营活动（例如，购置固定资产、购买无形资产等的内部投资行为），也包括对外投资，即将资金投入其他企业，或在金融市场上购买有价证券、金融衍生产品。

会计学中的投资指企业为了获得收益或实现资本增值向被投资单位投放资金的经济行为，属于对外投资。企业对外投资的主要特点如下。

（1）投资的形成必须是通过让渡自身的资产（如现金、非货币性资产如固定资产等）来取得对方的股权和债权。

（2）投资所带来的利益与自身经营活动带来的利益在形式上不同。企业自身经营活动产生的经济利益是由于企业使用自身的资产直接带来的收益，而投资产生的经济利益是企业将资产让渡给被投资方，由被投资方使用该资产而产生效益后，按比例分配投资方的利息或股利（利润）。

（3）如果是通过购买股票和债券进行投资的，还可以通过证券出售获取价差收益。

二、投资的分类

投资按照不同的标准有各种不同的分类，会计学中常用的分类标准主要有两类。

（一）按投资的性质分类

按照投资的性质可分为权益性投资、债权性投资、混合性投资。

1. 权益性投资

权益性投资指投资者为获取另一企业的权益或净资产所做的投资。权益投资的主要特点是投资者有权参与投资企业的经营管理，投资收益不确定，投资风险高。

2. 债权性投资

债权性投资指投资者为取得债权所做的投资。相对于权益性投资而言，债权性投资风险小，收益较低，投资者一般无权参与被投资企业的经营管理。

3. 混合性投资

混合性投资指投资者同时具有权益性投资和债权性投资双重性投资，如购买优先股股票、购买可转换公司债券。

（二）按我国现行会计准则分类

以前我国对于投资会计核算的规范是《企业会计准则——投资》（1999 年颁布，2001 年修订）。目前是由《企业会计准则第 2 号——长期股权投资》《企业会计准则第 3 号——投资性房地产》和《企业会计准则第 22 号——金融工具确认和计量》等准则来规范。根据我国现行企业会计准则规定，在会计核算中的投资分为金融资产投资与长期股权投资。

1. 金融资产

金融资产包括库存现金、银行存款、应收账款、应收票据、贷款、其他应收款项、股权投资、债权投资和衍生金融工具等。企业应当按管理金融资产的业务模式和金融资产的合同现金流量特征将金融资产划分为以摊余成本计量的金融资产，以公允价值计量且其变动计入其他综合收益的金融资产和以公允价值计量且其变动计入当期损益的金融资产三类。

1）以摊余成本计量的金融资产

金融资产同时符合下列条件的，应当被划分为以摊余成本计量的金融资产。

一是企业管理该金融资产的业务模式是以收取合同现金流量为目标。

二是该金融资产的合同条款规定，在特定日期产生的现金流量，仅为对本金和以未偿付本金金额为基础的利息的支付。

例如，企业持有的公司债券，其合同的现金流量特征一般为到期收回本金及按约定利率在合同期间按时收取固定或浮动利息。如果企业管理该债券的业务模式是以收取合同现金流量为目标，则该债券应被划分为以摊余成本计量的金融资产。此外，企业的应收账款、应收票据等金融资产，如果企业不打算提前处置，则根据合同现金流量收取现金，也能够满足被划分为以摊余成本计量的金融资产的条件。

在会计处理上，以摊余成本计量的金融资产具体可划分为债权投资和应收款项两类。其中，债权投资应当通过"债权投资"科目进行核算；应收款项应当分别通过"应收账款""应收票据"和"其他应收款"等科目核算。由于应收款项是企业在日常经营活动中形成的债权，不属于对外投资的范畴，并且在前面章节中已经做过专门介绍，因此本章后面所述的摊余成本计量的金融资产仅指"债权投资"。

2）以公允价值计量且其变动计入其他综合收益的金融资产

金融资产同时符合下列条件的，应当被划分为以公允价值计量且其变动计入其他综合收益的金融资产。

一是企业管理该金融资产的业务模式既以收取合同现金流量为目标，又以出售该金融资产为目标。

二是该金融资产的合同条款规定，在特定日期产生的现金流量，仅为对本金和以未偿付本金金额为基础的利息的支付。

例如，企业持有的公司债券的合同现金流量是到期收回本金及按约定利率在合同期间按时收取固定或浮动利息的权利。在没有其他特殊安排的情况下，该公司债券的合同现金流量可能符合仅为对本金和以未偿付本金金额为基础的利息支付的要求。如果企业管理该债券的业务模式既以收取合同现金流量为目标，又以出售该债券为目标，则该公司债券应当被分类为以公允价值计量且其变动计入其他综合收益的金融资产。

在会计处理时，被分类为以公允价值计量且其变动计入其他综合收益的债权投资，应当通过"其他债权投资"科目进行核算；指定为以公允价值计量且其变动计入其他综合收益的非交易性权益工具投资，应当通过"其他权益工具"科目核算。

3）以公允价值计量且其变动计入当期损益的金融资产

以摊余成本计量的金融资产和以公允价值计量且其变动计入其他综合收益的金融资产之外的金融资产，企业应当将其分类为以公允价值计量且其变动计入当期损益的金融资产。此外，在初始确认时，如果能够消除或显著减少会计错配，企业可以将金融资产指定为以公允价值计量且其变动计入当期损益的金融资产，该指定一经做出，不得撤销。

在会计核算上，以公允价值计量且其变动计入当期损益的金融资产和指定为以公允价值计量且其变动计入当期损益的金融资产，应当通过"交易性金融资产"科目进行核算。而交易性的衍生金融资产，通过单独设置的"衍生工具"科目进行核算。

课堂讨论

投资按管理金融资产的业务模式和金融资产的现金流量特征分类的意义是什么？

2. 长期股权投资

根据《企业会计准则第 2 号——长期股权投资》的规定，企业对被投资单位的影响程度为重大影响、合营安排和控制的股权投资为长期股权投资。

1）重大影响

重大影响指企业对被投资方的财务和经营政策有参与决策的权力，但并不能够控制或者与其他方一起共同控制这些政策的制定。投资方能够实施重大影响的企业，一般称为投资方的联营企业。

投资方直接或通过子公司间接持有被投资方20%以上但低于50%的表决权时，一般认为对被投资方具有重大影响。除此之外，企业通常可以通过以下一种或几种情形来判断是否对被投资方具有重大影响：①在被投资单位的董事会或类似权力机构中派有代表；②参与被投资方财务和经营政策制定过程；③与被投资方之间发生重要交易；④向被投资方派出管理人员；⑤向被投资单位提供关键技术资料。

2）合营安排

合营安排指按照相关约定对某项安排所共有的控制，并且该安排的相关活动必须经过分享控制权的参与方一致同意后才能决策。被各投资方共同控制的企业，一般称为投资方的合营企业。合营安排通常具有下列特征：①各参与方均受到该项安排的约束；②两个或两个以上的参与方对该安排实施共同控制。

3) 控制

控制指投资方拥有对被投资单位的权力，通过参与被投资单位的相关活动而享有可变回报，并且有能力运用对被投资单位的权力影响其回报金额。拥有控制权的投资方一般称为母公司；被母公司控制的企业，一般称为子公司。

在会计处理上，长期股权投资应当通过"长期股权投资"科目进行核算。

控制的三要素：

控制 = 对被投资方的权力 + 对源自被投资方可变回报的权力 + 使用权力影响回报

第二节 金融资产

一、交易性金融资产

（一）交易性金融资产取得的核算

当企业取得被划分为以公允价值计量且其变动计入当期损益的金融资产的交易性股票或交易性债券时，按公允价值入账，记入"交易性金融资产"科目，所发生的交易费用记入"投资收益"科目，实际支付的价款中包含按已到付息期但尚未领取的股利或利息记入"应收股利"或"应收利息"。

"交易性金融资产"科目属于资产类科目，核算企业分类为以公允价值计量且其变动计入当期损益的金额资产，按交易性金融资产的类别和品种分别对"成本""公允价值变动"进行明细核算。

【例6-1】 2022年5月6日，甲公司支付价款1 016万元（其中价款中含交易费用1万元和已宣告发放现金股利15万元）从二级市场购入丙公司发行的股票200万股，占丙公司有表决权股份的0.5%。假定甲公司将购入的丙公司股票划分为以公允价值计量且其变动计入当期损益的金融资产。

初始入账价值 = 1 016 − 1 − 15 = 1 000（万元）

2022年5月6日甲公司购入丙公司股票的会计处理如下：

借：交易性金融资产——丙股票（成本）　　　　　　　　　　　　10 000 000
　　应收股息——丙股票　　　　　　　　　　　　　　　　　　　　150 000
　　投资收益　　　　　　　　　　　　　　　　　　　　　　　　　 10 000
　　贷：其他货币资金——存出投资款　　　　　　　　　　　　　10 160 000

【例6-2】 2022年1月2日甲公司从二级市场购入乙公司发行的公司债券。支付价款1 020 000元（其中包含已到付息期但尚未领取的利息20 000元），同时另支付相关交易费用20 000元。该债券面值1 000 000元，剩余期限为两年，票面年利率为4%，每半年付息一次。甲公司将其划分为以公允价值计量且其变动计入当期损益的金融资产。

初始入账价值 = 1 020 000 − 20 000 = 1 000 000（元）

2022年1月2日甲公司购入债券的会计处理如下：

借：交易性金融资产——乙债券（成本）　　　　　　　　　1 000 000
　　应收利息——乙债券　　　　　　　　　　　　　　　　　　20 000
　　投资收益　　　　　　　　　　　　　　　　　　　　　　　20 000
　　贷：其他货币资金——存出投资款　　　　　　　　　　　1 040 000

（二）交易性金融资产持有期间的收益核算

企业取得被分类为以公允价值计量且其变动计入当期损益的金融资产，在持有期间所获得的利息或股利。如果属于在取得时实际支付价款中包含的已到付息期但尚未领取的利息或已经宣告发放但尚未领取的现金股利，在实际收到利息或现金股利时冲减已经登记的"应收利息"或"应收股利"；如果属于持有期间已到付息期未领取利息或已经宣告发放但尚未领取的现金股利，则借记"应收利息"或"应收股利"，贷记"投资收益"，实际收到款项时做冲减应收项目处理。

【例6-3】 承【例6-2】，2022年1月5日甲公司收到购入乙公司债券时支付价款中包含的债券利息。6月30日登记该债券2022年上半年的利息。7月5日，收到债券2022年上半年利息。

甲公司的会计处理如下：

（1）2022年1月5日，收到购入时支付价款中包含的利息：

借：其他货币资金——存出投资款　　　　　　　　　　　　　　20 000
　　贷：应收利息——乙债券　　　　　　　　　　　　　　　　　20 000

（2）2022年6月30日，登记该债券2022年上半年的利息：

借：应收利息——乙债券　　　　　　　　　　　　　　　　　　20 000
　　贷：投资收益　　　　　　　　　　　　　　　　　　　　　　20 000

（3）2022年7月5日，收到上半年登记的利息：

借：其他货币资金——存出投资款　　　　　　　　　　　　　　20 000
　　贷：应收利息——乙债券　　　　　　　　　　　　　　　　　20 000

2022年12月31日登记2022年下半年的利息及收到下半年利息的会计处理同上。

知识链接

企业管理交易性金融资产的业务模式是通过出售金融资产以实现现金流量为目标。在这种业务模式下，即使企业在持有金融资产期间收取了合同现金流量，管理金融资产的业务模式也不是既以收取合同现金流量为目标，又以出售该金融资产为目标。因为收取合同现金流量对于实现该业务模式的目标来说只是附带性质的活动。

（三）交易性金融资产的期末计价

交易性金融资产的期末计价指在资产负债表日，属于交易性金融资产的交易性资产应当按照公允价值计量，公允价值与账面余额之间的差额计入当期损益。公允价值高于其账面余额的差额，借记"交易性金融资产——公允价值变动"科目，贷记"公允价值变动损益"科目；公允价值低于其账面余额的差额作相反的会计分录，借记"公允价值变动损益"科目，贷记"交易性金融资产——公允价值变动"科目。

【例 6-4】 承【例 6-2】【例 6-3】，2022 年 6 月 30 日，甲公司持有的乙公司债券的公允价值为 1 150 000 元，2022 年 12 月 31 日，该债券的公允价值为 1 100 000 元。乙公司债券成本与公允价值对照，如表 6-2 所示。

表 6-2　乙公司债券成本与公允价值对照　　　　　　　　　　　　　　　　单位：元

时间	成本	公允价值
2022 年 6 月 30 日	1 000 000	1 150 000
2022 年 12 月 31 日	1 000 000	1 100 000

甲公司会计处理如下：

（1）2022 年 6 月 30 日：

借：交易性金融资产——乙债券（公允价值变动）　　　　　　　　　150 000
　　贷：公允价值变动损益——乙债券　　　　　　　　　　　　　　　　150 000

（2）2022 年 12 月 31 日：

借：公允价值变动损益——乙债券　　　　　　　　　　　　　　　　50 000
　　贷：交易性金融资产——乙债券（公允价值变动）　　　　　　　　　50 000

（四）交易性金融资产的处置

企业在需要使用资金时，可以将手中的交易性债券或股票随时出售，出售时的收入与账面余额的差额确认为当期的投资损益，同时将以前已经登记的公允价值变动损益转入投资收益。

【例 6-5】 承【例 6-2】【例 6-3】和【例 6-4】2023 年 3 月 31 日，甲公司将该债券出售，取得价款 1 180 000 元。假定不考虑其他因素。

甲公司会计处理如下：

借：其他货币资金——存出投资款　　　　　　　　　　　　　　　1 180 000
　　贷：交易性金融资产——乙债券（成本）　　　　　　　　　　　　1 000 000
　　　　　　　　　　——乙债券（公允价值变动）　　　　　　　　　　100 000
　　　　投资收益——乙债券　　　　　　　　　　　　　　　　　　　　80 000

同时：

借：公允价值变动损益　　　　　　　　　　　　　　　　　　　　　100 000
　　贷：投资收益　　　　　　　　　　　　　　　　　　　　　　　　100 000

课堂讨论

交易性金融资产如何产生利润？其利润的核算使用什么会计科目？

二、债权投资

企业应设置"债权投资"科目核算企业持有的以摊余成本计量的债权投资。并按照债权投资的类别和品种，分别以"成本""利息调整"和"应计利息"等进行明细核算。其中"成本"明细科目反映债权投资的面值。"利息调整"明细科目反映债权投资的初始入账金额与面值的差额。

债权投资会计处理主要涉及的内容有确认债权投资成本、计提每期利息、摊销债权投资溢折价及相关费用、评估和记录减值损失、登记债权投资的出售。债权投资取得时的成本指债权投资支付的全部价款，包括交易费用。交易费用指直接归属于购买、发行或处置金融工具（这里指债券）新增的外部费用，包括支付给代理机构咨询公司等的手续费和佣金及其他必要支出，但不包括债券溢折价等与交易不直接相关的费用。另外，取得债券时支付的价款中含有已到期尚未领取的利息，作为"应收利息"单独核算；还本付息债券实际支付的价款中含有尚未到期的利息，则在"债权投资——应计利息"中单独核算。

债权投资的溢价或折价指购买时所支付的价款在扣除交易费用及价款中包含的应收利息后与债券面值之间的差额。债权投资溢折价和交易费用要求在债券购买后至到期前的期间内摊销，摊销采用实际利率。

【例6-6】 甲公司2022年1月3日购入A公司当年1月1日发行的5年期债券，票面利率12%，面值1 000元，每张债券甲公司按1 050元（含交易费用）的价格购入100张，该债券到期一次还本，每年付息一次。根据公司管理层计划，该债券以收取合同现金流为目的，划分为以摊余成本计量的金融资产。

甲公司购入A公司债券时会计处理如下：

债权投资的面值 = 1 000 × 100 = 100 000（元）

利息调整 = （1 050 - 1 000）× 100 = 5 000（元）

借：债权投资——A公司债券（成本）   100 000

      ——A公司债券（利息调整）   5 000

  贷：银行存款   105 000

有关债券计提利息和溢价、折价的会计处理是放在后续课程中进行详细介绍的。

三、其他债权投资

企业应当设置"其他债权投资"科目，核算持有的以公允价值计量且变动计入其他综合收益的债权投资。其他债权投资的明细账科目设置、购入和持有时，投资收益的会计处理与债权投资的方法相同，按摊余成本计算每期的账面价值。不同的是期末按公允价值进行调整，公允价值与账面价值之间的差额记入"其他综合收益"项目。

【例6-7】 2022年1月1日，甲公司购入B公司当日发行的面值为600 000元，期限为3年，票面利率为8%，每年12月31日付息，到期还本的债券。公司管理层将其划分为以公允价值计量且其变动计入其他综合收益的金融资产。购买时实际支付价款602 000元（包含交易费用2 000元），款项从甲公司存入投资款项账户支付。

甲公司购入B公司债券的会计处理如下：

借：其他债权投资——B公司债券（成本） 600 000
　　　　　　　　——B公司债券（利息调整） 2 000
　　贷：其他货币资金——存出投资款 602 000

四、其他权益工具投资

企业应当设置"其他权益工具投资"科目，核算持有的指定为以公允价值计量且其变动计入其他综合收益的非交易性权益工具投资，并按照非交易性权益工具投资的类别和品种，分别"成本"和"公允价值变动"进行明细核算。其中，"成本"明细科目反映非交易性权益工具投资的初始入账金额，"公允价值变动"明细科目反映非交易性权益工具投资在持有期间的公允价值变动金额。

其他权益工具投资应当按取得时的公允价值和相关交易费用之和作为初始入账金额。如果支付的价款中包含已宣告但尚未发放的现金股利，则应单独确认为应收项目不构成其他权益工具投资的初始入账金额。

【例6-8】 2022年4月20日，甲公司按每股7.60元的价格从二级市场购入C公司每股面值1元的股票80 000股，并指定为以公允价值计量且其变动计入其他综合收益的非交易性权益工具投资，支付交易费用1 800元。股票购买价格中包含每股0.20元已宣告但尚未领取的现金股利，该现金股利于2022年5月10日发放。

甲公司的会计处理如下：

（1）2022年4月20日，甲公司购入C公司股票：

初始入账金额 = （7.60 − 0.20）× 80 000 + 1 800 = 593 800（元）

应收现金股利 = 0.20 × 80 000 = 16 000（元）

借：其他权益工具投资——C公司股票（成本） 593 800
　　应收股利 16 000
　　贷：其他货币资金——存出投资款 609 800

（2）2022年5月10日，收到C公司发放的现金股利：

借：其他货币资金——存出投资款 16 000
　　贷：应收股利 16 000

第三节　长期股权投资

一、长期股权投资初始计量及核算

长期股权投资可以通过企业合并形成，也可以通过企业合并以外的其他方式取得，在不同的取得方式下，初始投资成本的确定方法有所不同。但是，无论企业以何种方式取得长期股权投资，其实际支付的价款或对价中包含的已宣告但尚未发放的现金股利或利润不构成长期股权投资的初始投资成本，应作为应收项目单独入账。

（一）企业合并形成的长期股权投资

企业合并可以采取吸收合并、新设合并和控股合并三种形式。然而，吸收合并和新设合并均不形成投资关系，只有控股合并才会形成投资关系。因此，企业合并形成的长期股权投资指控股合并所形成的投资方对被投资方的股权投资。企业应当区分同一控制下的企业合并和非同一控制下的企业合并，来分别确定初始投资成本。

1. 同一控制下企业合并形成的长期股权投资

参与合并的企业在合并前后均受同一方或相同的多方最终控制且该控制并非暂时的，为同一控制下的企业合并。在同一控制下的企业合并中，从能够对参与合并各方合并前及合并后均实施最终控制的一方来看，其能够控制的资产在合并前及合并后并没有发生变化，合并方通过企业合并形成的对被合并方的长期股权投资，其成本代表的是合并方在被合并方所有者权益账面价值中按持股比例享有的份额。因此，同一控制下企业合并成的长期股权投资，应当按照合并日取得的被合并方所有者权益在最终控制方合并财务报表中的账面价值份额作为初始投资成本。

合并方支付合并对价的方式可以采用支付现金、转让非现金资产、承担债务、发行权益性证券等方式。如果初始投资成本大于支付的合并对价的账面价值（或权益性证券的面值），则其差额应当计入"资本公积——股本溢价（资本溢价）"科目；如果初始投资成本小于支付合并对价的账面价值（或权益性证券的面值），则其差额应当首先冲减"资本公积——股本溢价（资本溢价）"科目，资本公积余额不足冲减的，应依次冲减盈余公积、未分配利润。

合并方为进行企业合并而发行债券或权益性证券支付的手续费、佣金等发行费用，应当冲减"资本公积——股本溢价（资本溢价）"科目。合并方为进行企业合并而发生的各项直接相关费用，如审计费用、评估费用、法律服务费用等，应当于发生时计入当期"管理费用"科目。

【例6-9】 A公司和B公司是同为甲公司所控制的两个子公司。

2022年2月20日，A公司达成与B公司合并的协议，约定A公司以增发的权益性证券作为合并对价，取得B公司90%的股份。2022年4月1日，A公司增发的权益性证券为面值为1元的普通股股票，共增发2 500万股，支付手续费、佣金等发行费用80万元，取得对B公司的控制权。当日，B公司所有者权益在最终控制方甲公司合并财务报表中的账面价值为5 000万元。在与B公司的合并中，A公司以银行存款支付审计费用、评估费用、法律服务费用等共计76万元。

A公司会计处理如下：

（1）取得长期股权投资：

初始投资成本 = 5 000 × 90% = 4 500（万元）

初始投资成本与合并对价权益性证券面值的差额 = 4 500-2 500 = 2 000（万元）

借：长期股权投资——B公司　　　　　　　　　　　　　　45 000 000
　　贷：资本公积——股本溢价　　　　　　　　　　　　　20 000 000
　　　　股本　　　　　　　　　　　　　　　　　　　　　25 000 000

（2）支付发行费用：

借：资本公积——股本溢价　　　　　　　　　　　　　　　800 000
　　贷：银行存款　　　　　　　　　　　　　　　　　　　　　　800 000

（3）支付审计费用、评估费用、法律服务费用等：

借：管理费用　　　　　　　　　　　　　　　　　　　　　760 000
　　贷：银行存款　　　　　　　　　　　　　　　　　　　　　　760 000

2. 非同一控制下企业合并形成的长期股权投资

非同一控制指参与合并的各方在合并前后不受同一方或相同的多方最终控制。在非同一控制下的企业合并中，购买方应将企业合并视为一项购买交易，长期股权投资的初始投资成本应当为合并成本。合并成本为购买方在购买日为取得对被购买方的控制权而付出的资产、发生或承担的负债，以及发行的权益性证券的公允价值。

购买方作为合并对价付出的资产，应当按照以公允价值处置该资产进行会计处理。具体处理情况为：如果以对价付出资产为固定资产、无形资产的，付出资产的公允价值与其账面价值的差额，计入资产处置损益；如果以对价付出资产为存货的，按其公允价值确认收入，同时按其账面价值结转成本；如果付出资产是指定为以公允价值计量且其变动计入其他综合收益的非交易性权益工具投资，则付出资产的公允价值与账面价值的差额应当计入留存收益；如果以对价付出的资产为以公允价值计量且其变动计入其他综合收益的金融资产的，该金融资产在持有期间因公允价值变动而形成的其他综合收益应同时转出，计入当期投资收益（或者留存收益）。

购买方为进行企业合并而发行债券或权益性证券支付的手续费、佣金等，应当计入所发行债券或权益性证券的初始确认金额；购买方为进行企业合并而发生的各项直接相关费用，如审计费用、评估费用、法律服务费用等，应当于发生时计入当期管理费用。

【例6-10】A公司和D公司为两个独立的法人企业，合并之前不存在任何关联方关系。2021年12月，A公司达成与D公司合并的协议，约定A公司以增发的权益性证券支付合并对价，取得D公司80%的股份。2022年7月1日，A公司完成了权益性证券的增发，共增发1 600万元，每股面值为1元，公允价值3.50元，发生手续费及佣金等发行费用120万元。在A公司和D公司的合并中，A公司另以银行存款支付审计费用、评估费用、法律服务费用等共计80万元。

合并成本 = 3.50 × 1 600 = 5 600（万元）

A公司会计处理如下：

（1）完成权益性证券的增发：

借：长期股权投资——D公司　　　　　　　　　　　　　56 000 000
　　贷：股本　　　　　　　　　　　　　　　　　　　　　　16 000 000
　　　　资本公积——股本溢价　　　　　　　　　　　　　　40 000 000

（2）支付发行费用：

借：资本公积——股本溢价　　　　　　　　　　　　　　1 200 000
　　贷：银行存款　　　　　　　　　　　　　　　　　　　　1 200 000

（3）支付审计费用、评估费用、法律服务费用等：
借：管理费用　　　　　　　　　　　　　　　　　　　　　800 000
　　贷：银行存款　　　　　　　　　　　　　　　　　　　　　　800 000

（二）非企业合并方式取得的长期股权投资

除企业合并形成的对子公司的长期股权投资外，企业以支付现金、发行权益性证券等方式取得的对被投资方不具有控制的长期股权投资，为非企业合并方式取得的长期股权投资，如取得的对合营企业、联营企业的长期股权投资。企业通过非企业合并方式取得的长期股权投资，应当按照实际支付的价款、发行权益性证券的公允价值等作为初始投资成本。

【例6-11】甲公司以支付现金的方式取得E公司25%的股份，实际支付的买价为3 200万元，在购买过程中另支付手续费等相关费用12万元。股份购买价款中包含E公司已宣告但尚未发放的现金股利100万元。甲公司在取得E公司股份后，派人员参与了E公司的生产经营决策，能够对E公司施加重大影响，甲公司将其划分为长期股权投资。

甲公司会计处理如下：
（1）购入E公司25%的股份，初始投资成本＝3 200＋12－100＝3 112（万元）：
借：长期股权投资——E公司（投资成本）　　　　　　　31 120 000
　　应收股利　　　　　　　　　　　　　　　　　　　　1 000 000
　　贷：银行存款　　　　　　　　　　　　　　　　　　　　32 120 000
（2）收到E公司派发的现金股利
借：银行存款　　　　　　　　　　　　　　　　　　　　1 000 000
　　贷：应收股利　　　　　　　　　　　　　　　　　　　　1 000 000

二、长期股权投资的后续计量及核算

（一）长期股权投资——成本法

成本法指长期股权投资的账面价值按投资成本计价的方法。

1. 成本法的适用范围

根据《企业会计准则第2号——长期股权投资》规定，企业的长期股权投资应当采用成本法核算的是企业持有的对子公司的投资。

母公司指控制一个或一个以上主体（含企业、被投资单位中可分割的部分，以及企业所控制的结构化主体等，下同）的主体。

子公司指被母公司控制的主体。

2. 成本法核算下长期股权投资账面价值的调整及投资损益的确认

采用成本法核算长期股权投资，除初始投资或追加投资时，按照初始投资或追加投资的成本增加长期股权投资的账面价值外，一般不对长期股权投资的账面价值进行调整。当被投资单位宣告分派现金股利或利润时，投资企业按应享有的部分确认为当期投资收益。

【例 6-12】 甲公司持有乙公司 60%的股份，属于对被投资单位具有控制权的长期股权投资，采用成本法核算。2022 年 2 月 15 日，乙公司宣告发放现金股利 300 万元，2022 年 3 月 5 日甲公司收到现金股利 180 万元。甲公司会计处理如下。

（1）2022 年 2 月 15 日，当乙公司宣告发放现金股利时：

借：应收股利 1 800 000
　　贷：投资收益 1 800 000

（2）2022 年 3 月 5 日，当甲公司收到现金股利时：

借：银行存款 1 800 000
　　贷：应收股利 1 800 000

3. 成本法核算下长期股权投资的处置

成本法核算下处置长期股权投资，其账面价值与实际取得的价款的差额计入投资收益。

【例 6-13】 甲公司将其作为长期投资持有的乙公司 6 000 股股票，取得价款 176 000 元，款项已由银行收妥。该长期股权投资账面价值为 160 000 元，假定没有计提减值准备。甲公司会计处理如下：

借：银行存款 176 000
　　贷：长期股权投资——乙公司 160 000
　　　　投资收益 16 000

（二）长期股权投资——权益法

长期股权投资的权益法指投资最初以初始成本计价，在持有期间应根据投资企业享有被投资企业所有者权益份额的变动对其投资的账面进行调整的方法。

1. 权益法的适用范围

根据《企业会计准则第 2 号——长期股权投资》规定，应当采用权益法核算的长期股权投资包括两类：一是对合营企业投资；二是对联营企业投资。

2. 长期股权投资权益法的核算

按照权益法核算的长期股权投资，要做好初始投资或追加投资、持有期间、取得现金股利或利润三个环节的会计核算。具体规定如下。

（1）初始投资或追加投资时，投资成本的调整。

按照初始投资成本或追加投资的投资成本，增加长期股权投资的账面价值。同时，对初始投资成本进行调整。比较初始投资成本与取得投资时应享有被投资单位可辨认净资产公允价值的份额。对于取得投资时初始投资成本与应享有被投资单位可辨认净资产公允价值份额之间的差额，应区别情况处理。

①初始投资成本大于取得投资时应享有被投资单位可辨认净资产公允价值份额的，该部分差额是投资企业在取得投资过程中，通过作价体现出的与所取得股权份额相对应的商誉及不符合确认条件的资产价值，这种情况下不要求对长期股权投资的成本进行调整。

②初始投资成本小于取得投资时应享有被投资单位可辨认净资产公允价值份额的，两

者之间的差额体现为双方在交易作价过程中转让方的让步，该部分经济利益流入应作为收益处理，计入取得投资当期的营业外收入，同时调整增加长期股权投资的账面价值。

【例 6-14】 甲公司于 2022 年 1 月 1 日购入丙公司的股票，支付价款 700 万元，取得丙公司 40%股权。取得投资时被投资单位净资产账面价值为 1 500 万元。甲公司自取得投资之日起派人参与丙公司的生产经营决策，能够对丙公司施加重大影响，甲公司对该投资采用权益法核算。假定甲公司与丙公司的会计年度及采用的会计政策相同，投资时丙公司各项辨认资产、负债的公允价值与其账面价值相同，双方之间没有内部交易。甲公司会计处理如下：

借：长期股权投资——丙公司（投资成本）   7 000 000
    贷：银行存款   7 000 000

此时，长期股权投资的初始投资成本 700 万元大于取得投资时应享有被投资单位可辨认净资产公允价值的份额 600（1500×40% = 600）万元，该差额不调整长期股权投资的账面价值。

假定本例中取得投资时被投资单位丙公司可辨认净资产的公允价值为 2 000 万元，甲公司按持股比例 40%计算确定应享有 800 万元，则初始投资成本与应享有被投资单位可辨认净资产公允价值份额之间的差额 100 万元应计入取得投资当期的营业外收入。

甲公司会计处理如下：
借：长期股权投资——丙公司（投资成本）   7 000 000
    贷：银行存款   7 000 000
同时，调整投资成本：
借：长期股权投资——丙公司（投资成本）   1 000 000
    贷：营业外收入   1 000 000

调整后长期股权投资的投资成本 = 7000 000 + 1000 000 = 8 000 000（元）。

（2）持有投资期间，随着被投资单位所有者权益的变动，相应调整增加或减少长期股权投资的账面价值，并分情况处理：

①对属于因被投资单位实现净损益产生的所有者权益的变动，投资企业按照持股比例计算应享有的份额，增加或减少长期股权投资的账面价值，同时确认为当期投资损益。

②对被投资单位除净损益以外其他因素导致的所有者权益变动，在持股比例不变的情况下，按照持股比例计算应享有或应分担的份额，增加或减少长期股权投资的账面价值，同时确认为资本公积（其他资本公积）或其他综合收益。

【例 6-15】 承【例 6-14】2022 年 12 月 31 日，丙公司报告实现净利润 400 万元，未进行利润分配。

甲公司应享有份额为 160（400×40%）万元，甲公司确认投资收益的会计处理如下：
借：长期股权投资——丙公司（损益调整）   1 600 000
    贷：投资收益   1 600 000

假定 2022 年 12 月 31 日，丙公司报告发生净亏损 100 万元。甲公司应承担的份额为 40（100×40%）万元，甲公司确认投资损失的会计处理如下：

借：投资收益 400 000
　　贷：长期股权投资——B公司（损益调整） 400 000

需要注意的是：《企业会计准则第2号长期股权投资》规定，投资企业确认应分担被投资单位发生的损失，原则上应以长期股权投资减记至零为限，投资企业负有其他义务的除外。

【例6-16】 甲公司持有丁公司40%的股权，能够对丁公司施加重大影响。2022年12月31日，该项长期股权投资的账面价值为300万元。丁公司2022年由于一项主要经营业务市场条件发生变化，当年年度亏损1 000万元。甲公司对该投资采用权益法核算。假定甲公司与丁公司的会计年度及采用的会计政策相同，投资时丁公司各项辨认资产、负债的公允价值与其账面价值相同，双方之间没有内部交易。

甲公司应承担的投资损失份额为400（1000×40%）万元，但是由于此投资的账面价值为300万元，因此只能确认300万元的投资损失，未确认的投资损失100万元在备查账簿中登记。甲公司会计处理如下：

借：投资收益 3 000 000
　　贷：长期股权投资——丁公司（损益调整） 3 000 000

【例6-17】 甲公司持有戊公司30%的股份，能够对戊公司施加重大影响，采用权益法核算。2022年度，戊公司接受其母公司实质上属于资本性投资的现金捐赠，金额为1 200万元，戊公司将其计入资本公积，导致其所有者权益发生变动。甲公司企业在确认应享有被投资单位所有者权益的变动时，会计处理如下：

借：长期股权投资——戊公司（其他权益变动） 3 600 000
　　贷：资本公积——其他资本公积 3 600 000

【例6-18】 甲公司持有乙公司30%的股份，能够对乙公司施加重大影响。2022年度，乙公司确认其持有的以公允价值计量且其变动计入其他综合的金融资产公允价值上升200万元，导致乙公司的所有者权益发生变动。甲公司在确认应享有被投资单位所有者权益的变动时，会计处理如下：

借：长期股权投资——乙公司（其他综合收益） 600 000
　　贷：其他综合收益 600 000

（3）被投资单位宣告分派利润或现金股利时，投资企业按持股比例计算应分得的部分，一般应冲减长期股权投资的账面价值。借记"应收股利"科目，贷记"长期股权投资（损益调整）"科目。

【例6-19】 承【例6-15】2023年3月10日，丙公司宣告2022年度的利润分配方案分配现金股利300万元，4月5日，甲公司收到现金股利120（300×40%）万元。甲公司会计处理如下：

3月10日，丙公司宣告了发放现金股利时：

借：应收股利 1 200 000
　　贷：长期股权投资（损益调整） 1 200 000

4月5日，甲公司收到丙公司分派的现金股利时：

借：银行存款 1 200 000
　　贷：应收股利 1 200 000

被投资单位分派的股票股利,投资企业不做会计处理,但应于除权日注明所增加的股数,以反映股份的变化情况。

3. 权益法核算下长期股权投资的处置

企业处置长期股权投资时,权益法核算的长期股权投资,还应处理因被投资单位除净损益以外所有者权益的其他变动而计入所有者权益的价值,处置该项投资时应当将原计入所有者权益中的资本公积和其他综合收益部分,按相应的处置比例转入当期投资收益。

【例 6-20】 2022 年 1 月 20 日,甲公司出售乙公司的股票 100 000 股,每股出售价为 14 元,款项已收回。该长期股权投资的账面价值 1 300 000 元。其中:成本 1 100 000 元,损益调整 50 000 元,其他权益变动 150 000 元。甲公司应编制会计分录如下:

  借:银行存款   1 400 000
    贷:长期股权投资——成本   1 100 000
        ——损益调整   50 000
        ——其他权益变动   150 000
      投资收益   100 000
  同时:
  借:资本公积——其他资本公积   150 000
    贷:投资收益   150 000

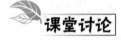

长期股权投资成本法和权益法的核算有什么异同?

【本章小结】

本章首先介绍投资的概念、特点及分类和按我国现行会计准则对金融资产的分类及其所对应的会计科目,然后,重点讲解交易性金融资产、债权投资、其他债权投资、其他权益工具投资取得的会计核算,以及交易性金融资产的后续计量及其相关的会计处理程序;最后,分析同一控制下企业合并形成的长期股权投资与非同一控制下企业合并形成的长期股权投资核算上的差别,长期股权投资成本法和权益法的概念、适用范围及会计处理。

【主观题】

一、思考题

  1. 按业务模式和现金流量特征,金融资产分为哪三类?其确认的条件是什么?
  2. 简述交易性金融资产的核算要点。

3. 简述长期股权投资成本法的概念及适用范围。
4. 简述长期股权投资权益法的概念及适用范围。

二、计算题

1. 甲公司 2022 年 1 月 10 日自证券市场购入 A 公司发行的股票 1 000 万股，共支付价款 8 600 万元，其中包括交易费用 40 万元和 A 公司已宣告但尚未发放的现金股利为每股 0.6 元。甲公司于 2022 年 4 月 20 日收到上述股利。甲公司将购入的 A 公司股票作为交易性金融资产核算。2022 年 12 月 31 日，该交易性金融资产的公允价值为 8 000 万元。2023 年 4 月 2 日，甲公司出售该交易性金融资产，收到价款 9 500 万元。

要求：
（1）计算甲公司 2022 年 1 月 10 日的投资成本。
（2）计算甲公司 2023 年 4 月 2 日因出售该交易性金融资产确认的投资收益。

2. 2022 年 10 月 12 日，甲公司以每股 10 元的价格从二级市场购入乙公司股票 10 万股，支付价款 100 万元，另支付相关交易费用 2 万元。甲公司将购入的乙公司股票作为交易性金融资产核算。2022 年 12 月 31 日，乙公司股票市场价格为每股 18 元。2023 年 3 月 15 日，甲公司收到乙公司分派的现金股利 4 万元。2023 年 4 月 4 日，甲公司将所持有乙公司股票以每股 16 元的价格全部出售，处置价款 160 万元。

要求：
（1）计算 2022 年 12 月 31 日甲公司持有乙公司股票的账面价值。
（2）计算甲公司 2023 年投资对损益的影响额。

三、业务题

1. 甲公司为增值税一般纳税人，2022—2023 年发生以下与交易性金融资产相关的经济业务。

（1）2022 年 1 月 2 日，甲公司以银行存款购买 B 公司发行的股票 200 万股作为交易性金融资产核算，实际支付价款 1 000 万元，另支付交易费用 2 万元，取得的增值税专用发票上注明的增值税税额为 0.12 万元，发票已通过税务机关认证。

（2）2022 年 12 月 31 日，B 公司股票的公允价值下跌为每股 4 元。

（3）2023 年 1 月 15 日，甲公司将持有的 B 公司股票全部出售，售价为 1 040 万元，款项存入银行。不考虑相关税费。

要求：根据上述资料，编写甲公司购入 B 公司股票作为交易性金融资产所涉及的经济业务的会计分录。

2. 甲公司为增值税一般纳税人，2022—2023 年发生以下二级市场购入企业债券的经济业务。

（1）2022 年 1 月 5 日，甲公司向证券公司划出 1 200 万元银行存款，委托证券企业从二级市场购入 C 公司债券。

（2）2022 年 1 月 8 日，证券公司为甲公司购入 C 公司 5 年期的分期付息，到期还本债券 10 万份，支付价款 1 000 万元（其中，包含已到付息期但尚未领取的债券利息 50 万元），另支付交易费用 3 万元和增值税 0.18 万元,增值税取得增值税专用发票,并经税务机关认证可以抵扣。甲公司将其划分为交易性金融资产。剩余的款项已经退回 C 企业银行存款账户。债券面值总额为 1000 万元,票面利率 5%,2021 年 1 月 1 日发行,2027 年 12 月 31 日到期,付息日为次年 1 月 31 日。

(3) 2022 年 1 月 31 日,甲公司收到 C 公司发放的利息 50 万元并存入银行。

(4) 2022 年 12 月 31 日,C 公司债券公允价值上升为每份 101 元。

(5) 2022 年 12 月 31 日,甲公司登记 C 公司债券利息 50 万元。

(6) 2023 年 1 月 15 日,甲公司将持有的 C 公司的债券出售,出售价款为 1 100 万元,2022 年度的利息尚未收到,不考虑相关税费。假定除上述资料外,不考虑其他相关因素。

要求:根据上述资料,编写甲公司购入 C 公司债券作为交易性金融资产所涉及的经济业务的会计分录。

第七章 固定资产

 **学习目标**

通过本章学习,应达到以下学习目标。

1. 掌握:固定资产的概念、特征和确认条件;固定资产的初始计量及取得会计处理;掌握折旧概念、折旧额的计算和计提折旧的会计处理。

2. 理解:固定资产清理和清查的会计处理原理。

3 了解:固定资产期末减值的会计处理。

 引导案例

2022年12月9日,全球首架国产C919大型客机正式交付首家用户中国东方航空(简称"东航"),并实现调机航班号为MU919的上海浦东——虹桥两场间"首秀"飞行,此举标志着大飞机事业发展迎来一个新的里程碑,正式迈出民航商业运营的关键"第一步"。

东航为全球首架C919配备了两舱布局,164座,包括8个公务舱和156个经济舱,均选用完全自主研发的新一代国产客舱座椅。

东航计划于近期开展C919验证飞行,除了上海两大机场之外,站点还包括北京首都、北京大兴、西安、昆明、广州、成都天府、兰州、海口、武汉、南昌、济南等。

完成上述准备之后,该机有望最早于2023年春满足民航局规章要求,投入商业载客运营。

交付环节:中国商飞向中国东航交付"C919全球首架纪念钥匙",颁发飞机销售证;中国民航局华东管理局向中国东航颁发国籍登记证、单机适航证(AC证)、电台执照,中国民航运输市场首次拥有中国自主研发的喷气式干线飞机。

交付当天,东航选派了3名资深机长执飞"首秀"飞行,驾驶C919从上海浦东国际机场飞往上海虹桥国际机场,3位资深机长的总飞行时间超5万小时。出席交付仪式的80名各方嘉宾代表登上飞机率先体验东航C919。

据介绍,首架机还有着特殊的涂装和专属"身份证号"。除了东航的标准化涂装之外,这架飞机在机身前部印有"全球首架"的"中国印"标识和对应的英文。飞机注册号选用B-919A,B代表中国民航飞机,919和型号名称契合,A则有首架之意,突显这一全球新机型、全球首架的非凡意义。

案例思考:

1.C919属于东航固定资产吗?请说明你的理由?

2.C919试飞产生的试飞费用要计入C919大飞机的入账价值吗?原因是什么?如何进行会计处理?

3.企业的固定资产投资与企业实现高质量发展、中国式现代化之间有什么关系？
（资料来源：http://news.iqilu.com/shandong/shandonggedi/20221216/5302932.shtml）

第一节　固定资产概述

一、固定资产的概念及特征

（一）固定资产的概念

根据《企业会计准则第 4 号——固定资产》的规定，固定资产指具有以下两个特征的有形资产。

（1）为生产商品、提供劳务、出租或经营管理而持有的。

（2）使用寿命超过一个会计年度。

（二）固定资产的特征

从上述固定资产的定义看，固定资产具有以下三个特征。

（1）固定资产是为生产商品、提供劳务、出租或经营管理而持有的。只有用于生产商品或提供劳务，出租他人或为了经营管理目的而持有的具有实物形态的资产，才是企业的固定资产。因此，凡不是服务于企业经营目的的任何有形资产都不是企业的固定资产。例如，企业长期持有的大型机器设备如果是为了日后销售，而不是为生产经营活动服务，就只能被列为存货，而不能作为企业的固定资产。

（2）固定资产使用寿命超过一个会计年度。固定资产的使用寿命，指企业使用固定资产的预计期间，或者该固定资产所能生产产品或提供劳务的数量。通常情况下，固定资产的使用寿命指使用固定资产的预计期间。例如，自用房屋建筑物的使用寿命或者使用年限。固定资产使用寿命超过一个会计年度，表明固定资产属于长期资产，随着使用和磨损，通过计提折旧方式逐渐减少账面价值。

（3）固定资产为有形资产。固定资产是以实体存在的，这与企业的无形资产不同。例如，专利权、商标权、土地使用权等，尽管是为生产经营目的而持有的，使用年限较长，单位价值也很高，但由于其不具备实物形态，故不属于固定资产的范畴。工业企业所持有的工具、用具、备品备件、维修设备等资产，施工企业所持有的模板、挡板、架料等周转材料，以及地质勘探企业所持有的管材等资产，尽管该类资产具有固定资产的某些特征，如使用年限超过一年，也能够带来经济利益，但由于数量多、单价低，考虑到成本效益原则，在实务中通常确认为存货。

二、固定资产的确认条件

将一项资产确认为企业的固定资产，在符合固定资产的定义下，还应同时满足以下两个条件。

（1）与该固定资产有关的经济利益很可能流入企业。固定资产的确认还应当与经济利益能否流入的确定程度的判断结合起来，如果根据编制财务报表时所取得的证据与固定资产有关的经济利益很可能流入企业，就应将其作为固定资产予以确认；反之，则不能确认为固定资产。

（2）该固定资产的成本能够被可靠地计量。企业要对某一项有形资产确认为固定资产，确定该固定资产所发生的支出必须能够被可靠计量。如果该固定资产的成本不能被可靠计量，就不能确认为企业的固定资产。

三、固定资产的分类

（一）按经济用途分类

按固定资产的经济用途分类，可分为生产经营用固定资产和非生产经营用固定资产。

（1）生产经营用固定资产指直接服务于企业生产、经营过程中的各种固定资产，如生产经营用的房屋、建筑物、机器、设备、器具、工具等。

（2）非生产经营用固定资产指不直接服务于生产、经营过程中的各种固定资产，如职工宿舍等使用的房屋、公司总部管理人员使用的汽车等。

按照固定资产的经济用途分类，可以归类反映生产经营用各类固定资产之间的组成和变化情况，利于考核和分析企业固定资产的利用情况，促使企业合理地配置固定资产，充分发挥其效用。

（二）综合分类

按固定资产的经济用途和使用情况，将固定资产综合分为六大类。

（1）生产经营用固定资产。

（2）非生产经营用固定资产。

（3）租出固定资产，指在经营性租赁方式下出租给外单位使用的固定资产。

（4）未使用固定资产。

（5）不需用固定资产。

（6）土地，指过去已经估价单独入账的土地。因征地而支付的补偿费，应计入与土地有关的房屋、建筑物的价值内，不单独作为土地价值入账。一般情况下，企业取得的土地使用权应作为无形资产管理，不能作为固定资产管理。

我国会计实务工作中常采用此种分类方法。

投资性房地产指为赚取租金或资本增值，或两者兼有而持有的房地产，包括已出租的土地使用权、已出租的建筑物等。

第二节　固定资产取得成本的确定

一、固定资产的确认条件

固定资产的初始计量指确定固定资产的取得成本。固定资产取得成本，包括企业购建某项固定资产达到预定可使用状态前所发生的一切合理、必要的支出。这些支出包括直接发生的价款、运杂费、包装费和安装成本等，也包括间接承担的借款利息、外币借款折算差额及应分摊的其他间接费用。由于企业取得固定资产的途径和方式不同，其取得成本的具体构成内容也各不相同。

（一）外购固定资产的成本

外购固定资产的成本包括：购买价款，相关税费，使固定资产达到预定可使用状态前所发生的可归属于该项资产的运输费、装卸费、安装费和专业人员服务费等。值得注意的是，我国现行增值税相关法规规定：一般纳税企业购入机器设备等固定资产，取得增值税专用发票、海关完税凭证或公路发票等扣税凭证，并经税务机关认证，扣税凭证上注明的增值税应作为进项税额抵扣，不计入固定资产成本，小规模纳税人购入固定资产发生的增值税进项税额应计入固定资产成本。一般纳税企业购入用于集体福利或个人消费的固定资产，以及非增值税应税项目的不动产时，产生的进项税额不扣，应计入固定资产成本。企业购入固定资产时支付的增值税是否作为进项税额抵扣应遵从税法相关规定。

（二）自行建造固定资产的成本

企业自行建造固定资产取得成本由建造该项资产达到预定可使用状态前所发生的必要支出构成，包括工程用物资成本、人工成本应予资本化的借款费用，以及应分摊的间接费用等。其中，计入固定资产成本的借款费用的会计处理，应当遵循《会计准则第17号——借款费用》。

（三）其他方式取得的固定资产

（1）投资者投入固定资产。投资者投入固定资产的成本，应当按照投资合同或协议约定的价值确定，但合同或协议约定价值不公允的除外。

（2）租入固定资产。租入固定资产的入账价值，应当遵循《企业会计准则第21号——租赁》的相关规定进行处理。

（3）通过非货币性资产交换、债务重组等方式取得的固定资产。非货币性资产交换、债务重组等方式取得的固定资产的成本，应当分别遵循《企业会计准则第7号——非货币性资产交换》及《企业会计准则第12号——债务重组》的相关规定进行处理。

知识链接

资产的会计处理中经常会涉及增值税。因此，在此简要介绍与固定资产有关的增值税的法规变化。

1993年12月13日国务院令第134号发布，自1994年1月1日起施行《中华人民共和国增值税暂行条例》。该条例规定：在中华人民共和国境内销售货物或者提供加工、修理修配劳务及进口货物的单位和个人，为增值税的纳税人。但是该条例采用的是生产型增值税，不允许扣除购入机器设备、生产用运输工具等固定资产时所承担的增值税进项税额。因此，自该条例实施之日起企业应将其购买上述固定资产时所支付的增值税进项税额计入固定资产的入账价值。

2009年1月1日，国务院决定实施增值税转型改革。财政部和国家税务总局令50号公布了修订后的《中华人民共和国增值税暂行条例实施细则》，允许全国范围（不分地区和行业）的所有一般纳税人抵扣新购进设备所含的进项税，未抵扣完的结转下期继续抵扣。此规定中列入增值税征税范围的固定资产主要指机器、机械、运输工具，以及其他与生产、经营有关的设备、工具、器具。与企业技术更新无关且容易为个人消费的自用消费品（如小汽车、游艇等）所含的进项税额，不得抵扣。

2016年5月1日经国务院批准，在全国范围内全面推行营改增，房屋、建筑物等不动产也被纳入增值税的征税范围。

二、固定资产取得的会计处理

（一）外购固定资产

企业购入的固定资产包括购入不需要安装的固定资产和购入需要安装的固定资产。

1. 购入不需要安装的固定资产

企业取得不需要安装的固定资产，应通过"固定资产"账户核算，该账户属于资产类账户，用来反映固定资产的原始价值（原值）。借方反映增加的固定资产的原值；贷方反映减少的固定资产的原值；余额在借方，表示企业现有的固定资产的原值。为了反映固定资产的明细资料，企业应设置"固定资产登记簿"和"固定资产卡片"，按固定资产类别、使用部门等进行明细核算。

【例7-1】 2022年1月10日，甲企业以银行存款购入一台不需要安装的生产用设备。取得增值税专用发票，发票上载明价格为1 000 000元，增值税进项税额130 000元。同时支付运杂费等费用，取得的运杂费增值税专用发票上载明运杂费5 000元，增值税450元，该设备已经交付使用。甲企业应编制的会计分录如下：

借：固定资产——生产经营用固定资产　　　　　　　　　　　　1 005 000
　　　应交税费——应交增值税（进项税额）　　　　　　　　　　　130 450
　　贷：银行存款　　　　　　　　　　　　　　　　　　　　　　1 135 450

2. 购入需要安装的固定资产

企业购入需要安装的固定资产，应先通过"在建工程"科目核算，待安装完毕达到预定可使用状态时，再从"在建工程"科目转入"固定资产"科目。

"在建工程"账户属于资产类账户，为了核算企业进行新建工程、改建工程、扩建工程等项目，借方反映在建过程中发生的各项实际支出，贷方反映工程完工结转的实际成本，借方余额表示企业尚未完工的在建工程发生的各项实际支出。该账户应按在建工程项目的类别设置明细账户，进行明细分类核算。

【例 7-2】 2022 年，甲企业从 A 公司购入生产用需要安装的机器一台：购入时支付机器买价 1 000 000 元，增值税额 130 000 元；包装费、运输费合计为 10 000 元，增值税额 900 元。购入后发生安装费 2 000 元、增值税额 180 元。所有款项均以银行存款支付，并取得增值税专用发票。该机器安装完毕后交付使用。甲企业应编制的会计分录如下。

（1）购入机器时：

借：在建工程　　　　　　　　　　　　　　　　　　　　　　　　　　1 010 000
　　应交税费——应交增值税（进项税额）　　　　　　　　　　　　　　130 900
　　　贷：银行存款　　　　　　　　　　　　　　　　　　　　　　　　1 140 900

（2）发生安装费时：

借：在建工程　　　　　　　　　　　　　　　　　　　　　　　　　　　　2 000
　　应交税费——应交增值税（进项税额）　　　　　　　　　　　　　　　　180
　　　贷：银行存款　　　　　　　　　　　　　　　　　　　　　　　　　2 180

（3）安装完毕交付使用时：

所购机器设备的取得成本 = 1 010 000 + 2 000 = 1 012 000（元）

借：固定资产——生产经营用固定资产　　　　　　　　　　　　　　　1 012 000
　　　贷：在建工程　　　　　　　　　　　　　　　　　　　　　　　　1 012 000

（二）自行建造固定资产

自行建造固定资产，指企业根据生产经营需要，利用自有的人力、物力等条件建造生产经营所需的机器设备、房屋建筑物、各种设施，以及进行大型机器设备安装工程等。

企业进行固定资产新建工程、改、扩建工程，应通过"在建工程"账户核算，当工程完工，经过验收交付使用时，再转入"固定资产"账户。"在建工程"账户属于资产类，借方反映在建过程中发生的各项实际支出，贷方反映工程完工结转的实际成本，借方余额表示企业尚未完工的在建工程发生的各项实际支出。该账户应按在建工程项目的类别设置明细账户，进行明细分类核算。

企业为在建工程准备的物资，应设置"工程物资"账户，核算各项工程物资实际成本的增减变动和结存情况。该账户属于资产类账户，借方反映购入工程物资的成本，贷方反映领用工程物资的成本，期末余额在借方，表示企业为在建工程准备的工程物资成本。该账户按工程物资的种类设置明细账户，进行明细分类核算。

企业自行建造固定资产按其建造实施方式的不同，可分为自营工程和出包工程两种。

1. 自营工程

自营工程指企业自行组织工程物资采购、自行组织施工人员施工的建筑工程和安装工程。企业自营工程主要通过"工程物资"和"在建工程"科目进行核算。

【例 7-3】 2022 年，甲企业自行建造生产用设备，建造期间发生下列经济业务，根据经济业务编制会计分录。

（1）为了自行建造生产用设备购入建造用物资一批，买价 200 000 元，增值税专用发票载明增值税税额 26 000 元。另有发生的运杂费等共计 600 元，增值税专用发票载明增值税 54 元，以上款项均以银行存款支付。会计分录如下：

  借：工程物资   200 600
    应交税费——应交增值税（进项税额）   26 054
    贷：银行存款   226 654

（2）设备建造工程领用全部物资 200 600 元。会计分录如下：

  借：在建工程——设备建造工程   200 600
    贷：工程物资   200 600

（3）应付设备建造工程人员工资 20 000 元。会计分录如下：

  借：在建工程——设备建造工程   20 000
    贷：应付职工薪酬——工资   20 000

（4）设备建造工程完工，达到预定可使用状态并交付使用。会计分录如下：

固定资产的入账价值 = 200 600 + 20 000 = 220 600（元）

  借：固定资产——设备   220 600
    贷：在建工程——设备建造工程   220 600

2. 出包工程

出包工程指企业通过招标方式将工程项目发包给建筑承包商，由建筑承包商组织施工的建筑工程和安装工程。企业通过出包工程方式建造的固定资产，其工程的具体支出主要由承包商核算。"在建工程"科目主要是用来反映企业与建造承包商办理工程价款结算的情况。

企业通过出包方式建造固定资产时，按照合理估计的工程进度和合同规定结算的进度款，借记"在建工程"科目，贷记"银行存款""预付账款"等科目；工程完成时，按照合同补付的工程款，借记"在建工程"科目，贷记"银行存款"等科目；在建工程达到预定使用状态时，计算确定已完工的固定资产成本，借记"固定资产"账户，贷记"在建工程"等科目。

【例 7-4】 2022 年 1 月，甲企业将一幢厂房的建造工程出包给丙公司承建，用银行存款预付工程款 200 000 元。2022 年 5 月按合理估计的发包工程进度和合同规定向丙公司结算进度款 800 000 元，用银行存款补付工程款 600 000 元、增值税额 72 000 元。2022 年 11 月工程完工后，收到丙公司有关工程结算单据，补付工程尾款 400 000 元，增值税额 36 000 元（增值税税率 9%）。工程完工并达到预定可使用状态。甲企业编制如下会计分录：

（1）2022 年 1 月预付工程款时：

  借：预付账款   200 000
    贷：银行存款   200 000

（2）2022 年 5 月按合理估计的发包工程进度和合同规定向丙公司结算进度款时：

  借：在建工程——厂房建造工程   800 000
    应交税费——应交增值税（进项税额）   72 000

贷：银行存款		672 000
预付账款		200 000

（3）2022年11月补付工程尾款时：

借：在建工程——厂房建造工程		400 000
应交税费——应交增值税（进项税额）		36 000
贷：银行存款		436 000

（4）工程完工并达到预定可使用状态时：

厂房的建造总成本 = 800 000+400 000=1 200 000（元）

借：固定资产——厂房		1 200 000
贷：在建工程——厂房建造工程		1 200 000

为什么在固定资产取得核算中，不需要安装的固定资产不需要通过"在建工程"账户，而需要安装和自行建造的则需要通过"在建工程"账户？

第三节　固定资产的折旧与减值

一、固定资产折旧的概念

固定资产折旧指在固定资产使用寿命内，按照确定的方法对应计折旧额进行系统分摊。其中，应计折旧额指当计提折旧的固定资产原值扣除其预计净残值后的余额，已计提减值准备的固定资产，还应扣除已计提的固定资产减值准备累计金额。从本质上讲，折旧是一种费用，是固定资产在使用过程中由于逐渐损耗而减少的那部分价值。固定资产的损耗分有形损耗和无形损耗两种。有形损耗指固定资产由于使用和自然力的影响而引起的使用价值和价值的损失；无形损耗指固定资产由于科学技术进步而引起的价值上的损失。根据配比原则，对固定资产损耗的价值，应在固定资产的预计使用寿命内，以计提折旧的方式计入各期成本、费用，从各期营业收入中逐步得到补偿。

二、影响固定资产折旧的因素及折旧范围

（一）影响固定资产折旧的因素

1. 固定资产的原值

固定资产的原值是企业计提固定资产折旧时的基础，即固定资产取得时的入账价值。

2. 固定资产的预计净残值

固定资产的预计净残值指假定固定资产预计使用寿命已满并处于使用寿命终了时的预期状态，企业预计从该项资产处置中获得的收入扣除预计处置费用后的金额。因此，在计算折旧时，应从固定资产原值中扣除预计净残值。残值收入和清理费用往往是根据经验估

计加以确定的。

在我国会计实务中,预计净残值一般根据固定资产的原值乘以预计净残值率计算。预计净残值率是预计净残值与固定资产原值的比率。

3. 固定资产的预计使用寿命

固定资产的预计使用寿命指企业使用固定资产的预计期间,或者是该固定所能生产的产品或提供劳务的数量。企业在确定固定资产的预计使用寿命时,应考虑以下因素:该项资产的预计生产能力或实物产量;该项资产的有形和无形损耗;法律或者类似规定对该项资产使用的限制。

企业应当根据固定资产的性质和使用情况,合理确定固定资产的预计使用寿命和预计净残值。固定资产预计使用寿命、预计净残值一经确定,不得随意变更。

4. 固定资产的减值准备

固定资产的减值准备指固定资产已计提的固定资产减值准备累计金额。

(二)固定资产计提折旧的空间范围

按照《企业会计准则第 4 号——固定资产》的规定,除以下情况外,企业应对所有固定资产计提折旧:

第一,已提足折旧仍继续使用的固定资产。

第二,按规定单独估价作为固定资产入账的土地。

依据上述规定:企业未使用、不需用及修理期间停用的固定资产,均应计提折旧;租入被确认为使用权资产的固定资产比照自有的固定资产核算,应当计提折旧;已达到预定可使用状态但尚未办理竣工决算的固定资产,需要按照估计价值确认为固定资产,也应计提折旧。但是,对于处于更新改造过程中的固定资产,由于其账面价值已经转入在建工程,因此不再计提折旧。

(三)固定资产计提折旧的时间范围

企业在计提固定资产折旧时应按月计提。当月增加的固定资产,当月不提折旧,从下月起计提折旧;当月减少的固定资产,当月照提折旧,从下月起不提折旧。

还要注意的是:固定资产提足折旧后,不论能否继续使用,均不再提取折旧;提前报废的固定资产,也不再补提折旧。

三、固定资产折旧方法

企业应当根据固定资产的性质和消耗方式,合理地确定固定资产的预计使用寿命和预计净残值,并根据科技发展、环境及其他因素,选择合理的固定资产折旧方法。企业确定的折旧政策按照管理权限,经股东大会或董事会,或经理(厂长)会议或类似机构的批准,作为计提折旧的依据。同时,按照法律、行政法规的规定报送有关各方备案,并备置于企业所在地,以供投资者等有关各方查阅。企业已经确定对外报送,或者备置于企业所在地的有关固定资产预计使用寿命和预计净残值、折旧方法等,一经确定,不得随意变更。

按我国会计制度的规定，企业允许使用的折旧方法有年限平均法、工作量法、双倍余额递减法和年数总和法。

1. 年限平均法

年限平均法又称直线法，指将固定资产的折旧额均衡地分摊到预计使用寿命期内的一种方法。采用这种方法计算的每期折旧额均是相等的。

其计算公式如下：

年折旧额 =（固定资产原值 − 预计净残值）÷ 预计使用寿命

　　　　= [固定资产原值 ×（1 − 预计净残值率）] ÷ 预计使用寿命

月折旧额 = 年折旧额 ÷ 12

或者：

年折旧率 =（1 − 预计净残值率）÷ 预计使用寿命

月折旧率 = 年折旧率 ÷ 12

月折旧率 = 固定资产原值 × 月折旧率

【例 7-5】 甲企业的一项固定资产原值为 120 000 元，预计使用年限为 10 年，预计净残值率为 4%，要求计算该固定资产的年折旧额和月折旧额。计算步骤如下：

年折旧额 = [120 000 ×（1 − 4%）] ÷ 10 = 11 520（元）

月折旧额 = 11 520 ÷ 12 = 960（元）

或者：

年折旧率 = [（1 − 4%）÷ 10] × 100% = 9.6%

月折旧率 = 9.6% ÷ 12 = 0.8%

月折旧额 = 120 000 × 0.8% = 960（元）

2. 工作量法

工作量法又称作业量法，是根据固定资产在使用期间完成总工作量平均计算折旧的一种方法。

其计算公式如下：

单位工作量折旧额 = 固定资产原值 ×（1 − 预计净残值率）÷ 预计总工作量

某项固定资产月折旧额 = 该项固定资产当月实际工作量 × 单位工作量折旧额

【例 7-6】 甲企业的一辆机器设备的原值为 60 000 元，预计可使用时间为 15 000 小时，预计报废时的净残值率为 5%，本月共使用 250 小时。该机器设备的月折旧额计算如下：

单位小时折旧额 = 60 000 ×（1 − 5%）÷ 15 000 = 3.8（元/小时）

本月计提折旧额 = 250 × 3.8 = 950（元）

3. 双倍余额递减法

双倍余额递减法是在不考虑固定资产预计净残值的情况下，按直线法折旧率的两倍，乘以每期期初固定资产的净值来计算固定资产折旧的一种方法。应用这种方法时，由于每年年初固定资产净值没有扣除预计净残值，而对固定资产计算折旧额时又不能使固定资产的账面折余价值降低到其预计净残值以下。因此，在我国行会计实务中，当采用双倍余额递减法计提固定资产折旧时,应在其折旧年限到期前两年内,将固定资产账面折余价值扣除预计净残值后的余额平均摊销。相关计算公式为:

年折旧率 = 2÷预计折旧年限×100%

年折旧额 = 年初固定资产账面净值×年折旧率

最后两年改用年限平均法。

年折旧额 = (账面折余价值 - 净残值)÷2

【例 7-7】 甲企业一项固定资产的原值为 100 000 元,预计使用年限为 5 年,预计净残值为 4 000 元。按双倍余额递减法计算折旧,每年的折旧额计算如下:

双倍直线折旧率 = 2÷5×100% = 40%

第 1 年应提的折旧额 = 100 000×40% = 40 000(元)

第 2 年应提的折旧额 = (100 000 - 40 000)×40% = 24 000(元)

第 3 年应提的折旧额 = (100 000 - 40 000 - 24 000)×40% = 14 400(元)

从第 4 年起改用年限平均法(直线法)计提折旧。

第 4、5 年的年折旧额 = (100 000 - 78 400 - 4 000)÷2 = 8 800(元)

4. 年数总和法

年数总和法是以固定资产的原值减去预计净残值后的余额为基数,乘以一个逐年递减的分数来计算每年折旧额的一种方法。这个分数的分子为固定资产尚可使用的年限,分母为固定资产预计使用年限的年数总和。计算公式如下:

年折旧率 = 尚可使用年限÷预计使用年数总和

年折旧额 = (固定资产原值 - 预计净残值)×年折旧率

【例 7-8】 根据【例 7-7】资料,采用年数总和法计算的各年折旧额。计算过程如表 7-1 所示。

表 7-1　固定资产折旧计算表　　　　　　单位:元

年份	原值	折旧基础	折旧率	年折旧额	累计折旧额
1	100 000	96 000	5/15	32 000	32 000
2	100 000	96 000	4/15	25 600	57 600
3	100 000	96 000	3/15	19 200	76 800
4	100 000	96 000	2/15	12 800	89 600
5	100 000	96 000	1/15	6 400	96 000
合计	—	—	—	96 000	96 000

知识链接

加速折旧法是一个笼统的概念,泛指在固定资产使用初期计提折旧较多而在后期计提折旧较少,相对于等额折旧来说是"加速"计算折旧的各种方法,就本书而言即指双倍余额递减法和年数总和法。如果企业未经税务机关批准而采用了加速折旧法,则必须在企业所得税汇算清缴时,进行纳税调整。

四、固定资产折旧的会计处理

固定资产按期计提折旧时,为了反映固定资产的折旧情况,应设置"累计折旧"账户核算。该账户是资产类账户,从用途结构上来看是"固定资产"账户的备抵调整账户。借方反映处置固定资产时转出的累计折旧额;贷方反映月末计提的固定资产折旧额;余额在贷方,表示企业现有固定资产的累计折旧额。

当企业计提固定资产折旧时,根据固定资产使用部门,借记"制造费用""销售费用""管理费用"等科目,贷记"累计折旧"科目。

【例 7-9】 甲企业采用年限平均法提取固定资产折旧。2022 年 5 月根据"固定资产折旧计算表"确定的企业固定资产使用部门应分配的折旧额分别为:A 车间 30 000 元,B 车间 24 000 元,销售部门 30 000 元,厂部管理部门 6 000 元,甲企业应编制的会计分录如下:

借:制造费用——A 车间　　　　　　　　　　　　　　　30 000
　　　　　　——B 车间　　　　　　　　　　　　　　　24 000
　　销售费用　　　　　　　　　　　　　　　　　　　　30 000
　　管理费用　　　　　　　　　　　　　　　　　　　　 6 000
　　贷:累计折旧　　　　　　　　　　　　　　　　　　　　90 000

企业至少应当于每年年度终了时,对固定资产的使用寿命、预计净残值率和折旧方法进行复核。使用寿命预计数与原先估计有差异的,应当调整固定资产使用寿命;预计净残值预计数与原先估计有差异的,应当调整预计净残值;与固定资产有关的经济利益预期实现方式有重大改变的,应当改变固定资产折旧方法。固定资产使用寿命、预计净残值和折旧方法的改变应当作为会计估计变更,按照《企业会计准则第 28 号——会计政策、会计估计变更和差错更正》的规定进行处理。

企业选择不同折旧方法会对企业的利润额产生什么影响?

五、固定资产减值

(一)固定资产减值金额的确定

当固定资产在资产负债表日存在可能发生减值的迹象时,其可收回金额低于账面价值的,企业应当将该固定资产的账面价值减记至可收回金额,减记的金额确认为减值损失,计入当期损益,同时计提相应的资产减值准备。

(二)固定资产减值会计处理

企业计提固定资产减值准备,应当设置"固定资产减值准备"科目核算。企业按应减记的金额,借记"资产减值损失——计提的固定资产减值准备"科目,贷记"固定资产减值准备"科目。

固定资产减值损失一经确认，在以后会计期间不得转回。

固定资产折旧与固定资产减值有什么异同？

第四节　固定资产的后续支出

固定资产的后续支出，指固定资产在使用过程中发生的更新改造支出、修理费用等。企业的固定资产在投入使用后，为了维护或提高其使效率等，往往需要对固定资产进行维护、更新改造等。固定资产的更新改造等后续支出，满足固定资产确认条件的，应当计入固定资产成本，不满足固定资产确认条件的固定资产修理费用等，应当在发生时计入当期损益。

一、资本化的后续支出

固定资产发生的属于资本化的后续支出，应通过"在建工程"科目核算。当固定资产发生资本化后续支出时，企业应将固定资产的原值、已计提的累计折旧和减值准备转销，将固定资产的账面价值转入"在建工程"科目。然后在发生属于资本化的后续支出时，计入"在建工程"等科目，等后续支出的固定资产达到预定可使用状态时，再从"在建工程"科目转入"固定资产"科目。

【例 7-10】 甲企业 2018 年 12 月购入一台设备，原值 800 万元，预计使用年限 10 年，预计净残值为零，用平均年限法计提折旧。2021 年 12 月，公司决定对该设备进行更新改造，2022 年 3 月 25 日用银行存款支付工程款 100 万元，增值税 9 万元，2022 年 4 月设备更新改造项目完工，交付使用。甲企业应编制会计分录如下：

（1）2021 年 12 月，将固定资产转入在建工程：

借：在建工程——设备更新改造工程　　　　　　　　　5 600 000
　　累计折旧　　　　　　　　　　　　　　　　　　　2 400 000
　　贷：固定资产　　　　　　　　　　　　　　　　　　　　　8 000 000

（2）2022 年 3 月 25 日，支付改造工程款：

借：在建工程——设备更新改造工程　　　　　　　　　1 000 000
　　应交税费——应交增值税（进项税额）　　　　　　　　90 000
　　贷：银行存款　　　　　　　　　　　　　　　　　　　　　1 090 000

（3）2022 年 4 月末，设备交付使用：

借：固定资产——设备　　　　　　　　　　　　　　　6 600 000
　　贷：在建工程——设备更新改造工程　　　　　　　　　　　6 600 000

二、费用化的后续支出

为了维持固定资产的正常使用，使它处于良好的运行状态，就必须对它进行维修保养。

固定资产的修理费用不满足固定资产确认条件的，应当计入当期费用，不得增加固定资产的成本。企业生产车间（部门）和行政管理部门等发生的固定资产修理费用等后续支出，借记"管理费用"等科目，贷记"银行存款"等科目；企业发生的与专设销售机构相关的固定资产修理费用等后续支出，借记"销售费用"科目，贷记"银行存款"科目。

【例7-11】2022年6月1日，甲企业对现有的一台管理用设备进行日常修理，发生修理费2 000元，增值税额260元，取得增值税专用发票，款项以银行存款支付。甲企业编制会计分录如下：

借：管理费用　　　　　　　　　　　　　　　　　　　　2 000
　　应交税费——应交增值税（进项税额）　　　　　　　　260
　　贷：银行存款　　　　　　　　　　　　　　　　　　　　　2 260

固定资产后续支出资本化和费用化对本期资产的影响是什么？对本期利润的影响是什么？

第五节　固定资产的清理和清查

一、固定资产的清理

企业固定资产的处置，主要包括固定资产出售、转让、报废和毁损、对外投资转出、非货币性资产交换、债务重组等。本书主要介绍固定资产出售、报废和毁损业务。

企业出售、转让固定资产和发生固定资产报废、毁损，应当将处置收入扣除账面价值和相关税费后的金额计入当期损益。该账面价值指固定资产原值扣减累计折旧和累计减值准备后的金额。其会计处理应通过"固定资产清理"科目核算，具体核算步骤如下。

（1）将固定资产转入清理。当企业出售、转让、报废和毁损固定资产时：按固定资产账面价值，借记"固定资产清理"科目，按已提折旧，借记"累计折旧"科目，按已计提的减值准备，借记"固定资产减值准备"科目；按固定资产原值，贷记"固定资产"科目。

（2）结算清理费用。固定资产在清理过程中，当发生的清理费用及可抵扣的增值税时，借记"固定资产清理""应交税费——应交增值税（进项税额）"科目，贷记"银行存款"等科目。

（3）收回出售固定资产的价款、残料价值和变价收入等，借记"银行存款""原材料"等科目，贷记"固定资产清理""应交税费——应交增值税（销项税额）"科目。

（4）应当由保险公司或过失人赔偿的损失，借记"其他应收款"等科目，贷记"固定资产清理"科目。

（5）结转固定资产清理后净损益。固定资产清理完成，对清理后净收益或净损失，应区分不同情况进行处理：因正常出售、转让所产生的利得或损失，计入资产处置损益，处置净损失为借记"资产处置损益"科目，贷记"固定资产清理"科目，处置净收益为借记"固定资产清理"科目，贷记"资产处置损益"科目；因固定资产已丧失使用功能而进行正常报废所产生的损失,借记"营业外支出——非流动资产处置损失"科目,贷记"固定资产清理"科目;属于自然灾害等非正常原因造成的损失,借记"营业外支出——非常损失"科目,贷记"固定资产清理"科目。

【例 7-12】 甲企业出售一栋房屋,原值 250 000 元,已提折旧 70 000 元,出售时发生清理费用 2 000 元,出售价格为 210 000 元,增值税 27 300 元,以上款项均通过银行收付。企业应编制会计分录如下。

（1）转入清理时：

借：固定资产清理		180 000
累计折旧		70 000
贷：固定资产		250 000

（2）支付清理费用时：

借：固定资产清理		2 000
贷：银行存款		2 000

（3）收到出售价款时：

借：银行存款		237 300
贷：固定资产清理		210 000
应交税费——应交增值税（销项税额）		27 300

（4）结转净收益时：

净收益 = 210 000 − 180 000 − 2 000 = 28 000（元）

借：固定资产清理		28 000
贷：资产处置损益		28 000

固定资产出售或转让的净损益为什么要计入资产处置损益？

二、固定资产的清查

固定资产清查盘点是企业财产清查的重要组成部分。企业定期或至少每年年末对固定资产进行清查。通过清查,确定企业固定资产是否有减少的情况:如果通过清查发现企业账簿记录拥有的固定资产实物并不存在,在会计上被称为盘亏;反之,则称为盘盈。在固定资产清查中,如果发现固定资产盘盈、盘亏,应当编制固定资产盘点报告表。进行固定资产清查的目的是保证固定资产的实有数与账面数相符,从而真实地反映企业固定资产的实际状况。

企业清查中盘亏的固定资产,应通过"待处理财产损溢"账户进行核算。该账户核算企业在固定资产清查过程中查明的各种财产盘亏的价值。当固定资产盘亏时,按其账面价值,借记"待处理财产损溢——待处理固定资产损溢"科目,按已计提折旧额,借记"累计折旧"科目,按该项固定资产已计提的减值准备,借记"固定资产减值准备"科目,按固定资产原值,贷记"固定资产"科目。按照管理权限报经批准后处理时,按取得残料价值,借记"原材料"科目,按可收回的保险赔偿或过失人赔偿,借记"其他应收款"科目,企业承担的净损失借记"营业外支出"科目,贷记"待处理财产损溢——待处理固定资产损溢"科目。企业发生的固定资产盘亏或毁损应在期末结账前查明原因并处理完毕,处理后"待处理财产损溢"账户应无余额。

【例 7-13】 甲企业在期末财产清查中,发现盘亏机器一台,其账面原值为 550 000 元,已提累计折旧 210 000 元。甲企业应编制的会计分录如下:

(1)发现盘亏固定资产时:

借:待处理财产损溢——待处理固定资产损溢	340 000
累计折旧	210 000
贷:固定资产——生产经营用固定资产	550 000

(2)经批准处理后:

| 借:营业外支出——盘亏损失 | 340 000 |
| 贷:待处理财产损溢——待处理固定资产损溢 | 340 000 |

企业清查中盘盈的固定资产,应作为重要的前期差错进行会计处理,通过"以前年度损益调整"科目进行核算。

【例 7-14】 某企业在财产清查中发现盘盈一台设备,经评估其重置价值为 850 000 元,按规定作为前期差错处理。企业应编制的会计分录如下:

| 借:固定资产——设备 | 850 000 |
| 贷:以前年度损益调整 | 850 000 |

为什么盘盈的固定资产不通过"待处理财产损溢"科目,而是通过"以前年度损益调整"科目核算?

【本章小结】

首先,本章主要讲解了固定资产的概念、特征和分类等基础理论知识。其次,重点介绍了固定资产初始计量,包括固定资产在不同取得方式下取得成本的确定和会计处理方法。再次,重点介绍了固定资产计提折旧的范围和计提方法,我国会计准则允许采用的折旧方法有四种,分别为平均年限法、工作量法、双倍余额递减法、年数总和法。这些方法在计算要求和程序上各有不同,在学习固定资产折旧时需要注意与固定资产减值的区别。最后,讲解了固定资产清理、清查核算,包括固定资产在报废、毁损、出售和清查中盘盈、盘亏等情况下进行的会计处理。

【主观题】

一、思考题

1. 简述固定资产的概念及特征。

2. 固定资产确认的条件是什么？固定资产是如何分类的？
3. 简述企业外购固定资产取得成本的构成内容。
4. 什么是固定资产折旧？影响折旧的因素有哪些？
5. 固定资产折旧的计算方法有哪几种？各种计算方法的特点是什么？
6. 什么是固定资产的减值损失？如何进行固定资产减值准备的核算？
7. 企业为什么要处置固定资产？如何进行固定资产处置的核算？

二、计算题

1. 甲企业的一项固定资产原值为 100 000 元，预计使用年限为 5 年，预计净残值率为 2%。

要求：用平均年限法计算该固定资产的年折旧率、年折旧额、月折旧率和月折旧额。

2. 甲企业 2022 年 12 月 10 日，购入一项固定资产，当日投入使用。固定资产原值为 500 000 元，预计使用年限为 5 年，预计净残值为 20 000 元。

要求：用双倍余额递减法和年数总和法计算该项固定资产各年的折旧额。

三、业务题

1. 2021 年 12 月 15 日，甲企业购入一台不需要安装的机器设备，价款 310 万元，增值税税额 40.3 万元，另支付保险费和包装费 6 万元，增值税税额为 0.54 万元。甲企业为一般纳税人，取得增值税专用发票，款项均以银行存款支付。该设备即日起投入基本生产车间使用，预计可使用 5 年，预计净残值为 1 万元，假定不考虑固定资产减值因素。甲企业对机器设备采用平均年限法计提折旧。

要求：

（1）编制甲企业购入机器设备的会计分录。

（2）计算甲企业 2022 年度的折旧额。

（3）编制甲企业 2022 年年末计提折旧时的会计分录（假定折旧每年年末计提一次）。

2. 甲企业有关固定资产业务如下。

（1）2018 年 1 月 1 日开始建造办公楼，领用工程物资 500 000 元。应支付工资 100 000 元，用银行存款支付其他费用 50 000 元。

（2）2018 年 12 月 20 日，该办公楼达到预定可使用状态，作为管理部门办公用楼。

（3）办公用楼预计使用年限为 40 年，预计净残值为零，采用平均年限法摊销，计提 2019 年的折旧额。

（4）2020 年 12 月 31 日，对该办公楼进行更新改造，用银行存款支付工程款 120 000 元。

（5）2021 年 3 月 31 日，该办公楼更新改造完毕，达到预定可使用状态。改造后的办公楼预计使用年限为 50 年，预计净残值为零，采用平均年限法计提折旧。

（6）2031 年 3 月 31 日，将办公楼出售，取得价款 550 000 元。未发生清理费用。结转出售净损益。

要求：编制以上各项业务的会计分录。（假定不考虑相关税费）

即测即练

自学自测　扫描此码

第八章 无形资产

通过本章学习，应达到以下学习目标。
1. 掌握：无形资产的概念、特征和确认；无形资产初始计量、摊销原则和取得会计核算。
2. 理解：研发支出的会计处理；无形资产出售和报废的会计处理。
3. 了解：无形资产的减值判断及会计处理。

乐视网成立于 2001 年 11 月，于 2010 年 8 月在创业板上市。自 2010 年乐视上市以来，贾跃亭通过定增、发债、股权质押、风险投资等多种手法，累计筹资超 725 亿元。为了筹集资金，贾跃亭一直做大乐视网的营收和利润，虚假的利润怎么办，只能靠资产撑着，这其中就包括数额巨大的无形资产。截至 2016 年年底，无形资产的数额是 68 亿元，三年间，乐视网的无形资产从 26 亿元增长到 68 亿元，年复合增长率达到 38%。贾跃亭和乐视网怎么做到的呢？问题就出在无形资产上。

乐视网无形资产核算情况如下。

（1）确认情况和初始计量。在乐视网的三类主要无形资产中，2014—2017 年间，影视版权的分量超过其余二者之和，其发挥的作用更具关键性；2018 年，影视版权大额减值，占比逐年递减至最低。2014—2018 年间，乐视网的无形资产在其总资产中占比波动下降，分别为 37.72%、28.74%、21.26%、25.52%、4.52%，但在 2014—2017 年间其分量不容小觑。作为文化企业的核心资产，其变动与企业的经营状况直接相关。

（2）摊销与减值情况。乐视网最主要的无形资产就是影视版权，对于影视版权来说，业内通用的做法是加速摊销法，只有乐视对无形资产采用的是直线摊销法，即乐视网的无形资产按照授权期限或 10 年进行直线摊销。同时，在每年末，乐视网也会判断是否存在一些迹象表明哪些无形资产发生了减值。值得注意的是，乐视网对"影视剧库"整体进行减值测试，而不是针对每一部影视剧作品进行减值测试。从乐视网 2012—2016 年的年报看，公司仅在 2014 年对影视版权计提了减值准备，而在其他四年并未确认其减值。

（3）研发费用资本化情况。乐视 2015 年年报显示，从 2013—2015 年，乐视的研发费用资本化率高达 60%，就世界范围情况来看，都属少见。也就是说，乐视网把研发支出的 60% 都形成了资产，这也是造成无形资产数额庞大的原因。

案例思考：

1. 乐视网对无形资产的处理合理吗？
2. 在无形资产的摊销方式上，乐视与同类企业优酷相比有什么劣势？

小提示：财务报表披露的资产价值应当反映其实际情况，企业应按照企业会计准则的要求，考虑实际情况对无形资产进行会计处理。对于无形资产摊销方法的选择，财务报表应当能够反映与该项无形资产有关的经济利益的预期实现方式。

（资料来源：https://xueqiu.com/3827819781/120031620）

第一节 无形资产概述

随着我国社会主义市场经济深入发展，知识创新步伐不断加快，无形资产在企业中所占比重越来越大。因此，加强对无形资产的确认、记录、计量及报告就显得非常重要。

一、无形资产的概念及特征

我国《企业会计准则第 6 号——无形资产》对无形资产所下的定义："是指企业拥有或者控制的没有实物形态的可辨认非货币性资产。"相对于其他资产，无形资产具有以下特征。

（一）无形资产不具有实物形态

无形资产区别于固定资产和存货等其他资产的显著特征是其没有实物形态，但是它在很大程度上是通过自身所具有的技术等优势为企业带来未来经济利益。通常表现为某种权利、技术或获取超额利润的综合能力，如土地使用权、非专利技术、商标权等。需要指出的是，某些无形资产的存在需要依赖于实物载体。例如计算机软件需要存储在磁盘中。但是，这并没有改变无形资产本身不具有实物形态的特征。

（二）无形资产具有可辨认性

无形资产满足下列条件之一的，符合无形资产定义中的可辨认性标准。

（1）能够从企业中分离或者划分出来，并能单独用于出售或转移等，而不需要同时处置在同一获利活动中的其他资产，表明无形资产可以辨认。某些情况下无形资产可能需要与有关的合同一起用于出售转让等，这种情况下也可以视为可辨认无形资产。

（2）产生于合同性权利或其他法定权利，无论这些权利是否可以从企业或其他权利和义务中转移或者分离。如一方通过另一方签订特许权合同而获得的特许使用权，通过法律程序申请获得某项商标权或专利权等。

由于商誉是在企业合并过程中形成的，具有不可辨认性，因此不作为无形资产进行核算。

（三）无形资产属于非货币性长期资产

非货币性资产指企业持有的货币资金和将以固定或可确定的金额收取的资产以外的其他资产。无形资产由于没有发达的交易市场，一般不容易转化成现金，在持有过程中为企业带来未来经济利益的情况不确定,不属于以固定或可确定的金额收取的资产,属于非货币性资产。

(四)无形资产所带来的未来经济利益具有很大的不确定性

无形资产确认的账面价值与其实际经济价值往往相差很大。一方面,企业账面上记载的专利权金额也许很小,但是它为企业带来的经济利益却可能远远高于其账面价值;另一方面,企业所拥有的一些专利技术,其账面价值很高,在某一段时间给企业能够带来经济利益,但是,一旦科学技术有了新的突破,原有的专利技术的价值就会减少。

二、无形资产的确认条件

某项资产要确认为无形资产,除了符合无形资产的定义外,还应同时满足两个条件。

(一)与该无形资产有关的经济利益很可能流入企业

作为无形资产确认的项目,必须具备其所产生的经济利益很可能流入企业这一条件。通常情况下,无形资产产生的未来经济利益可能包括在销售商品、提供劳务的收入当中,或者体现在企业使用该项无形资产而减少或节约了成本,或者体现在获得的其他利益当中。

(二)该无形资产的成本能够可靠地计量

这是确认无形资产的一项基本条件。无形资产的入账价值需要根据其取得的成本确定,如果成本无法被可靠地计量,无形资产的计价也无从谈起。

三、无形资产的内容

无形资产通常包括专利权、非专利技术、商标权、著作权、特许权、土地使用权等内容。

(一)专利权

专利权指国家专利主管机关依法授予发明创造专利申请人,对其发明创造在法定期限内所享有的专利权,包括发明专利权、实用新型专利权和外观设计专利权。我国专利法规定,专利权分为发明专利和实用新型及外观设计专利两种。自申请日起计算,发明权限为15年,实用新型及外观设计专利权的权限为5年。发明者在取得专利权后,在有效期内将享有专利的独占权。

(二)非专利技术

非专利技术指不为外界所知、在生产经营活动中已采用的、不享有法律保护的,可以带来经济利益的各种技巧、经验和诀窍。非专利技术一般包括工业专有技术、商业贸易专有技术、管理专有技术等。

(三)商标权

商标权指专门在某类指定的商品或产品上使用特定的名称或图案的权利,依法登记后,取得的受法律保护的独家使用权利。商标经过注册登记,就获得了法律的保障。商标权包括独立使用权和禁止使用权。商标是用来辨别特定商品和劳务的标记，代表着企业的一种信誉，从而具有相应的经济价值。根据我国《商标法》规定，注册商标的有效期为10年，期满可依法延长。

（四）著作权

著作权又称版权，指作者对其创作的文学、自然科学、社会科学、工程技术和艺术作品依法享有的某些特殊权利。著作权可以转让、出售、赠予。包括作品署名权、发表权、修改权和保护作品完整权、使用权和获得报酬的权力等。

（五）特许权

特许权又称经营特许权，指企业在某一地区经营或销售某种特定商品的权利，或者是一家企业接受另一家企业使用其商标、商号、技术秘密等的权利。特许权通常有两种形式：一种是由政府机构授权，准许企业使用或在一定地区享有经营某种业务的特权，如水、电、邮电通信等专营权。一种是企业依照签订的合同，有限期或无限期使用另一家企业的某些权利。例如连锁店的分店使用总店的名称等。

（六）土地使用权

土地使用权指国家准许某企业在一定期间内对国有土地享有开发、利用、经营的权利。根据《中华人民共和国土地管理法》的规定，我国土地实行公有制，任何单位和个人不得侵占、买卖或者以其他形式非法转让。企业取得土地使用权的方式大致有以下几种：行政划拨取得、外购取得及投资者投资取得。土地使用权通常作为无形资产核算，但属于投资性房地产核算的土地使用权，应当按投资性房地产核算原则进行会计处理。

四、无形资产的分类

（1）无形资产按照取得方式的不同划分，可以划分为外部取得无形资产和内部开发的无形资产。

外部取得的无形资产主要包括企业从外单位购入，通过非货币性资产交换取得，或者投资者投入的无形资产。内部开发的无形资产指企业内部自行创造形成的无形资产。例如，企业自行研制成功并依法批准取得的专利权、商标权等。

（2）按照经济寿命期限划分，可以分为寿命有限的无形资产和寿命不确定的无形资产。

寿命有限的无形资产指受法律或合同限制等，并由法律或合同等规定其有效期限的无形资产，如商标权、专利权等。寿命不确定的无形资产指其寿命很难确定，并且法律或合同未对其规定有效期限的无形资产，如非专利技术。

课堂讨论

你认为独特的设计、造型、配方、计算公式、软件包、制造工艺等工艺诀窍、技术秘密等都是无形资产吗？请说出你的理由。

第二节 无形资产初始计量

无形资产应当按照成本进行初始计量,即以取得无形资产并使之达到预定用途而发生的全部支出作为无形资产的成本。对于不同来源取得的无形资产,其成本构成也不尽相同。

一、外购的无形资产

外购无形资产的成本,包括购买价款、相关税费,以及直接归属于使该项资产达到预定用途所发生的其他支出。其中,直接归属于使该项资产达到预定使用用途所发生的其他支出包括:使无形资产达到预定用途所发生的专业服务费用、测试无形资产是否能够正常发挥作用的费用等。但是为了引入新产品进行宣传发生的广告费用、管理费用和其他间接费用,不构成无形资产成本。无形资产已经达到预定使用用途以后发生的费用(例如,在形成预定经济规模之前发生的初始运作费用等),也不构成无形资产的成本。

购买无形资产的价款超过正常信用条件延期支付,实质上是具有融资性质的,无形资产的成本按照购买价款的现值计价。实际支付价款与确认的成本之间的差额,除按规定应予资本化的以外,应当在信用期间内确认为利息费用,计入当期损益。

为了核算无形资产的取得情况,企业应当设置"无形资产"账户。该账户属于资产类:借方反映取得的无形资产成本,贷方反映无形资产转出的金额;期末余额在借方,反映无形资产的账面余额。该科目应按无形资产的内容设置明细账,进行明细分类核算。

企业通过外单位购入各项无形资产的会计核算。外购无形资产取得可抵扣增值税发票后,按照增值税发票所计金额计提增值税进项税额,借记"无形资产""应交税费——应交增值税(进项税额)"科目,贷记"银行存款"等科目。

【例 8-1】 甲企业从外部某单位购入一项专利权,增值税专用发票载明价款 1 000 000 元,税率 6%,增值税额 60 000 元,共计 1 060 000 元,用银行存款付讫。甲企业应编制会计分录如下:

借:无形资产——专利权 1 000 000
　　应交税费——应交增值税(进项税额) 60 000
　贷:银行存款 1 060 000

若本例中企业取得增值税普通发票,不符合抵扣条件,按照注明的价税合计金额作为无形资产的成本,其进项税额不可抵扣。

借:无形资产 1 060 000
　贷:银行存款 1 060 000

二、投资者投入的无形资产

投资者投入的无形资产,应当按照投资合同或协议约定的价值确定,但在合同或协议约定价值不公允的情况下,应当按照公允价值入账。能取得可抵扣增值税发票的,按增值税发票金额记载增值税金额，借记"应交税费——应交增值税（进项税额）"科目。

【例 8-2】 甲企业 2022 年 1 月 1 日接受乙公司投资的一项 B 专利权，该项专利权经评估后，双方确认的价值为 2 500 000 元。应交增值税金额为 150 000 元，甲公司应编制会计分录如下：

借：无形资产——B 专利权　　　　　　　　　　　　　　　　　2 500 000
　　应交税费——应交增值税（进项税额）　　　　　　　　　　　150 000
　　贷：实收资本　　　　　　　　　　　　　　　　　　　　　　2 650 000

三、内部研究开发的无形资产

内部研究开发无形资产的成本包括自满足无形资产研究、开发确认的条件及相关规定后至达到预定用途前所发生的支出总额，但是对于以前期间已经费用化的支出不再调整。其入账价值除了依法取得时发生的注册费、律师费等费用外，还包括准予资本化的开发费用。

企业内部研究开发的无形资产发生的费用，应当区分研究阶段支出和开发阶段支出。

（1）研究阶段，指为获得新的科学或技术知识而进行有计划的调查。研究阶段具有计划性和探索性的特点，是为了进一步的开发活动进行资料及相关方面的准备，已进行的研究在将来是否会转入开发，开发后是否会形成无形资产具有较大的不确定性。因此研究阶段的支出全部费用化，计入当期损益（研发费用）。

研究阶段的活动一般包括：意在获取知识而进行的活动；研究成果或其他知识的应用研究、评价和最终选择等。

（2）开发阶段，指在进行商业性生产或使用前，将研究成果或其他知识应用于某项计划或设计，以生产出新的或具有实质性改进的材料、装置、产品等。相对于研究阶段而言，开发阶段应当是已完成研究阶段的工作，在很大程度上具备了形成新产品或新技术的基本条件。例如：生产前或者使用前的原型和模型的设计；建造和测试；含新技术的工具、夹具、模具和冲模的设计等。开发阶段具有针对性和形成成果的可能性较大的特点。

根据《企业会计准则第 6 号——无形资产》规定，开发阶段相对于研究阶段更进一步，且很大程度上形成一项新产品或新技术的基本条件已经具备，此时如果企业能够证明满足无形资产的定义及相关确认条件，则所发生的开发支出可以资本化，确认无形资产的成本。

在开发阶段，判断可以将有关支出资本化确认为无形资产，必须同时满足下列条件。

①完成该无形资产以使其能够使用或出售在技术上具有可行性。
②具有完成该无形资产并使用或出售的意图。
③无形资产产生经济利益的方式，包括：能够证明运用该无形资产生产的产品存在市场或无形资产自身存在市场；无形资产将在内部使用的，应当证明其有用性。
④有足够的技术、财务资源和其他资源支持，以完成该无形资产的开发，并有能力使用或出售该无形资产。
⑤归属于该无形资产开发阶段的支出能够被可靠地计量。

如果确实无法区分研究阶段的支出和开发阶段的支出，应将其所发生的研发支出全部费用化，计入当期损益。

为了核算企业研究与开发无形资产过程中发生的各项支出，应设置"研发支出"账户。该账户为费用类：借方登记实际发生的研发支出；贷方登记转为无形资产和管理费用的金额；借方余额反映企业正在进行中的研究开发项目中满足资本化条件的支出。企业应当按照研究开发项目，分别设置"费用化支出"与"资本化支出"明细科目进行明细分类核算。

在研究阶段发生的支出全部费用化，所以在发生时，借记"研发支出——费用化支出"科目，贷记"银行存款"科目等。在开发阶段的支出符合资本化条件的予以资本化，借记"研发支出——资本化支出"科目，贷记"银行存款""原材料""应付职工薪酬"等科目。研究开发项目达到预定用途形成无形资产的，应按"研发支出——资本化支出"科目的余额，借记"无形资产"科目，贷记"研发支出——资本化支出"科目。在开发阶段的支出不符合资本化条件的计入当期损益，借记"研发费用"科目，贷记"研发支出——费用化支出"科目等。

如果确实无法区分研究阶段的支出和开发阶段的支出，应将其所发生的研发支出全部费用化，计入当期损益。

期末，应将不符合资本化条件的研发支出转入当期损益，借记"研发费用"科目，贷记"研发支出——费用化支出"科目；将符合资本化条件但尚未完成的开发费用继续保留在"研发支出——资本化支出"科目中，待开发项目达到预定用途形成无形资产时，再将其发生的实际成本转入"无形资产"科目。

企业为享受《关于完善研究开发费用税前加计扣除政策的通知》（财税〔2015〕219号）中有关研究开发费用加计扣除优惠政策，可以对享受加计扣除的研究开发费用按研发项目设置辅助账，归集核算当年可加计扣除的各项研究开发费用实际发生额。

【例8-3】 乙企业正在研究和开发一项新工艺，截至2022年12月31日，以前发生各项研究、调查、试验等费用共计2 000 000元。经测试，该项研发活动完成了研究阶段，从2023年1月1日开始进入开发阶段，共支出研发费用3 000 000元，假定符合资本化条件。2023年6月30日，该项研发活动结束，形成一项非专利技术。以上款项均通过银行存款支付。乙企业应编制如下会计分录：

①2022年12月31日，以前发生的各项支出：

借：研发支出——费用化支出　　　　　　　　　　　　　　　2 000 000
　　贷：银行存款　　　　　　　　　　　　　　　　　　　　　　2 000 000

②2022年12月31日，将研究阶段发生的全部研发支出转入当期损益：

借：研发费用　　　　　　　　　　　　　　　　　　　　　　2 000 000
　　贷：研发支出——费用化支出　　　　　　　　　　　　　　　2 000 000

③2023年1月1日，发生开发支出并满足资本化确认条件：

借：研发支出——资本化支出　　　　　　　　　　　　　　　3 000 000
　　贷：银行存款　　　　　　　　　　　　　　　　　　　　　　3 000 000

④2023年6月30日，该技术研发完成并形成无形资产：
  借：无形资产——非专利技术　　　　　　　　　　　　　　3 000 000
    贷：研发支出——资本化支出　　　　　　　　　　　　　　3 000 000

四、其他方式取得无形资产的成本

企业除了以上方式取得无形资产外，还可以通过企业合并、非货币性资产交换、债务重组和政府补助等方式取得无形资产，但这种方式下无形资产的取得成本应当按照相关的具体会计准则规定加以确定。

甲公司现在有一项专利，是公司自行开发研究的，老板想把它确认为无形资产，但是前期开发研究时都没有将费用作为资本化支出，所以现在是没有办法确定它的成本的。

请问可否找评估公司评估，按评估的价值入账？

第三节　无形资产后续计量

一、无形资产后续计量的原则

无形资产的后续计量指对无形资产在使用过程中的变化情况所进行的计量。无形资产初始确认和计量后，在其后使用该无形资产期间内应以成本减去累计摊销和累计减值损失后的余额计量。要确定无形资产在使用过程中的累计摊销，其基础是估计其使用寿命，只有使用寿命有限的无形资产才需要在估计的使用寿命内采用合理的方法进行摊销，对于使用寿命不确定的无形资产则不需要摊销，但是每年要进行减值测试。

（一）无形资产使用寿命的确定

企业应当于取得无形资产时分析判断其使用寿命，无形资产的使用寿命如为有限的，应当估计该使用寿命的年限或者构成使用寿命的产量等类似计量单位数量。无形资产的使用寿命有法定寿命和经济寿命两个方面。有些无形资产的使用寿命受法律、规章或合同的限制，称为法定寿命，如我国法律规定发明专利权的有效期为20年，商标的有效期为10年。经济寿命指无形资产可以为企业带来经济利益的年限，由于无形资产受技术进步、市场竞争等因素的影响，无形资产的经济寿命往往短于法定寿命。所以，在估计无形资产的使用寿命时应当综合考虑各方面因素，合理确定无形资产的使用寿命。

（1）估计无形资产的使用寿命应考虑的因素主要包括以下内容。
①该资产通常的产品寿命周期，以及可获得的类似资产使用寿命的信息。
②技术、工艺等方面的现实情况及对未来发展趋势的估计。
③以该资产生产的产品或服务的市场需求情况。
④现在的或潜在的竞争者预期将采取的行动。

⑤为维持该资产产生未来经济利益的能力预期的维护支出，以及企业预计支付有关支出的能力。

⑥对该资产的控制期限，对该资产使用的法律规定或类似限制，如特许使用期限、租赁期间等。

⑦与企业持有的其他资产使用寿命的关联性等。

（2）无形资产使用寿命的确定。

①源自合同性权利或其他法定权利取得的无形资产，其使用寿命不应超过合同性权利或法定权利的期限。如果合同性权力或其他法定权力能够在到期时因续约等延续，当有证据表明企业续约不需要付出重大成本时，续约期才能够包括在使用寿命估计中。

②没有明确的合同或法律规定的无形资产的使用寿命的，企业应当综合各方面因素判断，如聘请相关专家进行论证、与同行业的情况进行比较、根据企业的历史经验等，来确定无形资产为企业带来未来经济利益的期限。

经过上述努力仍确实无法合理确定无形资产为企业带来经济利益的期限，再将其作为使用寿命不确定的无形资产。

（二）无形资产使用寿命的复核

企业至少于每年年度终了时，对使用寿命有限的无形资产的使用寿命进行复核，如果有证据表明无形资产的使用寿命不同于以前的估计，则应当改变其摊销年限，并按照会计估计变更处理。

对于使用寿命不确定的无形资产的使用寿命进行复核，如果有证据表明其使用寿命是有限的，应当按照《企业会计准则第28号——会计政策、会计估计变更和差错更正》进行处理。并按照使用寿命有限的无形资产的处理原则进行会计处理。

二、无形资产的摊销

（一）摊销期、摊销方法和摊销金额的确定

对于使用寿命有限的无形资产，应在其预计的使用寿命内采用系统合理的方法对应摊销金额进行摊销。使用寿命不确定的无形资产不应摊销。

无形资产的摊销期为自其可使用（即其达到预定用途）开始至终止确认时止。

摊销方法有多种，包括平均年限法（直线法）、产量法等。企业选择的无形资产摊销方法应依据从资产中获取的预期未来经济利益的预计消耗方式来选择，并一致地运用于不同会计期间。例如，受技术陈旧因素影响较大的专利权和专有技术等无形资产，可采用类似固定资产加速折旧法进行摊销；有特定产量限制的特许经营权或专利权，应采用产量法进行摊销。

无形资产的应摊销金额指其成本扣除预计残值后的金额。已计提减值准备的无形资产，还应扣除已计提的无形资产减值准备累计金额。

企业至少于每年年度终了时，对使用寿命有限的无形资产的使用寿命和摊销方法进行复核，如果有证据表明无形资产的使用寿命和摊销方法不同于以前的估计，应当改变其摊

销年限和摊销方法，并按照会计估计变更进行会计处理。

（二）残值的确定

无形资产的残值一般为零，除非有第三方承诺在无形资产使用寿命结束时，愿意以一定的价格购买该项无形资产；或者根据活跃市场得到预计残值信息，并且该市场在无形资产使用寿命结束时很可能存在。

估计无形资产的残值应以资产处置时的可收回金额为基础，此时的可收回金额指在预计出售日，出售一项使用寿命已满且处于类似使用状况下，同类无形资产预计的处置价格（扣除相关税费）。残值确定以后，在持有无形资产的期间内，至少应于每年年末进行复核，预计其残值与原估计金额不同的，应按照会计估计变更进行处理。如果无形资产的残值重新估计以后高于其账面价值的，无形资产不再摊销，直至残值降至低于账面价值时再恢复摊销。

（三）使用寿命有限的无形资产摊销会计处理

企业应对使用寿命有限的无形资产，根据其使用寿命，采用一定的摊销方法，按月计提无形资产摊销额，自可供使用（即达到预定用途）当月起开始摊销，处置当月不再摊销。无形资产的摊销额一般应当计入当期损益。企业管理用的无形资产，其摊销金额计入管理费用；出租的无形资产，其摊销金额计入其他业务成本；专门用于生产某种产品或其他资产的无形资产，其所包含的经济利益通过转入所生产的产品或其他资产中实现的，其摊销金额应当计入相关资产成本。例如，一项专门用于生产某种产品的专利技术，该无形资产的摊销金额应当计入制造该产品的制造费用。

为了核算企业对使用寿命有限的无形资产计提的累计摊销额，应设置"累计摊销"账户。该账户属于资产类，是"无形资产"的调整（备抵）账户，贷方登记企业计提的无形资产摊销；借方登记处置无形资产转出的累计摊销，期末贷方余额，反映企业无形资产的累计摊销额，按无形资产项目设置明细账。

企业计提无形资产摊销时，借记"管理费用""其他业务成本""生产成本""制造费用"等科目，贷记"累计摊销"科目。

【例 8-4】 甲企业拥有一项专利权，价值为 720 000 元，摊销期为 10 年，采用直线法在摊销期进行摊销。甲企业应编制会计分录如下：

每月摊销额 = 720 000 ÷ 10 ÷ 12 = 6 000（元）

借：管理费用——无形资产摊销　　　　　　　　　　　　　　　　　　6 000
　　贷：累计摊销——专利权　　　　　　　　　　　　　　　　　　　　　　6 000

三、无形资产减值

如果无形资产将为企业创造的经济利益还不足以弥补无形资产的成本（摊余成本），则说明无形资产发生了减值，具体表现为无形资产的账面价值超过了其可收回金额。企业应定期对无形资产的账面价值进行检查，至少于每年年末检查一次。在检查中，如果发现以下情况，则应对无形资产的可收回金额进行估计，并将该无形资产账面价值超过可收回金额的部分确认为减值准备。企业根据《企业会计准则第 8 号——资产减值》的规定进行核算。

（一）无形资产发生减值的判断

（1）该无形资产已被其他新技术等替代，使其为企业创造经济利益的能力受到重大不利影响。

（2）该无形资产的市价在当期大幅下跌，在剩余摊销年限内预期不会恢复。

（3）某项无形资产已超过法律保护期限，但仍然具有部分使用价值。

（4）其他足以表明该无形资产在实质上已经发生了减值的情形。

（二）确定无形资产可收回金额

无形资产可收回金额的估计，应当根据其公允价值减去处置费用后的净额与该资产预计未来现金流量的现值两者之间较高者加以确定。

（三）计提无形资产减值准备

企业计提的无形资产减值准备应当计入当期损益的"资产减值损失"科目，借记"资产减值损失——计提的无形资产减值准备"科目，贷记"无形资产减值准备"科目。无形资产的价值往往受许多因素的影响。以前期间导致无形资产发生减值的迹象，可能已经全部消失或部分消失。根据我国《企业会计准则第 8 号——资产减值》规定，企业不能将以前年度已确认的减值损失予以转回。

【例 8-5】 甲企业拥有的商标权具有减值迹象。该商标权的账面价值为 300 000 元，经计算可收回金额为 270 000 元，确认减值损失为 30 000 元。

借：资产减值损失——计提的无形资产减值准备　　　　　　　　　　30 000
　　贷：无形资产减值准备　　　　　　　　　　　　　　　　　　　　30 000

四、无形资产的处置

无形资产的处置主要指无形资产的出售、出租、报废等，或者是无形资产无法给企业带来经济利益，则应将其予以转销并终止确认。

（一）无形资产的出售

当企业出售无形资产时，应将所得价款与该无形资产的账面价值之间的差额计入当期损益，作为处置利得或损失。应当注意，出售无形资产不属于企业的日常活动，不符合《企业会计准则第 14 号——收入》中的收入定义，因而，出售无形资产所得应以净额核算和反映。按照《企业会计准则第 6 号——无形资产》规定，当企业出售无形资产时：按实际取得的转让收入，借记"银行存款"等科目；按该项无形资产已计提的减值准备，借记"无形资产减值准备"科目；按已计提的累计摊销额，借记"累计摊销"科目；按无形资产的账面余额，贷记"无形资产"科目；按应支付的相关税费（开具的增值税专用发票上注明的增值税销项税额），贷记"应交税费——应交增值税（销项税额）"科目；按其差额，贷记或借记"资产处置损益"科目。

【例 8-6】 甲企业是增值税一般纳税人，将拥有的专利权出售，取得收入 300 000 元，出售无形资产适用的增值税率为6%，该专利权的成本为120 000元，已摊销62 000元，已计提的减值准备为10 000元，甲企业应编制会计分录如下：

借：银行存款　　　　　　　　　　　　　　　　　　　　　300 000
　　无形资产减值准备　　　　　　　　　　　　　　　　　　10 000
　　累计摊销——专利权　　　　　　　　　　　　　　　　　62 000
　　贷：无形资产——专利权　　　　　　　　　　　　　　　120 000
　　　　应交税费——应交增值税（销项税额）　　　　　　　 18 000
　　　　资产处置损益　　　　　　　　　　　　　　　　　　234 000

（二）无形资产的出租

企业将所拥有的无形资产的使用权让渡给他人，并收取租金，在满足收入确认条件的情况下，应确认相关的收入，结转其摊销成本。当取得租金时，借记"银行存款"等科目，贷记"其他业务收入"科目；按照增值税销项税额，贷记"应交税费——应交增值税（销项税额）"。摊销出租无形资产成本并发生与转让该无形资产有关的各种费用支出时，借记"其他业务成本"科目，贷记"累计摊销"等科目。

【例8-7】 2022年1月1日，A企业将一项专利权出租给B企业使用，该专利权账面余额为3 000 000元，摊销期限为10年，采用直线法摊销。出租合同规定，每月收取租金为600 000元，应交增值税额为36 000元，通过银行存款收到。A企业出租无形资产时应编制会计分录如下：

（1）取得租金收入时：

借：银行存款　　　　　　　　　　　　　　　　　　　　　636 000
　　贷：其他业务收入　　　　　　　　　　　　　　　　　　600 000
　　　　应交税费——应交增值税（销项税额）　　　　　　　 36 000

（2）按月摊销时：

每月摊销额=3 000 000÷10÷12=25 000（元）

借：其他业务成本　　　　　　　　　　　　　　　　　　　　25 000
　　贷：累计摊销——专利权　　　　　　　　　　　　　　　 25 000

（三）无形资产报废

无形资产预期不能为企业带来经济利益，就不再符合无形资产的定义，应将其报废并予以转销。例如：无形资产已被其他新技术代替，不能为企业带来经济利益；无形资产不再受到法律保护，且不能给企业带来经济利益等。转销时：按已摊销的累计摊销额，借记"累计摊销"科目；已计提无形资产减值准备的金额，还应同时结转减值准备；按其账面余额，贷记"无形资产"科目；按其差额，借记"营业外支出——处置无形资产损失"科目。

【例8-8】 甲企业拥有一项专利权，根据市场调查，用其生产的产品已没有市场，决定予以转销。该项专利权的账面余额为8 000 000元，摊销期限为10年，采用直线法进行摊销，已摊销了5年，假定该项专利权的残值为零，不考虑其他相关因素。甲企业应编制如下会计分录：

累计摊销额 = 8 000 000 ÷ 10 × 5 = 4 000 000（元）

借：累计摊销——专利权　　　　　　　　　　　　　4 000 000
　　营业外支出——处置无形资产损失　　　　　　　4 000 000
　　贷：无形资产——专利权　　　　　　　　　　　　　　8 000 000

【本章小结】

首先，本章重点讲解了无形资产的初始计量。无形资产应当按照成本进行初始计量，其成本是按照取得无形资产并使之达到预定用途而发生的全部支出加以确定。其次，重点讲解了内部研究与开发支出的确认与计量。研究阶段的支出，应当在发生当期作为研发费用计入当期损益；开发阶段的支出在满足一定的条件下进行资本化计入无形资产的成本，无法区分研究阶段和开发阶段的支出，应当在发生时全部计入当期损益。再次，重点讲解了无形资产的后续计量。对于使用寿命有限的无形资产，应当在其预计使用寿命期限内采用系统合理的方法进行摊销；对于使用寿命不确定的无形资产，在持有期间内不需要进行摊销，但是应当在每个会计期间进行减值测试，当无形资产的账面价值超过了其可收回金额，按照其差额作为计提无形资产的减值准备进行核算。最后，还讲解了无形资产的出售、出租和报废的会计处理。

【主观题】

一、思考题

1. 什么是无形资产？无形资产具有哪些特征？
2. 简述无形资产使用寿命的确定要求。
3. 简述无形资产摊销期、摊销方法和摊销金额的核算。
4. 对于使用寿命不确定的无形资产应当如何进行后续计量？
5. 如何区分开发支出和研发费用？企业内部研发无形资产如何进行确认与计量？
6. 无形资产出租和出售的会计处理有何区别？

二、计算题

1. 2022 年 1 月 1 日，甲公司从外单位购得一项新专利技术用于产品生产，支付价款 75 000 000 元，款项已支付，该项专利技术的法律保护期间为 15 年，公司预计运用该专利生产的产品在未来 10 年内会为公司带来经济利益，假定这项无形资产的净残值均为零，并按年采用直线法摊销。

要求：计算该无形资产的取得成本和每年的摊销额。

2. 北方公司正在研究和开发一项新工艺，2022 年 1 至 7 月发生的各项研究、调查、试验等费用共计 120 万元，2022 年 10 月至 12 月发生材料人工等各项支出共计 70 万元，在

2022年9月末，该公司已证实该项新工艺能够研发成功，并满足无形资产确认标准。2023年1至6月又发生材料费用、直接参与开发人员的工资、场地设备等租金和注册费等支出共计210万元。2023年6月末该项新工艺完成，达到预定可使用状态。

要求：计算北方公司自行研发的无形资产的取得成本。

三、业务题

1. 某企业为增值税一般纳税人，发生的增值税均符合增值税抵扣条件。2022年12月份发生有关无形资产的经济业务如下。

（1）12月5日，购入一项专利权，支付专利权转让费及有关手续费共计158 000元，增值税率为6%，按合同规定，公司在合同签订日先行支付50 000元，其余款项在产品上市以后再行支付。

（2）12月10日，为开发市场的需要，购入某服装公司商标使用权，使用年限为四年。已经用银行存款一次支付价款1 800 000元，增值税率为6%，并已办妥各种手续。

（3）12月15日，公司因生产产品需要，组织研究人员在一项技术研发过程中发生材料费89 000元，应付研发人员薪酬54 000元，以银行存款支付租金5 000元。上述各项支出应予资本化部分的是121 000元，应予以费用化的部分是27 000元。

（4）12月17日，公司接受某服装公司以土地使用权作价向本公司进行投资。经专业评估师评估，土地使用权的价值为8 600 000元，折换成公司每股面值为1元的普通股股票4 300 000股，增值税率为6%。

（5）12月31日，公司按照规定摊销一项专利权，此专利权购买成本为280 000元，公司确定的摊销年限为10年。

（6）12月20日，公司出售一项专利权的所有权，出售价格为130 000元，出售时无形资产的账面余额为115 000元，累计摊销10 000元，计提减值准备3 000元，增值税率为6%。

（7）12月31日，公司一项专利权无法在未来给企业带来经济利益，公司按规定将其做报废处理，此项专利权账面余额为126 000元，累计摊销额为115 000元。

要求：编写上述经济业务的相关会计分录。

2. 某上市公司自行研究开发了一项专利技术，与该项专利技术有关的资料如下。

（1）2022年1月，该项研发活动进入开发阶段，用银行存款支付开发费用280万元，其中满足资本化条件的为150万元。2022年7月1日，研发活动结束，并按法律程序申请取得专利权，供企业行政管理部门使用。

（2）该项专利权法律规定有效期为5年，采用直线法按月进行摊销。

（3）2022年12月31日，将该项专利权出售，实际取得价款160万元，增值税率为6%，所有款项已存入银行。

要求：编制该上市公司上述经济业务的相关会计分录。

3. 甲股份有限公司2020—2022年无形资产业务有关的资料如下。

（1）2020年1月1日，以银行存款600万元购入一项无形资产，增值税率为6%，该无形资产的预计使用年限为 10 年。

（2）2020 年 12 月 31 日，预计该无形资产的可收回金额为 284 万元。该无形资产发生减值准备后，原预计使用年限不变。

（3）2021 年 12 月 31 日，预计该无形资产的可收回金额为 259.6 万元，调整该无形资产减值准备后，原预计使用年限不变。

（4）2022 年 4 月 1 日，将该无形资产对外出售，取得价款 290 万元并收存银行，增值税率为 6%。

要求：（计算保留整数）

（1）编制购入该无形资产的会计分录。

（2）计算 2020 年 12 月 31 日该无形资产的账面净值。

（3）编制 2020 年 12 月 31 日该无形资产计提减值准备的会计分录。

（4）计算 2021 年 12 月 31 日该无形资产的账面价值。

（5）编制 2021 年 12 月 31 日计提该无形资产减值准备的会计分录。

（6）计算 2022 年 3 月 31 日该无形资产的账面价值。

（7）编制 2022 年 4 月 1 日无形资产出售的会计分录。

4. 甲公司以 300 万元的价值对外出售一项专利权。该项专利权系甲公司以 480 万元的价格购入，购入时该专利权预计使用年限为 10 年，转让时该专利权已使用 5 年。增值税率为 6%，未计提无形资产减值准备。

要求：编写甲公司出售该专利权的会计分录。

第九章 负债

 **学习目标**

通过本章学习，应达到以下学习目标。
1. 掌握：负债的概念和特征；掌握流动负债主要内容和常见流动负债项目的会计核算。
2. 理解：职工薪酬的构成内容，增值税的征税原理和会计核算方法。
3. 了解：非货币性薪酬和非流动负债的内容和会计核算方法。

 引导案例

2022年6月15日，复星国际（00656.HK）被穆迪列入负面观察名单。这个总资产超8 000亿元的民营资本帝国，负担沉重的国际债务也因此被撕开"一道口子"。

早在2021年末，复星国际的总资产为8 063.72亿元，总负债6031.58亿元，净资产2 032.14亿元，资产负债率为74.8%，流动负债3 377.74亿元，占总债务的56%，其中一年内到期的短期债务有1 052.27亿元。近年来，复星国际的财务杠杆水平就一直在74%以上的高位徘徊，远高于行业平均水平，存在较大债务风险。另外，复星国际还有应付票据及应付账款214.06亿元，其短期有息负债规模较大。相较于短债压力，复星国际流动性紧张，其现金及现金等价物为962.78亿元，不足以覆盖短期债务，现金短债比小于1，公司面临的短期偿债压力较大。值得注意的是，近年来复星国际短期借款规模迅速增长，其严重依赖短期债务为长期投资提供资金，短债长投期限错配和短期偿债风险并存。在负债方面，复星国际还有非流动负债2653.85亿元，其长期有息负债合计1 318.92亿元。刚性债务有2 585.25亿元，已处于历史最高位，带息债务比为43%。高企的有息负债，致使复星国际融资成本飙升，2019年以来其财务费用支出均在百亿元上下，财务费用对利润形成较大侵蚀。总的来看，复星国际债务负担沉重，尤其是短债规模较大，流动性持续紧张。近段时间，"复星负债6 500亿元"的说法再次频频出现，据复星国际2022年半年报数据，截至2022年6月30日，复星国际流动性资产为3 787.8亿元，非流动性资产为4 709.0亿元，合计8 496.8亿元；流动负债合计3 754.0亿元，非流动负债合计2 757.6亿元，合计6 511.6亿元。

在评级下调背景之下，有关复星6 500亿元债务压顶的说法不胫而走，对此，复星国际执行总裁、CFO龚平表示："网络盛传的所谓复星6 500亿元债务压顶，这一说法实质上完全是混淆了不同的概念。6 500亿元的数字，是复星国际合并报表的全部债务，包含了旗下金融机构，如保险公司的债务。但是，金融机构的债务和企业的传统债务不是同一个概念，复星国际真实的企业债务实际上只有2 600亿元。"但无论是合并报表还是涵盖旗下公司总负债规模，复星集团还是存在一定的债务风险，尤其是疫情之后短期借款暴增，并且有相关人士发现，近阶段"复星系"正在频繁减持套现。

案例思考：

1. 复星国际"负债 6 500 亿元"真的是偷换概念吗？
2. 金融机构的债务和企业的传统债务之间有什么区别？
3. 复星频繁抛售和减持旗下资产，与其自身的债务压力和流动性趋紧是否有关？

小提示：关于复星国际"负债 6 500 亿元"舆论事件详情可参考以下相关资料：

宋杰. 复星的 6500 亿负债到底怎么回事[J]. 中国经济周刊, 2022(18): 76-77.

（https://www.thepaper.cn/newsDetail_forward_19997786）

第一节　负　债　概　述

一、负债的概念及特征

我国《企业会计准则——基本准则》中对负债的定义是："负债是指企业过去的交易或事项形成的、预期会导致经济利益流出企业的现时义务。"

根据负债的定义，负债具有以下几个方面的特征。

（一）负债是由过去发生的交易或者事项而产生的

过去的交易或者事项指已发生或完成的经济业务。例如，企业向银行取得借款、企业向购货单位赊购商品等，这些经济业务的发生会导致企业的负债增加。对于今后发生的交易或事项，不确认为负债。例如，赊购货物意向书，在交易或事项尚未发生前，这种预期可能发生的负债不能成立。

（二）负债是企业承担的现时义务

现时义务指企业在现行条件下已承担的义务。负债属于具有约束力的合同、协议的法定要求，因而不能履行义务时，在法律上可以强制执行。例如，企业购入货物后必须向销货企业支付货款，对购货企业而言，支付货款是一项强制性的义务，只有在付款后负债才可能消失。另外，该义务还可能产生于正常的业务活动、习惯及为了保持良好的业务关系的愿望。例如，企业对其售出的商品，为了树立企业良好的销售形象，承诺的保修等质量担保所发生的修理费用，也属于企业的负债。

（三）履行现时义务会导致企业经济利益的流出

负债的实质就是企业将来将要放弃的经济利益。负债的清偿一般用现金偿还或以实物资产形式偿还、以提供劳务形式偿还以及以部分转移资产、部分提供劳务形式偿还等。

二、负债的确认与分类

（一）负债的确认

将一项现时义务确认为负债，在符合负债定义的同时，还需要同时满足以下两个条件。

1. 与该义务有关的经济利益很可能流出企业

从负债的定义可以看到，预期会导致经济利益流出企业是负债的一个本质特征。在实务中，履行义务所需流出的经济利益带有不确定性，尤其是与推定义务相关的经济利益，通常需要依赖于大量的估计。因此，负债的确认应当与经济利益流出不确定性程度的判断结合起来。如果有确凿证据表明与现时义务有关的经济利益很可能流出企业，就应当将其作为负债予以确认；反之，如果企业承担了现时义务，但是会导致企业经济利益流出的可能性很小，就不符合负债的确认条件，不应将其作为负债予以确认。

2. 未来流出的经济利益的金额能够可靠地计量

负债的确认在考虑经济利益流出企业的同时，未来流出的经济利益的金额应当能够被可靠地计量。对于与法定义务有关的经济利益流出金额，通常可以根据合同或者法律规定的金额予以确定，考虑到经济利益流出的金额通常在未来期间，有时未来期间较长，有关金额的计量需要考虑货币时间价值等因素的影响。对于与推定义务有关的经济利益流出金额，企业应当根据履行相关义务所需支出的最佳估计数进行估计，并综合考虑有关货币时间价值、风险等因素的影响。

（二）负债的分类

1. 按其流动性分类

负债按其流动性分为流动负债和非流动负债两大类。流动负债指将在一年（含一年）或者超过一年的一个营业周期内偿还的债务，包括短期借款、应付账款、应付票据、应付职工薪酬、预收账款、应交税费、应付利息、应付股利、其他应付款等。非流动负债指偿还期在一年或者超过一年的一个营业周期以上的债务，包括长期借款、应付债券、预计负债、长期应付款等。

2. 按偿还方式分类

按负债偿还方式的不同，负债可分为货币性负债和非货币性负债。货币性负债指企业拥有的、应以固定金额的货币性资产偿还的债务，如应付账款、应付票据、短期借款和长期借款等。非货币性负债指需要企业以实物资产、其他非货币性资产或提供劳务偿还的债务，如预收账款、预计负债等。

企业为什么会发生负债？负债经营有什么风险？

第二节　流　动　负　债

一、流动负债的概念及分类

（一）流动负债的概念

根据《企业会计准则第 30 号——财务报告列报》第三章第十九条的规定："负债满足

下列条件之一的,应当归为流动负债:(一)预计在一个正常营业周期中清偿。(二)主要为交易目的而持有。(三)自资产负债表日起一年内到期应予以清偿。(四)企业无权自主地将清偿推迟至资产负债表日后一年以上。"流动负债主要包括短期借款、应付票据、应付账款、预收账款、应付职工薪酬、应交税费、应付利息、应付股利、其他应付款等内容,流动负债的最大特点是偿还期短。为了便于企业的经营管理,在实际工作中大多数流动负债都是按照债权人的不同进行分类核算的。例如,按贷款人、供应商、职工、税务部门等分类进行核算。

(二)流动负债的分类

为了进一步认识流动负债的性质和特征,可以按不同标准对流动负债进行分类,但主要有以下两种分类。

1. 按其产生的原因进行分类

(1)借贷形成的流动负债。如企业从银行和其他金融机构借入的短期借款。

(2)结算过程中产生的流动负债。例如,企业购入原材料已经到货,在货款尚未支付前形成一笔待结算的应付款项。

(3)经营过程中产生的流动负债。由于会计上实行权责发生制,有些费用需要预先确认从而形成的负债,如应交税费、应付职工薪酬等。

(4)分配利润产生的流动负债。例如,企业宣告发放的现金股利或利润,在尚未发放之前形成应付给投资者的利润。

2. 按其偿还金额是否确定进行分类

(1)金额确定的流动负债,指流动负债已经成立,企业必须履行义务。这类流动负债一般在确认义务的同时,根据合同、协议或法律的规定可以确定其金额、付款人、收款人和付款日期,并且债权人有权要求到期及时付款的权利。确定的流动负债主要包括短期借款、应付票据、应付账款、预收账款、合同负债、应付职工薪酬、其他应付款,以及一年内到期的长期负债。

(2)应付金额视经营情况而定的流动负债,指流动负债需待企业在一定的经营期末,视该经营期的经营情况才能确定负债的金额。在该经营期结束之前,流动负债金额不能确定。如应交税费、应付股利(应付利润)等,必须到一定的会计期间终了计算出经营损益后才能确定应交多少税费及应分配给投资者的利润。

(3)或有负债,指过去的交易或事项形成的潜在义务。其存在需要通过未来不确定事项的发生或不发生予以证实;或由过去的交易或事项形成的现实义务,履行该义务不是很可能导致经济利益流出企业或该义务的金额不能被可靠地计量。或有负债包括已贴现的商业承兑汇票形成的或有负债、产品质量保证形成的或有负债、未决诉讼和未决仲裁形成的或有负债,以及为其他单位提供担保形成的或有负债等。或有负债根据会计准则的要求在会计报表附注中披露。

(三)流动负债的计价

为了保证会计信息的质量,企业应对负债进行正确计价。从理论上说,应当考虑货币的时间价值，所有负债都按照其未来偿付金额的现值入账。但是在实务中，流动负债涉及的期间一般较短，其到期价值与现值往往差别不大，一般均按照实际发生额入账。本节以几种主要的流动负债为例，说明流动负债会计处理的基本原理。

二、短期借款

（一）短期借款的概念

短期借款指企业向银行或其他金融机构借入的，期限在一年以下（含一年）的各种款项。短期借款一般是企业为维持正常的生产经营所需的资金而借入的或者为抵偿某项债务而借入的款项。短期借款应当按照借款本金和确定的银行借款利率按期计提利息，计入当期损益。

（二）短期借款的核算

为了核算企业借入的各种短期借款（本金）的增减变动及其结余情况，企业应设置"短期借款"账户，该账户属于负债类。贷方登记取得的短期借款（短期借款的增加），借方登记短期借款的偿还（短期借款的减少），期末余额在贷方，表示企业尚未偿还的短期借款的本金结余额。短期借款应按照债权人的不同设置明细账。

当企业取得借款时，借记"银行存款"科目，贷记"短期借款"科目；当企业用短期借款直接归还应付购货款或应付票据时，借记"应付账款"或"应付票据"等科目，贷记"短期借款"科目。短期借款利息在计提或实际支付时均不通过"短期借款"科目，而是通过"应付利息"科目或直接用银行存款支付，企业向银行借款，应按规定支付利息。短期借款利息应作为一项财务费用，计入当期损益。在实务中，短期借款利息的处理有以下两种方法。

（1）按月计提，计入财务费用。当短期借款的利息金额较大，到期时利息是一次支付的，或者利息按季度或按半年支付的，为了合理计算各期的损益，一般采用计提利息费用。当计提利息时，借记"财务费用"科目，贷记"应付利息"科目；实际支付时，按已经计提的利息金额，借记"应付利息"科目；按照实际支付的数额与已计提额之间的差额（即尚未计提部分），借记"财务费用"科目；按实际支付的数额贷记"银行存款"科目。

（2）当短期借款利息按月支付，或者利息金额较小，到期一次还本付息时，可以不按月计提利息费用。当实际支付利息和归还本金时，借记"短期借款""财务费用"科目，贷记"银行存款"科目。

【例9-1】 某企业2022年1月1日从银行借入短期借款100 000元，期限半年，年利率3%，利息按月计提，分季支付，到期归还借款本金。该企业应编制的会计分录如下：

①1月1日借入款项时：

借：银行存款 100 000
　　贷：短期借款 100 000

②1月末计提当月利息时：

本月利息费用 = 100 000 × 3% ÷ 12 × 1 = 250（元）

借：财务费用 250

　　　　贷：应付利息　　　　　　　　　　　　　　　　　　　　　　　　　250

③2月末计提当月利息同1月末相同。

④3月末支付本季度应付利息时：

　　借：财务费用　　　　　　　　　　　　　　　　　　　　　　　　　250
　　　　应付利息　　　　　　　　　　　　　　　　　　　　　　　　　500
　　　　贷：银行存款　　　　　　　　　　　　　　　　　　　　　　　750

⑤第二个季度的账务处理与第一个季度的账务处理相同。

⑥7月1日借款到期归还本金时：

　　借：短期借款　　　　　　　　　　　　　　　　　　　　　　　100 000
　　　　贷：银行存款　　　　　　　　　　　　　　　　　　　　　100 000

【例9-2】　某企业于2022年4月1日从银行取得期限为3个月、年利率为8%的短期借款100 000元，用于生产周转。该企业对此项短期借款采用到期一次还本付息、平时不计提利息的方法。该企业应编制的会计分录如下：

①取得借款时：

　　借：银行存款　　　　　　　　　　　　　　　　　　　　　　　100 000
　　　　贷：短期借款　　　　　　　　　　　　　　　　　　　　　100 000

②借款到期，按期归还本息：

利息费用 = 100 000 × 8% × 3/12 = 2 000（元）

　　借：短期借款　　　　　　　　　　　　　　　　　　　　　　　100 000
　　　　财务费用　　　　　　　　　　　　　　　　　　　　　　　　2 000
　　　　贷：银行存款　　　　　　　　　　　　　　　　　　　　　102 000

三、应付票据

（一）应付票据的概念和分类

应付票据是由出票人签发的、委托付款人在指定日期无条件支付确定的金额给收款人或者持票人的票据。通常是因企业购买材料、商品和接受劳务供应等而开出、承兑的商业汇票。按照《支付结算办法》的规定：在银行开立存款账户的法人企业以及其他组织之间，具有真实的交易关系或债权债务关系，均可以使用商业汇票。签发票据的原因一般是：卖方对买方的资信程度不太了解，或买方的资信程度低，或是信用期限较长，双方交易金额较大等。

商业汇票按承兑人不同可以分为银行承兑汇票和商业承兑汇票；按是否带息可以分为带息票据和不带息票据。

在采用商业承兑汇票结算的方式下，承兑人应为付款人，作为企业的一项负债。在采用银行承兑汇票结算的方式下，承兑人虽然是银行，但是，银行仅是为收款人到期收回款项做出了承兑，对于付款人而言，这项负债仍然存在。目前，我国商业汇票的付款期限最长不超过6个月，因此，将应付票据列入流动负债进行管理和核算。

（二）应付票据的核算

企业应设置"应付票据"账户，用于核算企业因购买材料、商品和接受劳务供应等而开出、承兑的商业汇票。该账户属于负债类，贷方登记应付票据签发金额，借方登记应付票据到期支付的款项。期末贷方余额反映企业尚未到期的商业汇票的本息数。并设置"应付票据备查簿"，详细登记每一项应付票据的种类、号数、签发日期、到期日、票面金额、票面利率、合同交易号、收款人姓名或单位名称，以及付款日期和金额等内容。其主要账务处理如下。

（1）企业开出商业承兑汇票或以商业承兑汇票支付货款、抵应付账款时，借记"原材料""库存商品""应交税费——应交增值税（进项税额）""应付账款"等科目，贷记"应付票据"科目。

（2）支付银行承兑汇票的手续费时，借记"财务费用"科目，贷记"银行存款"科目。

（3）带息票据期末计算应付利息时，借记"财务费用"科目，贷记"应付票据"科目。票据到期支付本息时，按票据面额和已计提利息，借记"应付票据"科目，按未计提的利息，借记"财务费用"科目，按实际支付的金额，贷记"银行存款"科目。

（4）支付到期票据金额时，借记"应付票据"科目，贷记"银行存款"科目。若持有商业承兑汇票到期，企业无力支付票款，按应付票据的票面价值，借记"应付票据"科目，贷记"应付账款"科目。若持有银行承兑汇票到期，企业无力支付票款，按应付票据的票面价值，借记"应付票据"科目，贷记"短期借款"科目。

【例9-3】A公司2022年1月1日购入一批价值为60 000元的材料，开出了一张期限为4个月，面值为67 800元，票面年利率为5%的银行承兑汇票。假如银行承兑汇票的手续费按面值的1%收取，取得增值税专用发票，增值税率为13%，原材料已经办理入库手续。A公司应编制的会计分录如下：

（1）1月1日购入材料时：

借：原材料 60 000
    应交税费——应交增值税（进项税额） 7 800
    贷：应付票据 67 800

（2）支付银行承兑汇票手续费时：

借：财务费用 678
    贷：银行存款 678

（3）2022年1月31日计算一个月的应计利息时：

应计利息 = 67 800 × 5% ÷ 12 × 1 = 282.5（元）

借：财务费用 282.5
    贷：应付票据 282.5

（4）2022年2、3、4月末计提利息时会计处理同（3）。

（5）2022年5月1日票据到期

第一种情况，正常付款时：

借：应付票据 68 930
    贷：银行存款 68 930

第二种情况，未付款时：

```
借：应付票据                                    68 930
    贷：短期借款                                 68 930
```

四、应付账款

（一）应付账款的概念和确认

应付账款指企业因购买材料、商品或接受劳务等经营活动应支付的款项。应付账款与应付票据虽然都是流动负债，但两者的性质不同。应付票据是一种承诺付款的期票，是延期付款的信用证明；而应付账款是尚未结清的债务。应付账款的会计问题主要是确定应付账款的入账时间和入账金额。

应付账款通常是在所购货物所有权转移或者接受劳务发生时确认。由于应付账款期限较短，一般按发票账单等凭证上所载明的应付金额入账。在实务工作中，通常有两种情况。一种情况是当所购货物与发票账单同时到达时，一般在货物验收入库时按发票账单确认应付账款；另一种情况是当所购货物与发票账单不是同时到达时，如货物已到而发票未到，为了及时反映企业所拥有的资产和所承担的债务，企业一般在月份终了时，将所购货物和应付账款暂估入账，在下月初用红字予以冲回，待实际收到发票时，再按正常程序处理。

（二）应付账款的核算

为了正确、及时地记录和报告因购买材料、商品或接受劳务供应而发生的债务及其偿还情况等方面的信息，企业应设置"应付账款"账户和相关的明细账户。该账户属于负债类，贷方登记应付账款的发生额，借方登记应付账款的偿还和抵减额，期末余额一般在贷方，表示尚未偿还的应付账款。该账户按照债权单位或个人设置明细账户。

【例 9-4】 甲企业为增值税一般纳税人，向 A 公司购入原材料一批，货款 300 000 元，取得增值税专用发票，增值税额为 39 000 元。材料已验收入库，但款项尚未支付。甲企业应编制的会计分录如下：

```
借：原材料                                     300 000
    应交税费——应交增值税（进项税额）           39 000
    贷：应付账款——A 公司                       339 000
```

【例 9-5】 甲企业开出转账支票支付上述款项，共计 339 000 元。会计分录如下：

```
借：应付账款——A 公司                          339 000
    贷：银行存款                                339 000
```

五、预收账款

（一）预收账款的概念

预收账款指企业按照合同规定预收的款项。企业预收的货款待实际出售商品、产品或提供劳务时再进行冲减。由于预收账款的期限一般比较短，因此将其列入流动负债项目核算。按照企业会计准则规定，预收账款应于实际收到时确认为一项流动负债。并按实际收到的金额计量。

（二）预收账款的核算

企业应设置"预收账款"账户，用于核算企业按照合同规定预收的款项。该账户属于负债类，贷方登记预收金额和补付的金额，借方登记冲销的预收款的金额和退回企业多付款的金额。如果该账户期末贷方余额，反映企业预收的款项；如果期末借方余额，反映企业尚未转销的款项。本科目一般应按照客户设置明细进行核算。预收账款业务发生不多的企业，也可以不设置"预收账款"账户，而将预收的款项直接记入"应收账款"账户的贷方。

企业向客户预收的款项，借记"银行存款"科目，贷记"预收账款"科目，涉及增值税的，还需要贷记"应交税费——应交增值税（销项税额）"。当企业分期确认有关收入时，按照实现的收入，借记"预收账款"科目，贷记"主营业务收入""其他业务收入"科目。企业收到客户补付款项时，借记"库存现金""银行存款"科目，贷记"预收账款""应交税费——应交增值税（销项税额）"科目；退回客户多预付的款项时，借记"预收账款"科目，贷记"库存现金""银行存款"科目。涉及增值税的，还应进行相应的会计处理。

【例 9-6】 甲企业为增值税一般纳税人，适用的增值税税率为13%。2022年7月1日，甲企业与乙公司签订设备经营租赁合同，向乙公司出租设备三台，期限为6个月，三台设备租金（含税）共计67 800元。合同约定，合同签订日预付租金（含税）22 600元，合同到期结清全部租金余款。合同签订日，甲企业收到租金并存入银行，开具的增值税专用发票注明租金20 000元、增值税2 600元。租赁期满日，甲企业收到租金余款及相应的增值税。该业务属于甲企业的非主营业务，租赁期间设备应计提折旧5 000元。甲企业编制的会计分录如下：

（1）收到乙公司预付租金（开具增值税专用发票）：

借：银行存款　　　　　　　　　　　　　　　　　　　　　　　　22 600
　　贷：预收账款　　　　　　　　　　　　　　　　　　　　　　　20 000
　　　　应交税费——应交增值税（销项税额）　　　　　　　　　　2 600

（2）出租期间，每月确认租金，计提折旧：

借：预收账款——乙公司　　　　　　　　　　　　　　　　　　　10 000
　　贷：其他业务收入　　　　　　　　　　　　　　　　　　　　　10 0000

同时：

借：其他业务成本　　　　　　　　　　　　　　　　　　　　　　5 000
　　贷：累计折旧　　　　　　　　　　　　　　　　　　　　　　　5 000

（3）租赁期满，收到租金的余额及增值税：

借：银行存款　　　　　　　　　　　　　　　　　　　　　　　　45 200
　　贷：预收账款　　　　　　　　　　　　　　　　　　　　　　　40 000
　　　　应交税费——应交增值税（销项税额）　　　　　　　　　　5 200

采用预收款方式销售商品的账务处理，请参见本书第十一章。

六、合同负债

合同负债指企业已收或应收客户对价而应向客户转让商品的义务。具体账务处理参见本书第十一章的内容。

七、应付职工薪酬

（一）职工薪酬的概念和内容

职工薪酬指企业为获得职工提供的服务或解除劳动关系而给予各种形式的报酬或补偿。包括短期薪酬、离职后福利、辞退福利和其他长期职工福利。企业提供给职工配偶、子女、受赡养人、已故员工遗属及其他受益人等的福利，也属于职工薪酬。

这里所称的职工主要有3类人员：一是与企业订立正式劳动合同的所有人员，含全职、兼职和临时职工；二是未与企业订立正式劳动合同，但由企业正式任命的人员，如董事会成员、监事会成员和内部审计委员会成员等；三是在企业的计划、领导和控制下，虽未与企业订立正式劳动合同或企业未正式任命，但为企业提供了与职工类似服务的人员。

职工薪酬主要包括以下内容。

1. 短期薪酬

短期薪酬指职工提供相关服务的年度报告期间结束后12个月内需要全部予以支付的职工薪酬，因解除与职工的劳动关系给予的补偿除外。具体包括以下内容。

（1）职工工资、奖金、津贴和补贴，指按照国家统计局《关于工资总数组成的规定》，构成工资总额的计时工资、计件工资、支付给职工的超额劳动报酬和增收节支的劳动报酬、为补偿职工特殊或额外的劳动消耗和因其他特殊原因支付给职工的津贴，以及为了保证职工工资水平不受物价影响支付给职工的物价补贴等。企业按规定支付给职工的加班加点工资，以及根据国家法律、法规和政策规定，企业职工因病、工伤、产假、计划生育假、婚丧假、事假、探亲假、定期休假、停工学习、执行国家或社会义务等特殊情况下，按照计时工资或计件工资标准的一定比例支付的工资也属职工工资范畴。在职工休假或缺勤时，不应当从工资总额中扣除。

（2）职工福利费，指企业为职工集体提供的福利。该费用主要是尚未实行主辅分离、辅业改制的企业例如：内设医务室、职工浴室、理发室、托儿所等集体福利机构人员的工资、医务经费；职工因公负伤赴外地就医路费、职工生活困难补助；未实行医疗统筹企业职工医疗费用，以及按照国家规定开支的其他职工福利支出等。

（3）医疗保险费、工伤保险费和生育保险金等社会保险费。企业按照国务院、各地方政府或企业年金计划规定的基准和比例计算，向社会保险经办机构缴纳的医疗保险费、工伤保险费和生育保险金，以及以购买商业保险形式提供给职工的各种保险待遇属于职工薪酬，应当按照职工薪酬的原则进行确认、计量和披露。

（4）住房公积金，指企业按照国家《住房公积金管理条例》规定的基准和比例计算，向住房公积金管理机构缴存的住房公积金。

（5）工会经费和职工教育经费，指企业为了改善职工文化生活、提高职工文化水平和业务素质，用于开展工会活动和职工教育及职业技能培训等所发生的相关支出。

（6）短期带薪缺勤，指职工虽然缺勤但企业仍向其支付报酬的安排，如年休假、病假、婚假、产假、丧假、探亲假等。长期带薪缺勤属于其他长期职工福利。

（7）短期利润分享计划，指因职工提供服务而与职工达成的基于利润或其他经营成果提供薪酬的协议。长期利润分享计划属于其他长期职工福利。

（8）其他短期薪酬，指除上述薪酬以外的其他为获得职工提供的服务而给予的短期薪酬。

2. 离职后福利

离职后福利指企业为获得职工提供服务而在职工退休或与企业解除劳动关系后，提供的各种形式的报酬和福利，短期薪酬和辞退福利除外。

3. 辞退福利

辞退福利指企业在职工劳动合同尚未到期之前解除与职工的劳动关系，或者为鼓励职工自愿接受裁减而给予职工的补偿。

4. 其他长期职工福利

其他长期职工福利指除短期薪酬、离职后福利、辞退福利之外所有的职工薪酬。包括长期带薪缺勤、长期残疾福利、长期利润分享计划。

（二）应付职工薪酬的核算

企业应设立"应付职工薪酬"账户进行核算。该账户属于负债类，贷方登记已分配计入有关成本费用项目的应付职工薪酬的数额，借方登记实际发放职工薪酬的数额，余额在贷方，反映应发未发的职工薪酬。同时本账户应当按照"工资""职工福利""社会保险费""住房公积金""工会经费和职工教育经费""带薪缺勤""利润分享计划""设定提存计划""设定受益计划义务""辞退福利"等职工薪酬项目进行明细核算。企业应当根据职工提供服务的受益对象，对发生的职工薪酬分别按以下情况进行处理。

1. 货币性短期薪酬的核算

1）货币性职工薪酬确认

企业应当在职工为其提供服务的会计期间，根据职工提供服务情况和工资标准等计算计入职工薪酬的工资总额，并按照受益对象计入当期损益或相关资产成本，同时确认应付职工薪酬。计算应付职工薪酬时，国家规定了计提基础和计提比例的，应当按照国家规定的标准计提；没有规定计提基础和计提比例的，企业应当根据历史经验数据和实际情况，合理预计当期应付职工薪酬。当期实际发生金额大于预计金额的，应当补提应付职工薪酬；当期实际发生金额小于预计金额的，应当冲回多提的应付职工薪酬。具体分以下情况进行处理。

（1）生产部门人员的职工薪酬，借记"生产成本""制造费用""劳务成本"科目，贷记"应付职工薪酬"科目。

（2）行政管理部门人员的职工薪酬，借记"管理费用"科目，贷记"应付职工薪酬"科目。

（3）销售人员的职工薪酬，借记"销售费用"科目，贷记"应付职工薪酬"科目。

（4）应由在建工程、研发支出负担的职工薪酬，借记"在建工程""研发支出"科目；贷记"应付职工薪酬"科目。

【例9-7】 甲企业根据"工资结算汇总表"分配2022年8月应发工资600 000元，其中生产产品的工人工资为 400 000 元,行政管理人员工资为 30 000 元,生产部门管理人员工资为 120 000 元,在建工程人员工资为 8 000 元,产品销售人员工资为 42 000 元。应发工资时,甲企业应编制的会计分录如下:

借:生产成本	400 000
管理费用	30 000
制造费用	120 000
在建工程	8 000
销售费用	42 000
贷:应付职工薪酬——工资	600 000

2) 工会经费、职工教育经费、社会保险费、住房公积金的核算

国家规定了工会经费、职工教育经费、社会保险费、住房公积金计提基础和计提比例的,按国家规定计提,借记相关成本费用科目,贷记"应付职工薪酬——工会经费""应付职工薪酬——职工教育经费""应付职工薪酬——社会保险费""应付职工薪酬——住房公积金"等科目。

【例 9-8】 承【例 9-7】,甲企业根据规定,分别按照职工工资总额的 2%和 2.5%的计提标准,确认应付工会经费和职工教育经费,甲企业应编制的会计分录如下:

借:生产成本	18 000
管理费用	1 350
制造费用	5 400
在建工程	360
销售费用	1 890
贷:应付职工薪酬——工会经费	12 000
——职工教育经费	15 000

【例 9-9】 承【例 9-7】,甲企业根据规定标准,计算应由甲企业负担的向社会保险经办机构缴纳社会保险费(不含基本养老保险费和失业保险费)共计 72 000 元。根据规定标准计提,应由甲企业负担的住房公积金为 66 000 元(假设以本月工资总额的 12%、11%为计提标准)。会计分录如下:

借:生产成本	92 000
管理费用	6 900
制造费用	27 600
在建工程	1 840
销售费用	9 660
贷:应付职工薪酬——社会保险费	72 000
——住房公积金	66 000

企业按照国家有关规定缴纳由企业负担的社会保险费和住房公积金时,借记"应付职工薪酬——社会保险费(住房公积金)"科目,贷记"银行存款"等科目。

【例 9-10】 甲企业以银行存款为职工交纳职工社会保险费 72 000 元和住房公积金

66 000 元。应编制的会计分录如下：

　　借：应付职工薪酬——社会保险费　　　　　　　　　　　72 000
　　　　　　　　　　——住房公积金　　　　　　　　　　　66 000
　　　　贷：银行存款　　　　　　　　　　　　　　　　　　　　　138 000

3）发放职工薪酬和扣还企业代垫款

企业按照有关规定向职工支付工资、奖金、津贴和补贴等，借记"应付职工薪酬——工资"科目，贷记"银行存款""库存现金"等科目。企业从应付职工薪酬中扣还的各种款项（如代垫的家属药费、房租等），借记"应付职工薪酬——工资"科目，贷记"其他应收款"等科目。

【例 9-11】甲企业根据"工资结算汇总表"结算本月应付职工工资总额为 600 000 元，扣还企业代垫职工房租 200 000 元，企业代垫职工家属医药 20 000 元。实发工资 380 000 元。甲企业应编制的会计分录如下：

（1）向银行提取现金时：
　　借：库存现金　　　　　　　　　　　　　　　　　　　　　380 000
　　　　贷：银行存款　　　　　　　　　　　　　　　　　　　　　380 000

（2）发放工资时：
　　借：应付职工薪酬——工资　　　　　　　　　　　　　　380 000
　　　　贷：库存现金　　　　　　　　　　　　　　　　　　　　　380 000

（3）扣还代垫款项时：
　　借：应付职工薪酬——工资　　　　　　　　　　　　　　220 000
　　　　贷：其他应收款——职工房租　　　　　　　　　　　　200 000
　　　　　　　　　　——代垫医药费　　　　　　　　　　　　20 000

知识链接

现在大部分企业都是通过银行给职工发工资。如果通过银行发放工资，甲企业发放工资时的会计分录是：

　　借：应付职工薪酬——工资　　　　　　　　　　　　　　380 000
　　　　贷：银行存款　　　　　　　　　　　　　　　　　　　　　380 000

4）代扣代缴个人所得税

为了核算企业按规定计算的代扣代缴的职工个人所得税，还应设置"应交税费——应交个人所得税"账户进行核算。企业按规定计算的代扣的职工个人所得税，借记"应付职工薪酬"账户，贷记"应交税费——应交个人所得税"账户。企业代缴个人所得税时，借记"应交税费——应交个人所得税"账户，贷记"银行存款"等账户。

【例 9-12】某车间管理人员某月的工资总额为 45 000 元，应代扣代缴个人所得税 1 500 元，现金实发工资 43 500 元。应编制的会计分录如下：

（1）代扣个人所得税时：

借：应付职工薪酬——工资　　　　　　　　　　　　　　　　　　　　　1 500
　　　　贷：应交税费——应交个人所得税　　　　　　　　　　　　　　　　　　1 500
（2）发放工资时：
　　借：应付职工薪酬——工资　　　　　　　　　　　　　　　　　　　　　43 500
　　　　贷：库存现金　　　　　　　　　　　　　　　　　　　　　　　　　　43 500
（3）代缴个人所得税时：
　　借：应交税费——应交个人所得税　　　　　　　　　　　　　　　　　　　1 500
　　　　贷：银行存款　　　　　　　　　　　　　　　　　　　　　　　　　　1 500

5）支付职工福利费

对于职工福利费，企业应当在实际发生时根据实际发生额计入当期损益或相关资产成本，贷记"应付职工薪酬——职工福利费"。企业向职工或福利部门拨付时，借记"应付职工薪酬——职工福利"科目，贷记"银行存款""库存现金"科目等。

【例9-13】甲企业下设一所职工食堂，每月根据在岗职工数量及岗位分布情况、相关历史经验数据等计算需要补贴食堂的金额，从而确定企业每期因补贴职工食堂需要承担的福利费金额。2022年8月，企业在岗职工共计100人，其中行政管理部门30人，生产车间70人，企业的历史经验数据表明，每个职工每月需补贴食堂150元。甲企业应编制如下会计分录：

　　借：管理费用　　　　　　　　　　　　　　　　　　　　　　　　　　　　4 500
　　　　生产成本　　　　　　　　　　　　　　　　　　　　　　　　　　　　10 500
　　　　贷：应付职工薪酬——职工福利费　　　　　　　　　　　　　　　　　15 000

【例9-14】2022年9月，甲企业通过银行转账支付15 000元补贴给食堂。甲企业应编制会计分录如下：

　　借：应付职工薪酬——职工福利费　　　　　　　　　　　　　　　　　　15 000
　　　　贷：银行存款　　　　　　　　　　　　　　　　　　　　　　　　　15 000

6）短期带薪缺勤

（1）累积带薪缺勤，指带薪权利可以结转下期的带薪缺勤，本期尚未用完的带薪缺勤权利可以在未来期间使用。企业应当在职工提供了服务从而增加了其未来享有的带薪缺勤权利时，借记"管理费用"等科目，贷记"应付职工薪酬——累积带薪缺"科目。

（2）非累积带薪缺勤，指带薪权利不能结转下期的带薪缺勤，本期尚未用完的带薪缺勤权利将予以取消，并且职工离开企业时也无权获得现金支付。我国企业职工休婚假、产假、丧假、探亲假、病假期间的工资通常属于非累积带薪缺勤。企业确认职工享有的与非累积带薪缺勤权利相关的薪酬，视同职工出勤确认的当期损益或相关资产成本，不必额外做相应的账务处理。

2. 非货币性短期职工薪酬

（1）企业以其自产产品作为非货币性福利发放给职工。

第一步，确认收入：

　　借：应付职工薪酬——非货币性福利

　　　　贷：主营业务收入
　　　　　　应交税费——应交增值税（销项税额）
　第二步，结转产品成本：
　借：主营业务成本
　　　　贷：库存商品
　第三步，确认应付职工薪酬：
　借：生产成本
　　　管理费用
　　　销售费用等
　　　　贷：应付职工薪酬——非货币性福利
（2）将企业拥有的房屋等资产无偿提供给职工使用。
　借：管理费用、生产成本、制造费用等
　　　　贷：应付职工薪酬——非货币性福利
同时，
　借：应付职工薪酬——非货币性福利
　　　　贷：累计折旧
（3）租赁住房等资产供职工无偿使用。
①确认应付职工薪酬时：
　借：管理费用、生产成本、制造费用等
　　　　贷：应付职工薪酬——非货币性福利
②支付房租时：
　借：应付职工薪酬——非货币性福利
　　　　贷：银行存款

八、应交税费

　　企业在一定时期内取得的营业收入或实现的利润或占用的国家资源，以及从事的其他应税项目，要按照规定向国家缴纳相关税费。这些应交税费按照权责发生制的原则提前计入有关账户，并且在尚未缴纳之前暂时停留在企业，形成企业的一项流动负债。这些税费主要包括增值税、消费税、资源税、所得税、土地增值税、城市维护建设税、房产税、城镇土地使用税、车船使用税、教育费附加、矿产资源补偿费等。为了核算企业要缴纳各种税费形成的负债，应设置"应交税费"账户。该账户属于负债类，贷方登记计算确定应缴纳的税费数额，借方登记实际缴纳的税费数额，期末贷方余额表示欠缴的各种税费，借方余额反映企业多缴或尚未抵扣的税金。"应交税费"账户应当按照应交税费的税种进行明细核算。此处主要介绍增值税、消费税、城市维护建设税和教育费附加等主要流转税费的计算及相应的会计处理。

（一）应交增值税

增值税指对我国境内销售货物提供加工或修理修配劳务，进口货物，以及销售服务、无形资产或者不动产的单位和个人，就其取得的货物或应税劳务销售额、进口货物，以及提供销售服务、无形资产或者不动产的金额计算税款，并实行税款抵扣制的一种流转税。目前税率如下。

（1）13%。销售或进口货物，提供加工修理修配劳务，租赁有形动产。

（2）9%。销售或进口下列货物、提供服务：①农产品（含粮食）、食用植物油、食用盐；②自来水、暖气、冷气、热水、煤气、石油液化气、天然气、沼气、居民用煤炭制品；③图书、报纸、杂志、影像制品、电子出版物；④饲料、化肥、农药、农机、农膜、二甲醚；⑤提供交通运输、邮政、基础电信、建筑、不动产租赁服务；⑥销售不动产，转让土地使用权等。

（3）6%。提供上述（1）（2）项以外的服务，包括现代服务业、金融保险业，以及租赁、转让无形资产（土地使用权除外）、提供增值电信服务等。

（4）3%。采用简易计税方法的项目。

（5）零税率。出口货物。

根据《中华人民共和国增值税暂行条例》的规定，按照纳税人的经营规模及会计核算的健全程度，增值税纳税人分为一般纳税人和小规模纳税人。

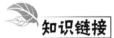

一般纳税人和小规模纳税人的认定标准

增值税一般纳税人指年应征增值税销售额超过法律法规的小规模纳税人标准的企业和企业性单位。下列纳税人不属于一般纳税人：

（1）年应纳增值税销售额未超过小规模纳税人标准的企业。

（2）除个体经营者以外的其他个人。

（3）非企业性单位。

（4）不经常发生增值税应税行为的企业。

小规模纳税人指年应纳增值税销售额在规定标准以下的，并且会计核算不健全，不能按照规定报送有关税务资料的增值税纳税人。认定小规模纳税人的具体年应税销售额的标准如下。

（1）从事生产货物或提供应税劳务的纳税人，以及以从事货物生产或者提供应税劳务为主，并兼营货物批发或零售的纳税人，年应税销售额在50万元以下的。

以从事货物生产或者提供应税劳务为主，指纳税人的年货物生产或者提供应税劳务销售额占年应税销售额的比重在50%以上。

（2）除上述规定以外的纳税人，年应税销售额在80万元以下的。所谓年应税销售额，指纳税人在连续不超过12个月的经营期内累计应征增值税销售额，包括免税销售额。

（3）销售服务、无形资产或者不动产的纳税人，年应税销售额在500万元以下的。

（4）年应税销售额超过规定标准的其他个人、非企业性单位和不经常发生应税行为的企业。

1. 一般纳税人增值税应纳税额的计算

一般纳税人增值税的计算采用购进抵扣法，即企业购入货物或接受应税劳务支付的增值税（即进项税额），可以从销售货物或提供劳务按规定收取的增值税（即销项税额）中抵扣，抵扣后的余额即为实际应缴纳的增值税。应纳增值税的计算公式为

本期应纳税额 = 本期销项税额 − 本期进项税额

（1）销项税额的计算。本期销项税额指当期销售货物或提供应税劳务的纳税人，依其销售额和法定税率计算并向购买方收取的增值税税款。其具体计算公式是

当期销项税额 = 销售额 × 税率

或：

当期销项税额 = 组成计税价格 × 税率

如果销售额为含税销售额，在计算本期销项税额时，必须将含税销售额换算为不含税销售额，其计算公式为

不含税销售额 = 含税销售额 ÷ （1 + 增值税税率）

（2）确定本期进项税额的依据。当期进项税额指纳税人当期购进货物或应税劳务已缴纳的增值税额，它主要体现在从销售方取得的增值税专用发票上或海关进口增值税专用缴款书上。准予从销项税额中抵扣进项税额的情形如下。

①从销售方取得的增值税专用发票（含税控机动车销售统一发票）。

②从海关取得的海关进口增值税专用缴款书上注明的增值税额。

③购进农产品，除取得增值税专用发票或海关进口增值税专用缴款书外，按照农产品收购发票，或者销售发票上注明的农产品买价和9%的扣除率计算的进项税额。进项税额计算公式为

进项税额 = 买价 × 扣除率

④从境外单位或个人购进服务、无形资产或不动产，自税务机关或扣缴义务人取得的解缴税款的完税凭证上注明的增值税额。

纳税人购进货物或应税劳务，取得的增值税扣税凭证不符合法律、行政法规或国务院税务主管部门有关规定的，其进项税额不得从销项税额中抵扣。

当期销项税额小于当期进项税额不足抵扣时，其不足部分可以结转下期继续抵扣。

2. 一般纳税人设置的账户体系

为了核算企业应交增值税的发生、抵扣、交纳、退税及转出等情况，应在"应交税费"账户下设置"应交增值税""未交增值税""预交增值税""待认证进项税额""待转销项税额""转让金融商品应交增值税""简易计税""代扣代交增值税"等明细账户，各明细账户核算的内容如下。

（1）"应交税费——应交增值税"明细账户下设"进项税额""已交税金""转出未交增值税""减免税款""出口抵减内销产品应纳税额""销项税额""出口退税""进项税额转出"

"转出多交增值税"等专栏。

（2）"应交税费——未交增值税"明细账户核算企业月末累计未交增值税或多交增值税。

（3）"应交税费——预交增值税"明细账户核算企业转让不动产、提供不动产经营租赁服务、提供建筑服务、采用预收款方式销售自行开发的房地产项目等，按现行增值税制度规定应预交的增值税额。

（4）"应交税费——待认证进项税额"明细账户核算企业由于未经税务机关认证而不得从当期销项税额中抵扣的进项税额。

（5）"应交税费——待转销项税额"明细账户核算企业销售货物、加工修理修配劳务、服务、无形资产或不动产，已确认相关收入（或利得）但尚未发生增值税纳税义务而需于以后期间确认为销项税额的增值税额。

（6）"应交税费——转让金融商品应缴增值税"明细账户核算企业转让金融商品发生的增值税额。

（7）"应交税费——简易计税"明细账户核算企业发生的教育辅助服务等采用简易计税方法应交增值税。

（8）"应交税费——代扣代交增值税"明细账户核算企业购进在境内未设经营机构的境外单位或个人在境内的应税行为代扣代交的增值税。

知识链接

"应交税费——应交增值税"账户下设置专栏核算的内容

①"进项税额"专栏，记录一般纳税人购进货物、加工修理修配劳务、服务、无形资产或不动产而支付或负担的、准予从当期销项税额中抵扣的增值税额。

②"已交税金"专栏，记录一般纳税人当月已交纳的应交增值税额。

③"转出未交增值税"和"转出多交增值税"专栏，分别记录一般纳税人月度终了转出当月应交未交或多交的增值税额。

④"减免税款"专栏，记录一般纳税人按现行增值税制度规定准予减免的增值税额。

⑤"出口抵减内销产品应纳税额"专栏，记录实行"免、抵、退"办法的一般纳税人按规定计算的出口货物的进项税抵减内销产品的应纳税额。

⑥"销项税额"专栏，记录一般纳税人销售货物、加工修理修配劳务、服务、无形资产或不动产应收取的增值税额。

⑦"出口退税"专栏，记录一般纳税人出口货物、加工修理修配劳务、服务、无形资产按规定退回的增值税额。

⑧"进项税额转出"专栏，记录一般纳税人购进货物、加工修理修配劳务、服务、无形资产或不动产等发生非正常损失，以及其他原因而不应从销项税额中抵扣、按规定转出的进项税额。

⑨"转出多交增值税"专栏，记录企业月末转出多交的增值税。企业转出当月发生的多交的增值税额用蓝字登记。

3. 一般纳税人应交增值税的主要账务处理

（1）进项税的核算。

企业采购物资、接受应税劳务和购进固定资产等，按可抵扣的增值税额，借记"应交税费——应交增值税（进项税额）"明细科目，按应计入采购成本的金额，借记"原材料""库存商品""生产成本""固定资产"等科目；按应付或实际支付的金额，贷记"应付账款""应付票据""银行存款""库存现金"等科目。若因采购的物资不符合企业的要求而将购入的物资作退货处理时，应做相反的会计分录。

【例9-15】 甲企业为一般纳税人，适用增值税率为13%，原材料按照实际成本核算。2022年6月5日，甲企业购入一批原材料，取得的增值税专用发票上注明材料价款为500 000元，增值税额为65 000元，甲企业以转账支票付讫，材料已验收入库。甲企业应编制的会计分录如下：

借：原材料 500 000
　　应交税费——应交增值税（进项税额） 65 000
　贷：银行存款 565 000

【例9-16】 甲企业于2022年6月10日，购入不需要安装设备一台，取得增值税专用发票上注明的价款为200 000元，增值税税额为26 000元，款项尚未支付。甲企业应编制的会计分录如下：

借：固定资产——设备 200 000
　　应交税费——应交增值税（进项税额） 26 000
　贷：应付账款 226 000

【例9-17】 甲企业于2022年6月13日，购入免税农产品一批，作为原材料入库。收购发票注明的价款为100 000元，规定的扣除率为9%。货款及税款已通过银行转账支付。甲企业应编制的会计分录如下：

进项税额 = 100 000 × 9% = 9 000（元）

借：原材料 91 000
　　应交税费——应交增值税（进项税额） 9 000
　贷：银行存款 100 000

（2）进项税额转出的核算。

企业出现下列情形的，就需要办理进项税额转出的账务处理。

①企业已单独确认进项税额的购进货物、加工修理修配劳务或服务、无形资产或不动产但其事后改变用途（如用于简易方法计税项目、免征增值税项目、非增值税应税项目等）。

②企业购进的货物发生非正常损失（不含自然灾害造成的）。非正常损失情形包括管理不善被盗、丢失、霉烂变质的损失；被执法部门没收或强令自行销毁的货物。

企业的固定资产、无形资产或不动产改变用途，用于不得抵扣进项税额的项目或发生非正常损失时，其不得抵扣的进项税额计算方法如下：

不得抵扣的进项税额 = 固定资产、无形资产或不动产净值 × 适用税率

【例9-18】 甲企业于2022年6月份发生进项税额转出事项及相关会计分录如下：

6月8日,库存材料因管理不善发生意外火灾损失,有关增值税专用发票确认的成本为 200 000 元,增值税税额为 26 000 元。批准处理前,甲企业会计分录如下:

借:待处理财产损溢 226 000
　　贷:原材料 200 000
　　　　应交税费——应交增值税(进项税额转出) 26 000

6月12日,领用一批外购原材料用于集体福利消费,该批原材料的成本为 70 000 元,购入时支付的增值税进项税额为 9 100 元,甲企业会计分录如下:

借:应付职工薪酬——非货币性福利 79 100
　　贷:原材料 70 000
　　　　应交税费——应交增值税(进项税额转出) 9 100

(3)销项税额的核算。

①企业销售货物、提供加工修理修配劳务、销售服务、无形资产或不动产产生增值税销项税额时:借记"应收账款""应收票据""银行存款"等科目,贷记"主营业务收入""其他业务收入""固定资产清理""应交税费——应交增值税(销项税额)"等科目。

【例 9-19】 2022 年 6 月,甲企业发生与销售相关的交易及相关会计分录如下:

6月10日,销售产品一批,开具增值税专用发票注明的价款为 800 000 元,增值税税率 13%,增值税税额为 104 000 元,提货单和增值税专用发票已交给买方,款项已收到并存入银行。

借:银行存款 904 000
　　贷:主营业务收入 800 000
　　　　应交税费——应交增值税(销项税额) 104 000

6月15日,为外单位代加工修理工具 500 个,每个收取加工费 100 元,已加工完成。开具增值税专用发票注明的价款为 50 000 元,增值税税率为 13%,增值税税额为 6 500 元,款项已收到并存入银行。

借:银行存款 56 500
　　贷:主营业务收入 50 000
　　　　应交税费——应交增值税(销项税额) 6 500

②视同销售的核算。视同销售行为需要缴纳增值税的事项:企业将自产或委托加工的货物用于非应税项目、集体福利或个人消费;将自产、委托加工或购买的货物作为投资、分配给股东或投资者、无偿赠送他人等。

【例 9-20】 6月12日,用一批原材料对外进行长期股权投资。该批原材料实际成本为 1 000 000 元,双方协商不含税价值为 1 200 000 元,适用增值税税率为 13%。

首先,确认收入会计分录如下:

借:长期股权投资 1 356 000
　　贷:其他业务收入 1 200 000
　　　　应交税费——应交增值税(销项税额) 156 000

然后,结转成本会计分录如下:

借：其他业务成本　　　　　　　　　　　　　　　　　　　　　　1 000 000
　　贷：原材料　　　　　　　　　　　　　　　　　　　　　　　　　1 000 000
（4）交纳增值税的核算会计分录如下：
①缴纳当月的增值税：
借：应交税费——应交增值税（已交税金）
　　贷：银行存款
②缴纳以前期间未交的增值税：
借：应交税费——未交增值税
　　贷：银行存款

【例 9-21】 2×22 年 6 月 30 日，甲企业用银行存款交纳当月的增值税 250 000 元，甲企业应编制会计分录如下：
借：应交税费——应交增值税（已交税金）　　　　　　　　　　　　250 000
　　贷：银行存款　　　　　　　　　　　　　　　　　　　　　　　　250 000

4. 小规模纳税人应纳税额的计算

小规模纳税人销售货物或者应税劳务，实行按照销售额和征收率计算应纳税额的简易办法，不得抵扣进项税额。应纳税额计算公式为

应纳税额＝不含税销售额×征收率

其中，销售额也不包括收取的增值税销项税额，即为不含税销售额。对销售货物或提供应税劳务采取销售额和增值税销项税额合并定价方法的，要分离出不含税销售额，其计算公式是

销售额＝含税销售额÷（1＋征收率）

5. 小规模纳税人的账务处理

小规模纳税人在销售环节不得使用增值税专用发票，需要按照不含税销售额的一定比例计算缴纳增值税。企业在购进环节支付的增值税直接计入有关货物或劳务的成本。因此，小规模纳税企业应在"应交税费"科目下设置"应交增值税""转让金融商品应交增值税""代扣代交增值税"等明细科目，不需要在明细科目下设置专栏。

小规模纳税人的应征税额也不计入收入。在销售货物或提供应税劳务时，应按照全部价款借记"银行存款"科目，按不含税的销售额贷记"主营业务收入"等科目，按应征税额贷记"应交税费——应交增值税"科目。

（二）应交消费税

1. 消费税概述

消费税是对生产、委托加工及加工应税消费品（主要指烟、酒、化妆品、高档次及高能耗的消费品等）征收的一种税。在对货物普遍征收增值税的基础上，选择少数消费品再征收一道消费税，主要是为了调整产业结构，引导消费方向，保证国家财政收入。

知识链接

按照我国税法规定,消费税实行价内征收方式。消费税的计税方法主要有从价定率、从量定额和复合计税三种征收办法。其计算公式如下。

1)从价定率

应纳消费税税额＝销售额×消费税税率

实行从价定率办法计征的应纳税税额的税基为不含增值税的销售额。如果企业应税消费品的销售额未扣除增值税税款,或者因不能开具增值税专用发票而发生价款和增值税额合并收取的,在计算消费税时,按照下列公式计算:

应税消费品的消费税＝含增值税的销售额÷(1＋增值税率或征收率)×消费税税率

2)从量定额

应纳消费税税额＝销售量×单位消费税税额

采用从量定额办法计征的应纳税额的销售数量指应税消费品的数量;属于销售应税消费品的,为应税消费品的销售数量;属于自产自用应税消费品的,为应税消费品的移送使用数量;属于委托加工应税消费品的,为纳税收回的应税消费品数量;进口的应税消费品,为海关核定的应税消费品进口征税数量。

3)复合计税

采取复合计税计征的消费税,以不含增值税的销售额为税基,按照税法规定的税率计算的消费税和按税法确定的企业应税消费品的数量和单位应税消费品应缴纳的消费税计算的消费税合计确定。

2. 应交消费税的核算

为了核算企业应交的消费税,企业应在"应交税费"科目下设置"应交消费税"明细科目,核算应缴纳消费税的发生、缴纳情况。

1)销售应税消费品

企业销售应税消费品时应交的消费税,借记"税金及附加"科目,贷记"应交税费——应交消费税"科目。

【例9-22】 甲企业销售所生产的高档化妆品,价款2 000 000元(不含增值税),适用的消费税税率为15%,不考虑其他相关税费。甲企业应编制会计分录如下:

应纳消费税额＝2 000 000×15%＝300 000(元)

借:税金及附加　　　　　　　　　　　　　　　　　　　　300 000
　　贷:应交税费——应交消费税　　　　　　　　　　　　　　　300 000

2)自产自用应税消费品

【例9-23】 甲企业下设的职工食堂享受企业提供的补贴,本月领用自产产品一批。该产品的账面价值30 000元,市场销售价格为40 000元(不含增值税),适用的增值税税率为13%,消费税税率为10%,不考虑其他相关税费。甲企业应编制会计分录如下:

①确认收入：
借：应付职工薪酬——非货币性福利 45 200
　　贷：主营业务收入 40 000
　　　　应交税费——应交增值税（销项税额） 5 200
②计算应负担的消费税：
借：税金及附加 4000
　　贷：应交税费——应交消费税 4000
③结转成本：
借：主营业务成本 30 000
　　贷：库存商品 30 000

3）委托加工应税消费品

一般应由受托方代收代缴税款。

（1）委托加工物资收回后，直接用于销售的（售价不高于受托方计税价格），应将受托方代收代缴的消费税计入委托加工物资的成本。

借：委托加工物资
　　贷：应付账款、银行存款等

（2）委托加工物资收回后用于连续生产应税消费品，按规定准予抵扣的，应按已由受托方代收代缴的消费税

借：应交税费——应交消费税
　　贷：应付账款、银行存款等

（三）应交城市维护建设税和教育费附加

1. 应交城市维护建设税

城市维护建设税是以增值税、消费税为计税依据征收的一种税。其纳税人为交纳增值税、消费税的单位或个人。税率因纳税人所在地不同从 1%～7% 不等。其计算公式为

应交城市维护建设税 =（应交增值税 + 应交消费税）× 适用税率

企业计算应缴纳的城市维护建设税，借记"税金及附加"等科目，贷记"应交税费——应交城市维护建设税"科目。

【例 9-24】某企业本期实际上缴增值税 250 000 元，消费税 5 500 元。该企业适用的城市维护建设税率为 5%，企业开出转账支票上缴城市维护建设税。该企业应编制的会计分录如下：

（1）计算应缴纳的城市维护建设税时：
应交城市维护建设税 =（250 000+5 500）× 5% = 12 775（元）
借：税金及附加 12 775
　　贷：应交税费——应交城市维护建设税 12 775

（2）企业开出转账支票缴纳城市维护建设税时：
借：应交税费——应交城市维护建设税 12 775
　　贷：银行存款 12 775

2. 应交教育费附加

教育费附加是为了加快发展教育事业、扩大地方教育经费资金来源而向企业征收的附加费用。教育费附加以各单位实际缴纳的增值税、消费税的税额为计征依据，按其一定比例分别与增值税、消费税同时缴纳。企业应交的教育费附加，借记"税金及附加"等科目，贷记"应交税费——应交教育费附加"科目。应交教育费附加的计算公式为

应交教育费附加 =（应交增值税 + 应交消费税）× 适用税率

【例 9-25】 承【例 9-24】资料，该企业适用教育费附加税率为 3%，款项已经用银行存款支付。该企业应编制的会计分录如下：

应交教育费附加 =（250 000+5 500）× 3% = 7 665（元）

（1）计算应交教育费附加时：

借：税金及附加　　　　　　　　　　　　　　　　　　　　　　7 665
　　贷：应交税费——应交教育费附加　　　　　　　　　　　　　　　　7 665

（2）企业开出转账支票缴纳教育费附加时：

借：应交税费——应交教育费附加　　　　　　　　　　　　　　7 665
　　贷：银行存款　　　　　　　　　　　　　　　　　　　　　　　　7 665

（四）应交土地增值税

土地增值税是对转让国有土地使用权、地上的建筑物及其附着物并取得增值性收入的单位和个人所征收的一种税。

根据企业对房地产核算方法的不同，企业应交土地增值税的账务处理也有所区别。

（1）企业转让的土地使用权连同地上建筑物及其附着物一并在"固定资产"科目核算的，转让时应缴纳土地增值税：

借：固定资产清理
　　贷：应交税费——应交土地增值税

（2）缴纳土地增值税。

借：应交税费——应交土地增值税
　　贷：银行存款

（五）房产税、城镇土地使用税、车船税、印花税

（1）房产税。是国家对城市、县城、建制县和工矿区征收的由产权所有人缴纳的一种税。房产税依照房产原值一次减除 10%～30% 后余额计算交纳。没有房产原值作为依据的，由房产所在地税务机关参考同类房产核定；房产出租的，以房产租金收入为房产税的计税依据。

（2）城镇土地使用税。是国家为了合理利用城镇土地，调节土地级差收入，提高土地使用效益，加强土地管理而开征的一种税。以在城市、县城、建制镇、工矿区范围内使用土地的单位和个人为纳税人，以实际占用的土地面积为计税依据，依照规定税额计算征收。

（3）车船税。以车辆、船舶（简称"车船"）为课税对象，向车船的所有人或管理人征收的一种税。

（4）印花税。是对经济活动和经济交往中书立、使用、领受具有法律效力的凭证的单位和个人征收的一种税。印花税按一定比例或定额计征。

企业应缴的房产税、城镇土地使用税、车船税，借记"税金及附加"科目，贷记"应交税费——应交房产税""应交税费——应交城镇土地使用税""应交税费——应交车船税"科目。而企业缴纳的印花税不属于预计应缴税的税金，因此不通过"应交税费"科目核算，实际缴纳时，借记"税金及附加"科目，贷记"银行存款"科目。

（六）应交所得税

所得税包括企业所得税和个人所得税。具体账务处理，见本书第十一章的内容。

九、应付股利

应付股利指企业根据股东大会或类似机构审议批准的利润分配方案确定分配给投资者的现金股利和利润。企业要通过设置"应付股利"账户核算企业确定或宣告支付但尚未实际支付的现金股利或利润。该账户属于负债类，贷方登记应支付的现金股利或利润，借方登记实际支付的现金股利或利润，期末贷方余额反映企业应付未付的现金股利或利润。该账户应按投资者设置明细科目进行核算。

企业根据股东大会或类似机构审议批准的利润分配方案，确认应付给投资者的现金股利或利润，借记"利润分配——应付股利（或应付利润）"科目，贷记"应付股利"科目；向投资者实际支付现金股利或利润时，借记"应付股利"科目，贷记"银行存款"科目。

【例9-26】 某股份有限公司2022年度实现净利润10 000 000元。股东大会或类似机构审议批准的利润分配方案中决定派发现金股利3 000 000元。现金股利已经用银行存款支付。该公司应编制的会计分录如下：

（1）决定分配现金股利时：

借：利润分配——应付股利　　　　　　　　　　　　　　　3 000 000
　　贷：应付股利——现金股利　　　　　　　　　　　　　　3 000 000

（2）支付给投资者时：

借：应付股利——现金股利　　　　　　　　　　　　　　　3 000 000
　　贷：银行存款　　　　　　　　　　　　　　　　　　　　3 000 000

此外，需要说明的是，企业董事会或类似机构通过的利润分配方案中拟分配的股票股利，不构成企业的负债，因为它只是从未分配利润转增资本，是企业权益内部的一种变化，不引起任何经济利益的外流，不作为应付股利核算，但应在会计报表附注中披露。

十、其他应付款

其他应付款指企业除应付票据、应付账款、预收账款、应付职工薪酬、应交税费、应付股利等经营活动以外的其他各项应付、暂收的款项，如应付短期租赁固定资产租金、应付低价值资产租赁的租金、应付租入包装物租金、出租或出借包装物向客户收取的押金、存入保证金等。企业要设置"其他应付款"科目，核算其他应付款的增减变动及其结存情况，并按其他应付款的项目和债权单位（或个人）设置明细科目进行核算。该科目属于负债类，贷方登记发生的各种应付、暂收款项，借方登记偿还或转销的各种应付、暂收款项，该科目期末贷方余额，反映企业应付未付的其他应付款项。当企业发生其他各种应付、暂收款项时，借记"管理费用"等科目，贷记"其他应付款"科目；当支付或退回其他各种应付、暂收款项时，借记"其他应付款"科目，贷记"银行存款"等科目。

【例 9-27】 甲企业从 2022 年 1 月 1 日起，以短期租赁方式租入管理用办公设备一批，每月租金 5 000 元，按季支付。3 月 31 日甲企业以银行存款支付应付租金。甲企业应编制的会计分录如下：

①1 月 31 日计提应付短期租入固定资产租金时：

借：管理费用　　　　　　　　　　　　　　　　　　　　　　　　5 000
　　贷：其他应付款——应付租金　　　　　　　　　　　　　　　　　　5 000

②2 月末计提应付租金的处理与 1 月相同。

③3 月 31 日实际支付时：

借：其他应付款——应付租金　　　　　　　　　　　　　　　　　　10 000
　　管理费用　　　　　　　　　　　　　　　　　　　　　　　　　5 000
　　贷：银行存款　　　　　　　　　　　　　　　　　　　　　　　　15 000

某企业为一般纳税人，2022 年 8 月发生如下业务。

（1）购进钢材一批，买价 100 万元。运费单据注明运费 1 万元，货未到款未付。

（2）向一般纳税人购进小麦，买价 200 万元（不含税），增值税率为 13%，发生运费 1 万元，增值税率为 9%。货已入库，款项已用银行存款支付。

（3）购进机器设备一台并于当月投入使用，取得增值税专用发票，注明价款 20 万元，增值税率为 13%，发生运费 0.3 万元，增值税率为 9%，款项已用银行存款支付。

（4）购入免税农产品一批，作为原材料入库。购买发票注明的价款为 30 万元，以银行存款支付，增值税经税务机关认证可以抵扣。

（5）本月购入原材料价款 25 万元修缮厂房，其中含运费 5 万元，原材料已到货，款项用银行存款支付。

思考与讨论：

该企业本月可抵扣的进项税额是多少，并指出所依据的政策规定。

第三节　非流动负债

一、非流动负债概念

非流动负债也称长期负债。按照《企业会计准则第 30 号——财务报表列报》的定义："流动负债以外的负债应当归类为非流动负债，并应按其性质分类列示。"它包括向银行或其他金融机构借入的长期借款,以及为了筹集长期资金而发行的各种债券等。

非流动负债除了具有负债的共同特征外,还具有如下特征:

(1)债务偿还的期限长,一般超过一年或一个营业周期以上。

(2)债务的金额较大。

(3)可以采取分期偿还的方式。

二、长期借款

(一)长期借款的概念

长期借款指企业向银行或其他金融机构借入的期限在一年以上(不含一年)的各种借款,一般用于固定资产的购建、改扩建工程、大修理工程、对外投资,以及为了保持长期经营能力等方面。它是企业非流动负债的重要组成部分,必须加强管理与核算。

由于长期借款的使用关系到企业的生产经营规模和效益,企业除了要遵守有关的贷款规定、编制借款计划并要有不同形式的担保外,还应监督借款的使用,按期支付长期借款的利息及按规定的期限归还借款本金等。因此,长期借款账务处理的基本要求是反映和监督企业长期借款的借入、借款利息的结算和借款本息的归还情况,促使企业遵守信贷纪律、提高信用等级,同时也要确保长期借款发挥效益。

(二)长期借款的核算

企业通过设置"长期借款"科目,核算长期借款的借入、归还等情况。该科目属于负债类,贷方登记取得借款时的本金,借方登记还款时的本金,期末贷方余额表示企业尚未偿还的长期借款。该科目可按照贷款单位和贷款种类设置明细账,分"本金""利息调整"等进行明细核算。

1. 企业借入长期借款

当企业取得长期借款时,应按实际收到的金额,借记"银行存款",贷记"长期借款——本金"科目。

【例9-28】甲企业于2022年1月1日从银行借入资金5 000 000元,借款期限为三年,年利率为5.4%(分期付息到期还本,不计复利),所借款项已存入银行。甲企业应编制的会计分录如下:

借:银行存款   5 000 000
　　贷:长期借款——本金   5 000 000

2. 长期借款利息

长期借款利息费用应当在资产负债表日,按照实际利率计算确定。实际利率与合同利率差异较小的,也可以采用合同利率计算确定利息费用。长期借款计算确定的利息费用,应当按以下原则计入有关成本、费用。属于筹建期间的,计入管理费用;属于生产经营期间的,计入财务费用。如果长期借款用于购建固定资产的,在固定资产尚未达到预定可使用状态前所发生的应当资本化的利息支出数,计入在建工程成本;固定资产达到预定可使用状态后发生的利息支出,以及按规定不予资本化的利息支出,计入财务费用。长期借款按合同利率计算确定的应付未付利息：如果属于分期付息的，记入"应付利息"科目的贷方；如果属于一次还本付息的，记入"长期借款——应计利息"科目的贷方。长期借款利息费用可能记入的借方科目见图9-1所示。

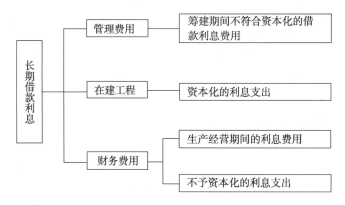

图 9-1　长期借款利息费用对应的会计科目

【例 9-29】　承【例 9-28】资料，甲企业于 2022 年 12 月 31 日计算长期借款利息并支付利息。甲企业应编制的会计分录如下：

2022 年 12 月 31 日计算的长期借款利息 5 000 000 × 5.4% = 270 000（元）

借：财务费用　　　　　　　　　　　　　　　　　　　　　　　270 000
　　贷：应付利息　　　　　　　　　　　　　　　　　　　　　　　　270 000

同时，支付利息时：

借：应付利息　　　　　　　　　　　　　　　　　　　　　　　270 000
　　贷：银行存款　　　　　　　　　　　　　　　　　　　　　　　　270 000

2023 年计算和支付利息同 2022 年。

3. 归还长期借款

当企业归还长期借款的本金时：应按归还的金额，借记"长期借款——本金"科目，贷记"银行存款"科目；按归还的利息，借记"应付利息"或"长期借款——应计利息"科目，贷记"银行存款"科目。

【例 9-30】　承【例 9-28】和【例 9-29】资料，2024 年 12 月 31 日，甲企业偿还该笔银行借款本金和最后一年的利息，甲企业应编制会计分录如下：

借：长期借款——本金　　　　　　　　　　　　　　　　　　5 000 000
　　财务费用　　　　　　　　　　　　　　　　　　　　　　　270 000
　　贷：银行存款　　　　　　　　　　　　　　　　　　　　　　　5 270 000

三、应付债券

（一）债券的概念及分类

债券是企业为筹集长期使用资金而发行的一种书面凭证。发行债券是企业融通长期资金的主要方式之一。通过发行债券，企业将巨额借款分为若干等份，以公开募集的方式向社会举债，能吸收大量长期资金。债券持有人通过持有债券有权向债券发行人定期索取本息，这就构成了发行债券企业的一项债务。企业发行期限超过一年的债券，属于企业的一项非流动负债。根据划分标准不同，债券有以下几种分类方法。

1. 按发行的债券是否有担保可分为有担保债券和无担保债券

有担保债券指以特定的资产作为抵押发行的债券。无担保债券指依靠企业良好的信用和强大的经济实力发行的债券。对债券持有人来说，有担保债券比无担保债券风险小。有担保债券的发行人如果没有能力支付本金和利息，则债券持有人有权要求拍卖发行人有抵押资产，并从其收入中得以偿付。而无担保债券的持有人在这种情况下，只能等到发行人破产才能从其破产财产中得以偿付。

2. 按债券是否记名可分为记名债券和无记名债券

记名债券指发行人登记债券持有人的姓名和地址，并且根据登记的债券持有人支付本金和利息的一种债券。无记名债券指发行人未对债券持有人的姓名和地址进行登记的债券。对债券持有人来说，记名债券比无记名债券安全。发行人在支付本金和利息时，记名债券按登记的债券持有人支付，而无记名债券按持券人支付。所以当记名债券转让时，必须在发行人那里办理过户手续，否则无法领取本金和利息。无记名债券一旦丢失不易查找，债券在谁手里谁就可持券领取本金和利息。

3. 按还本方式不同可分为一次还本债券和分次还本债券

一次还本债券指发行企业规定到期一次还本的债券。分次还本债券指发行企业规定分次还本的债券。两者的不同在于企业对偿债资金的安排不同。

4. 特殊形式的债券包括可转换债券、可赎回债券、收益债券和收入债券

可转换债券指债券持有人在持有一定时期后可按照规定的比例转换为公司的普通股的债券。可赎回债券指债券发行企业有权在债券到期日以前，按确定的价格提前赎回的债券。收益债券指发行企业有赢利才支付利息的债券。收入债券指发行企业用某种特定的收入来源支付利息的债券，即发行企业取得该收入就支付利息。收益债券和收入债券利息的支付是有条件的。

（二）应付债券的核算

为了全面地核算和监督企业发行债券所取得的资金收入、偿还和付息情况，企业应设置"应付债券"账户，该账户属于负债类，贷方登记应付债券的本金和利息，借方登记归还的债券本金和利息，期末贷方余额表示企业尚未偿还的长期债券。该账户设置"面值""利息调整""应计利息"等明细账户，核算应付债券发行、计提利息、还本付息等情况。

1. 债券发行价格的确定及发行时的账务处理

债券票面上应载明的主要内容包括以下几个方面。

（1）债券面值，即债券到期应偿还的本金。其面值大小不等，企业可以根据需要设定，它包括票面的币种和票面金额两个方面。票面的币种指以何种货币作为债券价值的计量标准，取决于发行对象和需要。票面金额指票面所标明的金额。

（2）债券利率，也称名义利率或票面利率，是相对于债券发行时的市场利率而言的，它表示债券发行人承诺每年根据该利率支付的利息。债券票面利率一般用年利率表示，它可以高于、等于或低于市场利率。票面利率的高低主要受银行利率、发行者的资信、偿还期限、利息计算方式及资本市场上资金供求关系的影响。

（3）到期日。也就是偿还债券本金的日期，取决于债券的偿还期限。发行人在确定债券的偿还期限时，要考虑债券筹集资金的周转期、未来市场利率的发展趋势，以及投资者的投资意向等。

（4）利息支付方式。债券利息通常每半年支付一次，支付的利息额等于债券面值乘以票面利率的一半。债券的发行者应在票面上注明债券的付息日期。若在两个付息日之间编制财务报表时，应计提上一付息日至编表日的利息费用和相应的应计利息。

债券发行价格是由发行时的实际利率所决定的。由于债券准备发行与债券实际发行有很长一段时间间隔，所以两个时点的市场利率不一定相同。当债券发行时，如果票面利率高于市场利率，则按债券溢价发行（高于面值发行），溢价部分作为发行人对将来按照票面利率计算比市场利率多付出利息的一种补偿。如果票面利率等于市场利率，则按债券平价发行（按面值发行）。如果票面利率低于市场利率，则债券折价发行（低于面值发行），折价意味着发行人对将来按票面利率计算比按市场利率计算少付利息而付出的代价。

【例9-31】甲企业于2020年7月1日发行三年期，到期时一次还本付息，年利率为6%（不计复利），每半年计息，到期还本付息，面值总额为10 000 000元的债券。该债券按面值发行。甲企业应编制的会计分录如下：

借：银行存款　　　　　　　　　　　　　　　　　　　　　　　10 000 000
　　贷：应付债券——面值　　　　　　　　　　　　　　　　　　　　10 000 000

2. 应付债券的计息

发行长期债券的企业，应按期计提利息。利息费用的计算采用实际利率法，即按摊余成本和实际利率计算确定的债券利息费用。债券利息费用应当按照与长期借款相一致的核算原则借记"在建工程""财务费用""研发支出"等科目；按票面利率计算确定的应付未付利息，如果属于分期付息的，记入"应付利息"科目的贷方；如果属于一次还本付息的，记入"应付债券——应计利息"科目；按其差额借记或贷记"应付债券——利息调整"科目。

【例9-32】承【例9-31】资料，甲企业发行债券所筹集资金用于建造固定资产，至2020年12月31日时工程尚未完工，计提本年长期债券利息。按照《企业会计准则第17号——借款费用》的规定计算，该期债券产生的实际利息费用应全部资本化，作为在建工程成本。2020年12月31日甲企业应编制的会计分录如下：

利息费用 = 10 000 000 × 6% × 6/12 = 300 000（元）

借：在建工程　　　　　　　　　　　　　　　　　　　　　　　　300 000
　　贷：应付债券——应计利息　　　　　　　　　　　　　　　　　　300 000

3. 应付债券还本付息

当长期债券到期，企业支付债券本息时，借记"应付债券——面值"和"应付债券——

应计利息"等科目,贷记"银行存款"等科目。同时,存在利息调整余额的,借记或贷记"应付债券——利息调整"科目,贷记或借记"在建工程""财务费用""研发支出"等科目。

【例 9-33】 承【例 9-31】资料,2×23 年 6 月 30 日,甲企业偿还债券本金和利息。甲企业应编制的会计分录如下:

借:应付债券——面值　　　　　　　　　　　　　　　　10 000 000
　　应付债券——应计利息　　　　　　　　　　　　　　 1 800 000
　贷:银行存款　　　　　　　　　　　　　　　　　　　11 800 000

四、长期应付款

长期应付款指企业除长期借款和应付债券以外的其他各种长期应付款项。例如,以分期付款方式购入固定资产发生的应付款项等。

为核算长期应付款项,需设置"长期应付款"账户。该账户用来核算企业除长期借款和应付债券以外的其他各种长期应付款项。长期应付款的发生额记入贷方,按期支付的金额记入借方,期末余额在贷方,反映企业应付未付的长期应付款项。本账户可按长期应付款的种类和债权人进行明细核算。

例如,企业购入有关资产超过正常信用条件延期支付价款、实质上具有融资性质的。在这种情况下:首先,按资产购买价款的现值,借记"固定资产""在建工程"等科目,按应支付的价款总额,贷记本科目,按其差额,借记"未确认融资费用"科目。然后,按期支付价款时,借记本科目,贷记"银行存款"科目。

A 公司是一家上市公司,该公司是一家正处于成熟期的企业,销售量和利润持续增长,企业融资渠道通畅。虽然企业有比较丰厚的盈余积累,但是在这个阶段,企业最佳的融资策略可以选择相对激进型的。所以,A 公司就选择了发行可转换债券进行融资。2022 年,A 公司为了技术改造项目和并购项目而募集资金,发行 8.3 亿元可转债。公司根据此项目回报率高、投入期限短、见效快这几个特点,选择了适合的转股期和发行时机,并且有效地降低了投资者的风险,从而保证了投资者利益,最后选择中国银行某分行进行长达 5 年的全额担保,规避相应的风险。

思考与讨论:
请分析 A 公司采用负债融资的必要性。

【本章小结】

负债是企业筹措资金的一种重要方式,负债能否及时偿还,将会影响企业再筹措资金的能力和商业信誉,也会影响到企业的经营和发展。本章首先介绍了负债的概念、特征和分类,并按照负债偿还期的长短不同,分别讲解了流动负债和非流动负债的核算。其中,在流动负债中重点讲解了应付账款、应付票据、应付职工薪酬和应交税费的核算。企业在计算应付职工薪酬时,要按照我国会计准则的规定,根据职工薪酬的组成部分和发放的方式计算应发放职工薪酬的金额,并按照职工薪酬发放的部门将工资费用计入相关的成本费用中。本章讲解应交税费中主要涉及增值税、消费税、城建税和教育费附加等税费的计算和账务处理。非流动负债中重点讲解了长期借款、应付债券的核算,包括取得(发行)、计息和偿还的会计处理。

【主观题】

一、思考题

1. 简述负债的定义、特征及分类。
2. 简述应付账款入账时间和入账金额的确认要求。
3. 简述职工薪酬构成的主要内容。
4. 说明增值税进项税额确定的依据和进项税额不能从销项税额中抵扣的规定。
5. 简述长期借款利息费用核算的要求。

二、计算题

1. 甲企业为增值税一般纳税人,存货采用实际成本法核算。该企业 2022 年 9 月初"应交税费"科目余额为零,当月发生下列相关业务,均取得增值税专用发票,税务机关认证可以抵扣。

(1)购入材料一批,价款 100 000 元,增值税率 13%,以银行存款支付,材料已验收入库。

(2)将一栋闲置办公楼对外出售,该办公楼原价 700 000 元,已计提累计折旧 160 000元,收到价款 660 000 元存入银行,增值税率 9%,假定该办公楼没有计提减值准备。

(3)销售应税消费品一批,价款 300 000 元,增值税适用税率为 13%,消费税适用税率为 10%。收到货款并存入银行。该批商品的成本是 250 000 元。

(4)月末计提城市维护建设税和教育费附加,适用的税率和费率分别为 7%和 3%。

要求:

(1)编制上述业务的相关会计分录。

(2)根据上述资料计算本月应交纳的增值税、消费税、城市维护建设税、教育费附加。

2. 某企业为增值税一般纳税人,增值税税率为 13%,2022 年 12 月有如下主要业务。

(1)委托外单位加工一批材料(非金银首饰),原材料价款 70 万元,加工费用 20 万元,消费税税率为 10%,材料已经加工完毕验收入库,加工费用等尚未支付。该委托加工材料收回后用于连续生产应税消费品。

(2)将应税消费品用于对外投资,产品成本 700 万元,公允价值和计税价格均为 1 000万元。该产品的消费税税率为 10%。

要求:

(1)编制上述业务的相关会计分录。

（2）计算本月企业应交消费税的金额。

三、业务题

1. 2022年4月1日，甲企业因急需流动资金，从银行取得5个月期限的借款100 000元，年利率为6%，按月计提利息，8月31日到期偿还本息，假定不考虑其他因素。

要求：

（1）计算甲企业各月计提的利息。

（2）编制取得借款、计息和到期偿还本息的会计分录。

2. 某企业于2022年12月1日从A银行借入资金5 000 000元，借款期限为3年，年利率为5.4%（到期一次还本付息，不计复利），所借款项已存入银行。企业用该借款于当日购买不需安装的设备一台，价款4 900 000元，增值税637 000元。另支付运输费100 000元，增值税率为9%。设备已于当日投入使用。

要求：为该企业编制相关会计分录。

3. 宏达公司为工业企业，并且为增值税一般纳税人，增值税率为13%。假定该公司采用实际成本进行材料的日常核算。款项均通过银行办理转账结算。2022年，发生下列经济业务。

（1）4月1日向银行借入1 700 000元，年利率为4.5%，偿还期6个月，到期一次还本付息，该公司每月计提利息。

（2）4月25日，购入免税农产品一批，价款200 000元，规定的扣除率为9%，货物已经到达，货款已用银行存款支付。

（3）5月1日从本地购进一批原材料，根据发票账单，该批材料的买价500 000元，增值税65 000元，对方代垫的运费15 000元，增值税1 350元。材料已经验收入库，并开出3个月的带息商业承兑汇票，年利率6%。上述款项均取得增值税专用发票，经税务机关认证可以抵扣。

（4）6月委托汽配厂加工汽车轮胎，发出原材料的实际成本为90 000元，加工费用11 000元，增值税1 430元，汽配厂加工轮胎应代收代缴的消费税为1 100元。加工费及汽配厂代交的消费税均已用银行支付。收回的汽车轮胎已经验收入库。

（5）7月10日公司将轮胎提回后直接对外以备用轮胎形式销售，售价总额为150 000元，增值税19 500元，货款未收到。

要求：根据上述经济业务做出相关的账务处理。

4. 甲公司为增值税一般纳税人，适用增值税税率为13%。2022年9月发生与职工薪酬有关的交易或事项如下。

（1）对行政部门使用设备进行日常维修，应付公司内部维修人员工资1.2万元。

（2）对以经营租赁方式租入的生产线进行改良，应付公司内部改良工程人员工资3万元。

（3）月末，分配职工工资150万元，其中直接生产产品人员工资105万元，车间管理人员工资15万元，企业行政管理部门人员工资20万元，专设销售机构人员工资10万元。

（4）以银行存款缴纳职工医疗保险费20万元。

（5）按规定计算代扣职工个人所得税 12 万元。

（6）通过银行转账支付退休人员退休费 8 万元。

（7）以现金支付职工张某生活困难补助 0.3 万元。

要求：编制甲公司 2022 年 9 月上述交易或者事项的会计分录。

第十章 所有者权益

学习目标

通过本章学习，应达到以下学习目标。
1. 了解法律对不同组织形式企业的所有者权益规定。
2. 理解所有者权益的性质及构成。
3. 理解资本公积与实收资本（或股本）、留存收益的区别。
4. 熟悉实收资本、资本公积与留存收益的会计核算。

引导案例

甲上市公司 2022 年年度报告中对母公司"资产负债表"中所有者权益会计要素各项目期末数的列报内容是：股本 1 256 197 800 元、资本公积 1 374 303 082.72 元、盈余公积 7 135 649 963.12 元、未分配利润 26 036 398 564.28 元，所有者权益合计 35 802 549 410.12 元。

甲上市公司 2022 年度利润分配方案如下：以 2022 年年末总股本 125 619.78 万股为基数，对公司全体股东每 10 股派发现金红利 67.87 元（含税），共分配利润 8 525 814 468.60 元，剩余 54 191 993 568.01 元留待以后年度分配。该利润分配方案经股东大会审议通过。

案例思考：

（1）什么是股本？股本与实收资本有区别吗？

（2）盈余公积是怎么形成的？其有何用途？

（3）该公司的利润分配方案为什么要经过股东大会审议后才能实施？为什么有些企业连续多年赢利，但就是不进行利润分配？

第一节 所有者权益概述

一、所有者权益的性质

所有者权益指企业资产扣除负债后由所有者享有的剩余权益。所有者权益在数量上等于资产减去负债后的余额，其金额取决于资产和负债的计量。对于不同企业的组织形式，会计对"所有者权益"的名称有所不同，独资企业称为业主权益，合伙企业称为合伙人权益，公司制企业称为股东权益。

所有者权益的性质是所有者对企业资产的剩余索取权，是企业的剩余权益。我们知道，企业会计等式为"资产＝负债＋所有者权益"，所以企业资产的提供者包括投资人和债权人，企业的权益应包括所有者权益和债权人权益（负债）两部分，也就是说，投资人和债权人对企业的资产都有要求权。投资人的权益是投资人享有对投入资本及其运用所产生的盈余（或亏损）的权利，实质上是对企业剩余资产的要求权，是企业剩余权益。债权人权益是债权人要求企业清偿的权利，通常债权人对企业资产的索取权要优于所有者对企业资产的索取权。因为，为保证债权人的权利不受侵害，法律规定债权人对企业资产的要求权优于投资人。因此，债权又称为第一要求权，投资人具有对剩余资产的要求权，故又称剩余权益。

所有者权益与负债在性质上有本质的区别，主要表现在以下几个方面。第一，对企业经营管理的方式不同。从法律上讲：债权人与企业的关系只是债权债务关系，债权人一般无权参与企业的经营管理活动；而投资人对企业是所有权关系，有权以直接或间接的方式参与企业的选举、表决等经营管理活动。第二，分享企业收益的形式不同。债权人以利息形式从企业的费用中获取收益，利息率一般预先约定并定期支付利息，即债权人利息收入的多少与该企业的经营好坏无关；而投资人是以红利形式从企业的税后利润中获取收益，无利不分。第三，对企业资产索偿的顺序不同。债权人有权要求企业按时足额偿付其所欠债务，当企业经营终止时，也有权从企业的剩余财产中优先索回自己的债权；而投资人投入企业的资金除了以退伙、出让股权等方式收回外，一般不能直接从企业抽回，当企业终止经营时，也必须待偿付完企业的全部债务后，如有剩余财产，才能归投资人拥有。

二、企业组织形式与所有者权益

在市场经济中，企业是主体，虽然有不同所有制性质的企业，但与所有者权益会计密切相关的不是企业所有制的性质，而是企业的组织形式。

企业的组织形式一般分为三种，即个人独资企业、合伙企业和公司制企业。依据《民法典》第一百零二条规定："非法人组织包括个人独资企业、合伙企业、不具法人资格的专业服务机构等。"也就是说个人独资企业、合伙企业不具有法人资格。因为其组织的财产缺乏独立性或独立性较差，需要承担的是一种团体的有限责任与其成员的无限责任相结合的责任形式，如果独资企业或合伙企业以自己的所有财产对外承担责任而不足清偿时，其成员负连带责任或补充责任。

从会计的角度看，不同组织形式的企业对会计业务处理差异主要体现在所有者权益上，也就是说不同组织形式的企业，所有者权益（业主权益）的会计处理有着各自不同的特征，究其原因是法律对不同组织形式企业的所有者权益有不同的规定。

（一）个人独资企业与业主权益

个人独资企业指单个出资者出资设立的企业。根据我国《中华人民共和国个人独资企业法》规定："本法所称个人独资企业，是指依照本法在中国境内设立，由一个自然人投资，财产为投资人个人所有，投资人以其个人财产对企业债务承担无限责任的经营实体。"因此，个人独资企业在法律上不具有独立的人格，不拥有行为能力。企业行为被认为实质上是业主个人的行为，因而企业的收益被视为是业主个人的收益，所以个人独资企业只按照个人所得税法缴纳个人所得税，而不缴纳企业所得税。企业的财产、债务在法律上被认为是企业业主个人的财产和债务。个人独资企业在清算时，如果企业的财产不足以清偿债务，则应由业主个人的财产予以清偿,这种责任有利于保护债权人的利益。

个人独资企业具有以下特点:第一,个人独资企业不是独立的法人;第二,不是企业所得税的纳税主体;第三,业主对企业债务负有无限清偿责任。

由于个人独资企业具有上述特点,这种组织形式的企业,其业主权益的会计处理较简单。只需为业主设立一个资本账户,即"业主资本"账户核算,业主的投资、提款、企业的盈亏都体现在"业主资本"账户中。由于业主对企业债务承担无限责任,法律上不要求将资本与赢利进行区分。

(二)合伙企业与合伙人权益

根据我国《中华人民共和国合伙企业法》规定:合伙企业是指自然人、法人和其他组织依照本法在中国境内设立的普通合伙企业和有限合伙企业。普通合伙企业由普通合伙人组成,合伙人对合伙企业债务承担无限连带责任。有限合伙企业由普通合伙人和有限合伙人组成,普通合伙人对企业承担无限连带责任,有限合伙人以其认缴的出资额为限对合伙企业承担债务责任。

合伙企业与个人独资企业相似,既不是法人也不是纳税主体;合伙经营与独资经营的主要区别表现在合伙经营必须订立合伙契约,以明确合伙人的责任和权利。

合伙企业的组织形式最大的特点是:第一,合伙人互相代理。在企业业务范围内,任何一个合伙人所执行的业务,均视为所有合伙人共同执行的任务。第二,普通合伙人对企业的债务承担无限连带责任。当合伙人不能以企业资产清偿其债务时,合伙人必须用个人财产偿还企业债务。而如果某个合伙人的个人资产不足以清偿其债务份额时,其他合伙人必须代为清偿,也就是说一旦发生债务,债权人可以向任何一个合伙人请求清偿全部债务。第三,合伙人共同拥有企业的财产。合伙人投入企业的任何财产都成为企业全部合伙人共同的财产,每个合伙人对其在企业利润中应享有的份额都有要求权。

合伙人权益的会计核算内容主要是:合伙人的初始投资和在以后经营过程中的追加投资;企业赢利或亏损,以及利润分配比例对合伙人权益的影响;合伙人和企业之间的往来事项对合伙人权益的影响。所以,在合伙企业中只需要为每个合伙人设立资本账户。各合伙人对企业的投资,应分别计入各合伙人的资本账户;各合伙人从企业的提款,应减少其资本账户,并意味着该合伙人在企业合伙人权益中的份额减少;合伙企业的损益,应按照合伙契约规定的方法进行分配,分别计入各合伙人的资本账户中。

(三)公司制企业与股东权益

依据我国《中华人民共和国公司法》(以下简称《公司法》)的规定:"本法所称公司指依照本法在中国境内设立的有限责任公司和股份有限公司。公司是企业法人,有独立的法人财产,享有法人财产权。公司以其全部财产对公司的债务承担责任。"

1. 有限责任公司

有限责任公司指由一定数量的股东共同出资组成,股东仅就自己的出资额对公司的债务承担有限责任。有限责任公司对公司的资本不分为等额股份,不对外公开募集股份,不能发行股票。公司股份的转让有严格限制,如需转让,应在其他股东同意的条件下才能进行转让。

我国《公司法》规定，可以设立一人有限责任公司。一人有限责任公司指只有一个自然人股东或一个法人股东的有限责任公司。一个自然人只能投资设立一个一人有限责任公司，该一人有限责任公司不能投资设立新的一人有限责任公司。一人有限责任公司应当在公司登记中注明自然人独资或法人独资，并在公司营业执照中载明。一人有限责任公司的股东不能证明公司财产独立于股东自己的财产的，应当对公司债务承担连带责任。

我国的国有独资公司属于公司范畴。《公司法》指出：国有独资公司指国家单独出资、由国务院或地方人民政府授权本级人民政府国有资产监督管理机构履行出资人职责的有限责任公司。独资公司不设股东会，由国有资产监督管理机构行使股东会职权。国有独资公司应设董事会、监事会。

2. 股份有限公司

股份有限公司指由一定数量的股东共同出资组成，股东仅就自己的出资额对公司的债务承担有限责任。它与有限责任公司的主要区别表现：第一，公司的资本总额平分为金额相等的股份，并通过公开发行股票向社会募集资金。第二，股份有限公司的股份可以自由转让，股票可以在社会上公开交易、转让，但不能退股。第三，股份有限公司实现了所有权与经营权的彻底分离，因此具有筹资便利、风险分散、资本流动充分等特点。

综上所述，公司制企业的主要特征是：第一，公司是独立的法律主体。公司指依据一定的法律程序申请登记设立，并以赢利为目的的具有法人资格的经济组织。它有自己独立的财产，独立地承担经济责任，同时享有相应的民事权利。第二，股东对公司的债务只负有限责任。一个股东对一家公司投资的最大损失是以其出资额为限。第三，公司是纳税主体。公司若有赢利就要缴纳企业所得税。第四，公司制企业受到严格的法律管制。由于所有者对公司债务负有限责任，为保护债权人的权益，各国立法机构都对公司的成立、筹集、投资、清算、利润分配、股份回购等业务制定严格的法律法规，并要求公司必须区分投入资本和实现损益。因此，公司所有者权益会计处理的许多程序是依据法律规定，而不仅仅是依据会计惯例编写的，所以公司所有者权益的会计处理较复杂。

公司制企业是当今世界上最广泛采用的企业组织形式。我国绝大多数企业注册为公司制企业，本章着重介绍公司制企业的会计业务。

三、所有者权益的构成

所有者权益按其来源包括所有者投入企业的资本、直接计入所有者权益的利得和损失、留存收益等。我国企业会计准则规定，基于公司制的特点，所有者权益的来源通常由实收资本（或股本）、其他权益工具[①]、资本公积、其他综合收益[②]和留存收益（盈余公积和未分

[①] 其他权益工具指企业发行的除普通股以外的归属于权益工具的各种金融工具，主要包括归类于权益工具的优先股、永续债（如长期限含权中期票据）、认股权、可转换公司债券等金融工具。

[②] 其他综合收益指企业经营活动中形成的未计入当期损益但归属于所有者权益的利得和损失，主要包括以公允价值计量且其变动计入其他综合收益的金融资产公允价值变动、权益法下被投资单位所有者权益其他变动等。

配利润）构成。本章重点介绍实收资本（或股本）、资本公积、盈余公积和未分配利润。

实收资本指所有者在企业注册资本的范围内实际投入的资本。注册资本指企业在设立时向工商行政管理部门登记的资本总额，也是全部出资者设定的出资额之和。注册资本是企业的法定资本，是企业承担民事责任的财力保证。

资本公积指企业收到投资者投入企业的资本超过其在注册资本或股本中所占份额的部分，即资本溢价或股本溢价，这部分投入资本作为资本公积（资本溢价或股本溢价）反映；另外还包括直接计入所有者权益的利得和损失（作为其他资本公积）。

盈余公积和未分配利润称为留存收益，是企业历年实现的净利润留存于企业的部分。

第二节 实收资本或股本

一、实收资本（或股本）概述

实收资本（或股本）指企业按照章程规定或合同、协议约定，接受投资者投入企业的资本。实收资本的构成比例或股东的股份比例，是确定投资人在企业所有者权益中份额的基础，也是企业进行利润分配的主要依据。

我国《公司法》规定，股东可以用货币出资，也可以用实物、知识产权、土地使用权等可以用货币估价并可以依法转让的非货币财产作价出资；但是，法律、行政法规规定不得作为出资的财产除外。企业应当对作为出资的非货币财产评估作价，核实财产，不得高估或低估作价。法律、行政法规对评估作价有规定的，从其规定。股东以货币出资的，应当将货币出资额足存入有限责任公司在银行开设的账户；以非货币财产出资的，应当依法办理其财产权的转移手续。投资者向企业投入的资本，在企业持续经营期间，除依法转让外，不得以任何形式抽逃出资。

企业收到投资者投入企业的资本后，应根据有关原始凭证（投资清单、银行通知单等），分别以不同出资方式进行会计处理。

二、实收资本（或股本）的账务处理

设置"实收资本"或"股本"科目。股份有限公司设置"股本"科目，其他各类企业设置"实收资本"科目，反映和监督企业实际收到投资者投入资本的情况。"实收资本"或"股本"科目，贷方登记企业收到投资者符合注册资本的出资额，以及按规定将资本公积、盈余公积转增资本的数额；借方登记企业按法定程序报经批准减少的注册资本数额；余额在贷方，反映企业实有的资本额。"实收资本"或"股本"科目可按投资机构的名称或投资者个人姓名设置明细账进行明细核算。

（一）接受现金资产投资

1. 股份有限公司以外的企业接受现金资产投资

投资者以现金资产出资，包括以人民币出资和以外币出资，我国企业投资者一般以人民币出资。企业接受现金资产投资时，应以实际收到的金额或存入企业开户银行的金额，

借记"银行存款"科目,按投资合同或协议约定的投资者在注册资本中所占份额的部分,贷记"实收资本"科目,企业按实际收到或存入开户银行的金额超过投资者在企业注册资本中所占份额的部分,贷记"资本公积——资本溢价"科目。

【例 10-1】 星辰有限责任公司注册资本为 8 000 000 元,甲、乙、丙三位投资人持股比例分别为 60%、25% 和 15%。按照公司章程规定,甲、乙、丙投入资本分别为 4 800 000 元、2 000 000 元和 1 200 000 元。当星辰有限责任公司收到各位股东一次性交足的现款时,账务处理如下:

```
借:银行存款                          8 000 000
    贷:实收资本——甲                  4 800 000
              ——乙                  2 000 000
              ——丙                  1 200 000
```

2. 股份有限公司接受现金资产投资

股份有限公司[①]应设置"股本"科目核算公司发行股票的面值。该科目贷方登记发行股票的面值;借方登记经批准核销的股票面值;期末贷方余额反映发行在外的股票面值。"股本"科目应按股票的类别设置明细账进行明细核算。

当股份有限公司发行股票时,可以按面值发行股票,也可以溢价发行股票,但不得折价发行股票。股份有限公司在核定股本总额及核定股份总额的范围内发行股票时,应在实际收到现金资产时进行会计处理。股份有限公司发行股票收到现金资产时,借记"银行存款"等科目,按每股股票面值和发行股份总数计算的金额,贷记"股本"科目,按实际收到的金额与股本之间的差额,贷记"资本公积——股本溢价"科目。

股份有限公司发行股票发生的手续费、佣金等交易费用,应从股本溢价中抵扣,冲减"资本公积——股本溢价"。

【例 10-2】 A 股股份有限公司经批准允许发行普通股 10 000 000 股,每股面值为 1 元,发行价格为每股 7 元。股款已划入 A 公司的银行账户,支付了发行佣金及相关税费 500 000 元。

计入股本的金额 = 10 000 000 × 1 = 10 000 000(元)

计入资本公积的金额 = (7 − 1) × 10 000 000 − 500 000 = 59 500 000(元)

```
借:银行存款                          69 500 000
    贷:股本                          10 000 000
        资本公积——股本溢价           59 500 000
```

(二)接受非现金资产投资

1. 接受投入固定资产

企业接受投资者作价投入的房屋、建筑物、机器设备等固定资产,应按投资合同或协

[①] 股份有限公司的设立,可以采取发起设立或募集设立的方式。发起设立指由发起人认购公司应发行的全部股份而设立公司。募集设立指由发起人认购公司应发行股份的一部分,其余股份向社会公开募集或向特定对象募集而设立公司。设立股份有限公司,应当有二人以上二百人以下为发起人,其中须有半数以上的发起人在中国境内有住所。

议约定的价值（不公允除外）作为固定资产的入账价值，按投资合同或协议约定的投资者在企业注册资本或股本中所占份额的部分作为实收资本或股本入账，投资合同或协议约定的价值（不公允除外）超过投资者在企业注册资本或股本中所占份额的部分，计入资本公积（资本溢价或股本溢价）。

【例10-3】甲有限责任公司设立时收到乙公司作为资本投入的不需要安装的机器设备一台，合同约定该机器设备的价值为1 000 000元，增值税进项税额为130 000元（由投资方支付税款，提供或开具增值税专用发票）。经约定，甲有限责任公司接受乙公司投入资本为1 130 000元，全部作为实收资本。合同约定的固定资产价值与公允价值相符，不考虑其他因素。甲有限责任公司应编制以下会计分录：

借：固定资产　　　　　　　　　　　　　　　　　　　　　　1 000 000
　　应交税费——应交增值税（进项税额）　　　　　　　　　　130 000
　　贷：实收资本——乙公司　　　　　　　　　　　　　　　　1 130 000

本例中，该项固定资产合同约定的价值与公允价值相符，甲有限责任公司接受乙公司投入的固定资产按合同约定金额与增值税进项税额合计数作为实收资本，因此，应按1 130 000元的金额贷记"实收资本"科目。

2. 接受投入无形资产

企业收到以无形资产方式投入的资本，应按投资合同或协议约定的价值（不公允除外）作为无形资产的入账价值，按投资合同或协议约定的投资者在企业注册资本或股本中所占份额的部分作为实收资本或股本入账，投资合同或协议约定的价值（不公允除外）超过投资者在企业注册资本或股本中所占份额的部分，计入资本公积（资本溢价或股本溢价）。

【例10-4】乙有限责任公司收到B公司作为资本投入的专利权一项，该专利权投资合同约定价值为800 000元，增值税进项税额为48 000元（由投资方支付税款，提供或开具增值税专用发票）。合同约定的该项资产价值与公允价值相符，不考虑其他因素。乙有限责任公司应编制以下会计分录：

借：无形资产　　　　　　　　　　　　　　　　　　　　　　　800 000
　　应交税费——应交增值税（进项税额）　　　　　　　　　　　48 000
　　贷：实收资本——B公司　　　　　　　　　　　　　　　　　848 000

课堂讨论

企业接受非现金资产（如固定资产、无形资产、存货）投资时，接受投资方如何确定非现金资产的入账价值？又如何确定投入资本的金额？

（三）实收资本（或股本）的增减变动

一般情况下，企业的实收资本应相对固定不变，但在某些特定情况下，实收资本也可能发生变化。根据我国《企业法人登记管理条例实施细则》规定，除国家另有规定外，企业的注册资金应当与实收资本一致，当实收资本比原注册资金增加或减少超过20%时，应持资金使用证明或验资证明,向原登记主管机关申请变更登记。如果擅自改变注册资本或抽逃资金,要受到工商行政管理部门的处罚。

1. 实收资本(或股本)的增加

一般企业增加资本主要有三个途径:接受投资者追加投资、资本公积转增资本和盈余公积转增资本。

企业按规定接受投资者追加投资时,其核算方法与投资者初次投资时相同。

企业采用资本公积与盈余公积转增资本时,应按转增资本金额确认实收资本或股本。用资本公积转增资本时,借记"资本公积——资本溢价(股本溢价)"科目,贷记"实收资本"(或"股本")科目。用盈余公积转增资本时,借记"盈余公积"科目,贷记"实收资本"(或"股本")科目。

【例 10-5】 承【例 10-1】,星辰有限责任公司因扩大经营规模,经批准按原出资比例(甲、乙、丙三位投资人持股比例分别为 60%、25%和 15%)将资本公积 1 000 000 元转增资本。会计分录如下:

借:资本公积　　　　　　　　　　　　　　　　　　　1 000 000
　　贷:实收资本——甲　　　　　　　　　　　　　　　　　600 000
　　　　　　　——乙　　　　　　　　　　　　　　　　　250 000
　　　　　　　——丙　　　　　　　　　　　　　　　　　150 000

【例 10-6】 承【例 10-1】,星辰有限责任公司因扩大经营规模,经批准按原出资比例(甲、乙、丙三位投资人持股比例分别为 60%、25%和 15%)将盈余公积 800 000 元转增资本。会计分录如下:

借:盈余公积　　　　　　　　　　　　　　　　　　　　800 000
　　贷:实收资本——甲　　　　　　　　　　　　　　　　　480 000
　　　　　　　——乙　　　　　　　　　　　　　　　　　200 000
　　　　　　　——丙　　　　　　　　　　　　　　　　　120 000

注意:由于资本公积与盈余公积都属于所有者权益,用其转增资本时,对于有限责任公司和股份有限公司要按照原投资者各自出资比例相应增加各投资者的出资额。

2. 实收资本(或股本)的减少

企业按法定程序报经批准减少注册资本的,按减少的注册资本金额减少实收资本。股份有限公司采用收购本公司股票方式减资的,通过"库存股"科目核算回购股份的金额。减资时,按股票面值和注销股数计算的股票面值总额,借记"股本"科目,按注销库存股的账面余额,贷记"库存股",按其差额,借记"资本公积——股本溢价"科目。股本溢价不足冲减的,应借记"盈余公积""利润分配——未分配利润"科目。如果回购股票支付的价款低于面值总额的,应按股票面值总额,借记"股本"科目,按所注销的库存股账面余额,贷记"库存股"科目,按其差额,贷记"资本公积——股本溢价"科目。

【例 10-7】 某上市公司 2×22 年 12 月 31 日的股本为 100 000 000 元(面值为 1 元),资本公积(资本溢价)为 30 000 000 元,盈余公积为 40 000 000 元。经股东大会批准,该上市公司以现金回购方式回购本公司股票 20 000 000 股并注销。假定该上市公司按每股 2 元回购股票，不考虑其他因素。该上市公司应编制以下会计分录：

回购本公司股票时：

库存股成本 = 20 000 000 × 2 = 40 000 000（元）

借：库存股	40 000 000
贷：银行存款	40 000 000

注销本公司股份时：

应冲减的资本公积 = 20 000 000 × 2 - 20 000 000 × 1 = 20 000 000（元）

借：股本	20 000 000
资本公积——股本溢价	20 000 000
贷：库存股	20 000 000

思考：【例 10-7】中，若该上市公司分别按 4 元、0.9 元回购本公司股票，对于注销本公司股份时，如何进行会计处理？

第三节　资　本　公　积

一、资本公积概述

（一）资本公积的来源

资本公积通常指有限责任公司投资者的投资额超出其在企业注册资本中所占份额的部分（即资本溢价），或者指股份有限公司的股票发行价格超过股票面值的部分（即股本溢价）。除此以外，还有其他资本公积。例如，以权益结算的股份支付及采用权益法核算的长期股权投资涉及的业务。通俗地讲，资本公积就是归属于全体资本投入者的公共积累。

（二）资本公积与实收资本（或股本）、留存收益的区别

1. 资本公积与实收资本（或股本）的区别

（1）从来源和性质上看。实收资本（或股本）一般是投资者投入的、为谋求价值增资的原始投资，它体现了企业所有者对企业的基本产权关系。资本公积在来源上相对多样化，它可以来源于投资者的额外投入（即资本溢价或股本溢价），也可以来源于其他资本公积，它不直接表明所有者对企业的基本产权关系。

（2）从用途看。实收资本（或股本）的构成比例是确定所有者参与企业财务经营决策的基础，也是企业进行利润分配或股利分配的依据，同时还是企业清算时确定所有者对净资产的要求权依据。资本公积的用途主要是转增资本（或股本），其不体现各所有者的占有比例，也不能作为所有者参与企业财务经营决策或进行利润分配（或股利分配）的依据。

2. 资本公积与留存收益的区别

资本公积与留存收益的区别主要体现在来源不同。资本公积不是来源于企业实现的利

润，而主要来源于资本溢价或股本溢价等。留存收益包括盈余公积和未分配利润两部分内容，盈余公积是从企业历年实现的净利润中提取形成，未分配利润是留存于企业内部的积累，也就是说留存收益来源于企业生产经营活动实现的利润。

资本公积与其他综合收益的区别。其他综合收益指根据企业会计准则规定未在当期损益中确认的各项利得与损失。资本公积和其他综合收益都会引起所有者权益发生增减变动，资本公积不会影响企业的损益，而部分其他综合收益项目则在满足企业会计准则规定条件时，可以重新分类进损益，从而成为企业利润的一部分。

二、资本公积的账务处理

企业应设置"资本公积"科目核算资本公积的增减变动情况。该科目属于所有者权益类科目，贷方登记企业资本公积增加数，借方登记企业资本公积减少数，余额在贷方，反映企业资本公积结余数。该科目按"资本溢价（股本溢价）""其他资本公积"设置明细账户进行明细分类核算。

资本公积的核算主要包括资本溢价、股本溢价、其他资本公积和资本公积转增资本的核算等内容。

（一）资本溢价的会计处理

有限责任公司创立时，投资者认缴的出资额全部记入"实收资本"账户。在企业重组或有新投资者加入时，为维护新投资者的权益，新加入投资者的出资额，并不一定作为实收资本处理，所以常常会出现资本溢价。这是因为，在企业正常经营过程中投入的资金即使与企业创立时投入的资金在数量上相同，但其获利能力却不一致。正常情况下，企业资本的利润率要高于初创阶段。另外，企业经营中实现的利润一部分留在企业，形成留存收益，新加入的投资者与原投资者共享这部分留存收益，也要求其付出大于原投资者的投资额，才能取得与原投资者相同的出资比例。投资者多缴的部分就形成了资本溢价。

【例10-8】 某有限责任公司原来由三个投资者组成，每一投资者投资 1 000 000 元，实收资本为 3 000 000 元。该公司经营两年后，有另一投资者欲加入该公司并希望占有 25% 的股份，经协商，该公司将注册资本增加到 4 000 000 元。但该投资者不能仅投资 1 000 000 元就能占 25% 的股份，假定其缴纳 1 800 000 元。

本例中，将新投资者占注册资本增加到 4 000 000 元时的 25%，即 1 000 000 元作为实收资本入账，超出部分 800 000 元作为资本溢价，记入"资本公积——资本溢价"科目。会计分录如下：

借：银行存款　　　　　　　　　　　　　　　　　　　　1 800 000
　　贷：实收资本　　　　　　　　　　　　　　　　　　　1 000 000
　　　　资本公积——资本溢价　　　　　　　　　　　　　　 800 000

（二）股本溢价的会计处理

股份有限公司的股本溢价产生于发行股票方式筹集股本过程中，股票发行价格高于股票面值，即股票溢价发行的情况。股份有限公司收到的股票溢价金额作为股本溢价记入"资本公积——股本溢价"账户。参看【例10-2】。

（三）其他资本公积

其他资本公积指除资本溢价（或股本溢价）、净损益、其他综合收益和利润分配以外所有者权益的其他变动。其他资本公积涉及范围较广、所需专业知识较多，本书不作教学要求。

三、资本公积转增资本的会计处理

企业需要扩大经营规模增加资本时，企业经股东大会或类似机构的决议，可用资本公积转增资本。转增后，所有者权益内部结构发生变化，即资本公积减少，实收资本（或股本）增加，但并不改变所有者权益总额，也不会改变每个投资者的持股份额。

【例10-9】 星星股份有限公司经股东大会决议通过将70 000 000元的资本公积用于转增资本。公司股份总数为17 000万股，每股面值1元。2022年8月12日，公司按法定程序办完增资手续后，做如下会计分录：

借：资本公积——股本溢价　　　　　　　　　　　　　　　70 000 000
　　贷：股本　　　　　　　　　　　　　　　　　　　　　　　　70 000 000

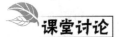

公司的资本公积金可以用于弥补亏损吗？为什么？

第四节　留　存　收　益

一、留存收益的特征

留存收益指企业从历年实现的利润中提取或形成的留存于企业内部的积累，它来源于企业在日常生产经营活动中所实现的净利润，包括盈余公积和未分配利润两部分。无论是盈余公积，还是未分配利润均为净利润的转化形式，其实质是企业在生产经营活动中产生的资本增值，与所有者投入企业的资本一起，共同构成企业的所有者权益。虽然留存收益与投资者投入的资本属性一致，即均为股东权益。但与投入资本不同的是，投入资本是由所有者从外部投入公司的，它构成了公司股东权益的基本部分，而留存收益不是由投资者从外部投入的，而是依靠公司经营所得的盈利累积而形成的。

留存收益既然是股东权益，股东便有权决定如何使用，按照公司章程或其他有关规定，公司可将留存收益在股东间进行分配，作为公司股东的投资所得，也可以为了某些特殊用途和目的，将其中一部分留在公司而不予分配。可见，留存收益会因经营获取收益而增加，又会因分给投资者而减少。公司经营如果入不敷出，就意味着亏损，发生经营亏损将减少留存收益。

二、留存收益的构成

（一）盈余公积

盈余公积指企业按照有关规定从净利润中提取的积累资金。公司制企业的盈余公积包括法定盈余公积和任意盈余公积。

1. 法定盈余公积

法定盈余公积指企业按规定的比例从净利润中提取的盈余公积。"法定"意味着提取是由国家法规强制规定的。企业必须提取法定盈余公积，目的是确保企业不断积累资本，自我壮大实力。公司制企业的法定盈余公积按净利润（减弥补以前年度亏损）的 10%提取。非公司制企业法定盈余公积的提取比例可超过净利润的 10%。法定盈余公积累计额已达注册资本的 50%时可以不再提取。在计算提取法定盈余公积的基数时，不应包括企业年初未分配利润；如果以前年度有亏损（即年初未分配利润余额为负数），应先弥补以前年度亏损再提取盈余公积。

2. 任意盈余公积

任意盈余公积是公司出于实际需要或采取审慎经营策略，从净利润中提取的一部分留存利润。任意是出于自愿，而非外力强制，但也非随心所欲。公司制企业可根据股东会或股东大会的决议提取任意盈余公积。非公司制企业经类似权力机构批准，也可提取任意盈余公积。

法定盈余公积和任意盈余公积的区别就在于其各自计提的依据不同。前者以国家的法律或行政规章为依据提取；后者则由企业的权力机构自行决定提取。

3. 盈余公积的用途

企业提取的盈余公积主要用于弥补亏损、转增资本或发放现金股利或利润。企业用盈余公积弥补亏损时，应当由公司董事会提议，并经股东大会或类似机构批准。企业用盈余公积转增资本时，须经股东大会决议批准，批准后要办理增资手续，然后按投资者原持股比例结转；转增后留存的盈余公积数额不得少于注册资本的 25%。

（二）未分配利润

未分配利润是企业留待以后年度进行分配的结存利润，也是企业股东权益的组成部分。相对于股东权益的其他部分来说，企业对于未分配利润的使用分配有较大的自主权。从数量上来说，未分配利润是期初未分配利润，加上本期实现的净利润，减去提取的各种盈余公积和分出利润后的余额。

三、留存收益的账务处理

为核算盈余公积的提取和使用，应设置"盈余公积"账户。该科目属于所有者权益类账户：贷方登记从净利润中提取的法定盈余公积、任意盈余公积的数额；借方登记经股东大会或类似机构决议,用盈余公积弥补亏损或转增资本的数额。余额在贷方,反映企业盈余公积的结余数。该账户分别按"法定盈余公积""任意盈余公积"等明细账户进行明细分类核算。

企业未分配利润的核算,是通过"利润分配——未分配利润"明细账户进行核算。企业在生产经营过程中取得的收入和发生的成本费用,最终通过"本年利润"账户进行归集。年度终了时,企业应将本年实现的净利润,自"本年利润"账户转入"利润分配——未分配利润"账户。若企业年度实现净利润,借"本年利润"账户,贷"利润分配——未分配利润"账户,若为净亏损则编制相反的会计分录;同时,将"利润分配"账户下其他明细账户("提取法定盈余公积""提取任意盈余公积""应付现金股利或利润""转作股本的股利""盈余公积补亏")的余额转入本账户的"未分配利润"明细账户,结转后,本账户除"未分配利润"明细账户外,其他明细账户应无余额。本账户年末贷方余额,反映企业的未分配利润(若为借方余额则反映未弥补亏损)。

【例10-10】甲公司2022年实现净利润为5 000 000元,分别按10%和8%的比例提取法定盈余公积和任意盈余公积。会计分录如下:

(1)年末,结转实现的净利润时:

借:本年利润 5 000 000
　　贷:利润分配——未分配利润 5 000 000

(2)提取法定盈余公积和任意盈余公积时:

法定盈余公积提取额 = 5 000 000 × 10% = 500 000(元)
任意盈余公积提取额 = 5 000 000 × 8% = 400 000(元)

借:利润分配——提取法定盈余公积 500 000
　　　　　　——提取任意盈余公积 400 000
　　贷:盈余公积——法定盈余公积 500 000
　　　　　　　　——任意盈余公积 400 000

【例10-11】乙股份有限公司经股东大会决议,用法定盈余公积弥补上年亏损的2 200 000元。乙公司的账务处理如下:

借:盈余公积——法定盈余公积 2 200 000
　　贷:利润分配——盈余公积补亏 2 200 000

【例10-12】因扩大经营规模需要,丙股份有限公司经股东大会同意并按规定办完增资手续后,将法定盈余公积中的200 000元用于转增资本。会计分录如下:

借:盈余公积——法定盈余公积 200 000
　　贷:股本 200 000

【例10-13】丁公司2021年年末未分配利润的数额为2 000 000元。2022年实现净利润为6 000 000元,"利润分配"账户下除未分配利润明细账户外的其他明细账户的余额为:提取法定盈余公积600 000元、提取任意盈余公积480 000元、应付现金股利1 200 000元。年终,将"利润分配"账户所属其他明细账户的余额转入本账户的"未分配利润"明细账户。

(1)2022年年末,结转实现的净利润时:

借：本年利润　　　　　　　　　　　　　　　　　　　　　　　6 000 000
　　　贷：利润分配——未分配利润　　　　　　　　　　　　　　　　6 000 000

（2）2022年年末，将"利润分配"账户所属其他明细账户的余额转入"利润分配——未分配利润"明细账户：

借：利润分配——未分配利润　　　　　　　　　　　　　　　　2 280 000
　　　贷：利润分配——提取法定盈余公积　　　　　　　　　　　　　600 000
　　　　　　　　——提取任意盈余公积　　　　　　　　　　　　　　480 000
　　　　　　　　——应付现金股利　　　　　　　　　　　　　　　1 200 000

丁公司2022年年末"利润分配——未分配利润"账户的贷方余额为5 720 000（2 000 000＋6 000 000－2 280 000）元，表示历年累计的未分配利润总额。

课堂讨论

企业的资本公积与盈余公积各有何用途？

【本章小结】

所有者权益指企业资产扣除负债后由所有者享有的剩余权益。所有者权益包括所有者投入的资本、直接计入所有者权益的利得和损失、留存收益。在资产负债表上所有者权益类至少应单独列示实收资本（或股本）、资本公积、盈余公积和未分配利润4个项目，这也就是所有者权益的主要构成内容。理解所有者权益与负债在性质上有本质的区别，资本公积与实收资本（或股本）、留存收益的区别；掌握不同企业组织形式下投入资本的核算，资本公积及其构成内容、盈余公积的构成及其会计处理特点。

【主观题】

一、思考题

1. 简述所有者权益的概念及构成内容。
2. 简述所有者权益与债权人权益（负债）的异同。
3. 股份有限公司和有限责任公司的组织形式各有何特点？
4. 简述资本公积与实收资本（或股本）的区别。
5. 留存收益包括哪些内容？应如何进行核算？

二、计算题

某企业年初所有者权益总额为2 000万元，年内接受投资160万元，本年实现利润总额500万元，所得税税率25%，按10%提取盈余公积，向投资者分配利润100万元。

要求：计算该企业年末所有者权益的总额。

三、业务题

（一）目的：练习股本的核算

丙股份有限公司 2022 年发行普通股 30 000 000 股，每股面值 1 元，每股发行价 2.3 元。假定发行成功，股款 69 000 000 元已划入公司的银行账户，暂不考虑发行过程中的税费。

要求：编制有关会计分录。

（二）目的：练习投入资本的核算

甲有限责任公司 2022 年发生以下经济业务。

（1）收到 A 公司以不需要安装的设备一台作为资本投入，投出单位的账面原价为 200 000 元，经双方议定的价值为 240 000 元（按经双方议定的价值作为投资额入账）。

（2）收到国家投入的企业资本 3 000 000 元，款项已存入银行。

（3）收到 B 公司以现金 2 000 000 元和一项专利权投资，专利权价值 1 000 000 元。已办妥相关手续，款项已划转到甲公司的银行账户。

（4）接受新投资者 C 公司的加入，按照各方协议，C 公司实际出资 1 000 000 元作为新增注册资本，使各方在注册资本的总额中各占 25%。C 公司以银行存款 1 100 000 元缴付出资额。

要求：根据上述经济业务编制有关会计分录。

（三）目的：练习留存收益的核算

某公司 2022 年度有关资料如下。

（1）年初未分配利润为 100 万元，本年净利润为 300 万元。

（2）按税后利润的 10% 提取法定盈余公积。

（3）提取任意盈余公积 8 万元。

（4）向投资者宣告分配现金股利 30 万元。

要求：

（1）编制提取法定盈余公积、任意盈余公积的会计分录。

（2）计算年末未分配利润。

第十一章 收入、费用和利润

通过本章学习,应达到以下学习目标。
1. 掌握:收入、费用、利润的含义、特点和分类;产品生产成本、销售成本、利润形成、利润分配的计算。
2. 理解:收益、收入和利得的内在联系;费用与成本的联系与区别。
3. 了解:收入、费用、利润和利润分配等业务的会计处理方法。

2021 年,证监会对多家涉及财务舞弊的上市公司做出大额处罚。对于上市公司而言,虚构收入、减记成本与费用、虚增利润成为主要的舞弊手段,其动因往往在于保持股价平稳、实现预期目标,保住上市资格、防止摘牌退市。由此可见,准确确认与核算上市公司的收入和费用、利得和损失、利润等内容,对于保证上市公司信息真实可靠、保护投资者利益尤为重要。

案例思考:

上述案例是否会让你思考什么是收入、收入和利得有什么区别、如何核算?什么是费用、费用和损失有什么区别?费用和损失对利润的影响有多大、如何进行核算?什么是利润、利润如何构成、如何核算?

(资料来源:https://new.qq.com/omn/20220226/20220226A06HDZ00.html)

第一节 收 入

一、收入的概念及其核算

(一) 收入的概念

根据《企业会计准则第 14 号——收入》的规定:"收入,是指企业在日常活动中形成的、会导致所有者权益增加的、与所有者投入资本无关的经济利益的总流入。"其中,日常活动指企业为完成其经营目标所从事的经常性、可重复性活动,以及与之相关的其他活动。明确界定日常活动是为了将收入与利得相区分,因为企业非日常活动也能产生经济利益的流入,但该经济利益的流入不能被确认为收入,而应当计入利得。根据利得的性质及其对损益影响的差异,可将利得区分为直接计入当期损益的利得和直接在所有者权益项目中给予确认的利得。例如，企业收到的与日常活动无关的政府补助，其所形成的经济利益的流入就属于利得的范畴，在会计上应计入营业外收入。收入和直接计入当期损益的利得构成了企业的总收益。在市场经济条件下，收入作为影响利润指标的重要因素，越来越受到企业和投资者等众多信息使用者的重视。

（二）收入核算应设置的会计账户

企业按照业务主次可将日常经营活动所取得的收入分为主营业务收入和其他业务收入。不同行业主营业务收入所包括的内容存在明显差异。工业企业的主营业务收入包括销售商品、自制半成品、提供工业性作业等取得的收入；商品流通企业的主营业务收入主要是销售商品取得的收入；房地产开发企业的主营业务收入是销售自行开发的房地产取得的收入；交通运输企业的主营业务收入是提供运输劳务取得的收入；咨询公司的主营业务收入是提供咨询服务取得的收入；旅游企业的主营业务收入包括餐饮收入、客房收入等。其他业务收入包括销售原材料、转让固定资产和无形资产的使用权、出租包装物取得的租金收入等。因此，企业在核算与客户所定合同产生的收入及相关成本费用时，一般需要设置"主营业务收入""其他业务收入""主营业务成本""其他业务成本""合同取得成本""合同履约成本""合同资产""合同负债"等账户。

"主营业务收入"账户用来核算企业在履行了合同中的单项履约义务时，确认的销售商品、提供服务等主要日常活动所产生的收入，属于损益类账户。该账户贷方反映销售商品、提供服务等日常活动取得的收入，借方反映期末转入"本年利润"账户贷方的数额。期末一般无余额。

"其他业务收入"账户用来核算企业除主营业务以外的其他销售或其他业务实现的收入，包括销售多余材料、包装物出租、固定资产和无形资产出租、提供非工业性劳务等收入，属于损益类账户。需注意，虽然租赁合同参照《企业会计准则第21号——租赁》进行会计处理，但是出租人因租赁而产生的经济利益流入，还是可以通过"其他业务收入"账户来核算。该账户贷方反映本期取得的各项其他业务收入，借方反映期末转入"本年利润"账户贷方的数额，期末一般无余额。

"主营业务成本"账户与"主营业务收入"账户对应，用来核算企业销售商品、提供服务等主要日常活动而发生的成本，属于损益类账户。该账户借方反映已销售商品、服务供应等的实际成本，贷方反映期末转入"本年利润"账户借方的数额，期末一般无余额。

"其他业务成本"账户与"其他业务收入"账户对应，用来核算除主营业务以外的其他销售或其他业务所发生的支出，包括销售多余材料、包装物出租、固定资产和无形资产出租、提供非工业性劳务等而发生的相关成本、费用和税金，属于损益类账户。该账户借方反映本期各项其他业务支出的发生数，贷方反映期末转入"本年利润"账户借方的数额，期末一般无余额。

"合同取得成本"账户用来核算企业为取得（签订）合同发生的、预计能够收回的增量成本。该账户借方反映发生的合同取得成本，贷方反映摊销的合同取得成本，期末借方余额，反映企业尚未结转的合同取得成本。

"合同履约成本"账户核算企业为履行当前或预期取得的合同所发生的、不属于其他企业会计准则规范范围且按照《企业会计准则14号——收入》应当确认为一项资产的成本。该账户借方反映发生的合同履约成本,贷方反映摊销的合同履约成本,期末余额在借方,反映企业尚未结转的合同履约成本。该账户可按合同分"服务成本""工程施工"等进行明细核算。

"合同资产"账户核算企业已向客户转让商品而有权收取对价的权利,且该权利取决于时间流逝之外的其他因素(例如,履行合同中的其他履约义务)。该账户借方反映因已转让商品而有权收取的对价金额,贷方反映取得无条件收款权的金额,期末余额在借方,反映企业已向客户转让商品而有权收取的对价金额。

"合同负债"账户核算企业已收或应收客户对价而应向客户转让商品的义务。该账户贷方反映企业在向客户转让商品之前,已经收到或已经取得无条件收取合同对价权利的金额;借方反映企业向客户转让商品时冲销的金额;期末余额在贷方,反映企业在向客户转让商品之前,已经收到的合同对价或已经取得的无条件收取合同对价权利的金额。

如果企业的合同资产、成本等发生减值,还应当设置"合同资产减值准备""合同履约成本减值准备""合同取得成本减值准备"等账户分别进行核算。

知识链接

实际经济生活中,各行各业拥有自己的主营业务,也会产生其他业务收入和偶发的利得,而各行业的业绩主要靠各自的主营业务支撑。为此,需要辨认各种行业的主营业务并确认主营业务收入,分别对其进行核算;同时对其他业务收入和利得加以确认并区分核算。

二、收入的确认和计量

(一)收入的确认原则

根据《企业会计准则第14号——收入》的规定:企业应当在履行了合同中的履约义务(客户取得相关商品控制权)时确认收入。取得相关商品控制权指能够主导该商品的使用并从中获得几乎全部的经济利益,也包括有能力阻止其他方主导该商品的使用并从中获得经济利益。取得商品控制权必须同时具备3个条件:①现实权利(能力);②主导该商品的使用;③能够获得几乎全部的经济利益。

(二)收入确认的前提条件

根据《企业会计准则第14号——收入》的规定:企业与客户之间的合同同时满足下列5项条件的,企业应当在客户取得相关商品控制权时确认收入:

(1)合同各方已批准该合同并承诺将履行各自义务。

(2)该合同明确了合同各方与所转让商品相关的权利和义务。

(3)该合同有明确的与所转让商品相关的支付条款。

（4）该合同具有商业实质，即履行该合同将改变企业未来现金流量的风险、时间分布或金额。

（5）企业因向客户转让商品而有权取得的对价很可能收回。

（三）收入确认和计量的步骤

《企业会计准则第14号——收入》规范了收入确认与计量的同一性，该准则规定收入的确认和计量大致可分为五步。

第一步，识别与客户订立的合同。

合同指双方或多方之间订立有法律约束力的权利义务的协议。其包括书面形式、口头形式及其他形式。只有与客户订立符合条件的合同（例如，租赁合同不符合收入准则中规定的合同），企业才能考虑是否确认收入。

第二步，识别合同中的单项履约义务。

履约义务指合同中企业向客户转让可明确区分商品或服务的承诺。企业应当将向客户转让可明确区分商品（或者商品的组合）的承诺，以及向客户转让一系列实质相同且转让模式相同的、可明确区分商品的承诺作为单项履约义务。例如，企业与客户签订合同，向其销售商品并提供安装服务，该安装服务简单，除该企业外其他供应商也可以提供此类安装服务，该合同中销售商品和提供安装服务为两项履约义务。若该安装服务复杂且商品需要按客户定制要求修改，则合同中销售商品和提供安装服务合并为单项履约义务。

第三步，确定交易价格。

交易价格指企业因向客户转让商品而预期有权收取的对价金额，企业代第三方收取的款项（如增值税），以及企业预期将退还给客户的款项（押金）应作为负债处理，不计入交易价格。合同条款中所承诺的对价，可能是固定金额、可变金额或两者同时存在。

第四步，将交易价格分摊至各单项履约义务。

若合同中包含两项或多项履约义务，企业应在合同开始日，按照各单项履约义务所承诺商品的单独售价（企业向客户单独销售商品的价格）的相对比例，将交易价格分摊至各单项履约义务。通过分摊交易价格，企业分摊至各单项履约义务的交易价格能够反映其因向客户转让已承诺的相关商品而有权收取的对价金额。

第五步，履行各单项履约义务时确认收入。

以上收入的确认和计量的步骤中，第一步、第二步和第五步主要与收入的确认有关，第三步和第四步主要与收入的计量有关。

（四）商品一般销售业务的会计处理

企业发生销售商品的业务时，在同时满足确认销售商品收入的五个条件时，按已收或应收的合同或协议价款，加上应收取的增值税销项税额，借记"银行存款""应收账款""合同资产""应收票据"等账户，按确定的收入金额，贷记"主营业务收入""其他业务收入"等账户，按应收取的增值税销项税额，贷记"应交税费——应交增值税（销项税额）"账户；同时或在资产负债表日，按已销商品的账面价值结转销售成本，借记"主营业务成本""其他业务成本"等账户，贷记"库存商品""原材料""合同履约成本"等账户。企业应缴纳的消费税、资源税、城市维护建设税、教育费附加等税费，应在销售商品的同时或在资产负债表日，按相关税费金额，借记"税金及附加"账户，贷记"应交税费——应交消费税""应交税费——应交资源税""应交税费——应交城市维护建设税""应交税费——应交教育费附加"等账户。

本章举例只涉及购进和销售环节中增值税的基本处理。

【例11-1】国富公司销售一批产品给红安公司，产品的销售价格为50 000元，增值税销项税额为6 500元。产品的生产成本为30 000元。国富公司收到红安公司开出的一张2个月期限商业承兑汇票。国富公司应编制会计分录如下：

（1）确认收入：

借：应收票据	56 500
贷：主营业务收入	50 000
应交税费——应交增值税（销项税额）	6 500

（2）结转成本：

借：主营业务成本	30 000
贷：库存商品	30 000

【例11-2】2022年1月1日，国富公司与大发公司签订合同，向其销售A产品。合同约定，该产品于2022年3月10日交货。A产品的销售价格为100 000元，增值税销项税额为13 000元，同时国富公司以银行存款为大发公司代垫运费3270元。A产品的生产成本为65 000元。款项于2022年3月20日收到。假定销售该产品为单项履约义务且属于在某一时点履行的履约义务，控制权于交货时转移给大发公司。国富公司应编制会计分录如下：

（1）2022年3月10日，国富公司发出商品确认收入并同时结转成本时：

借：应收账款——大发公司	116 270
贷：主营业务收入	100 000
应交税费——应交增值税（销项税额）	13 000
银行存款	3 270
借：主营业务成本	65 000
贷：库存商品	65 000

（2）2022年3月20日，国富公司收到款项时：

借：银行存款	116 270
贷：应收账款——大发公司	116 270

【例11-3】2022年1月1日，国富公司与兴业公司签订合同，向其销售A产品。合同约定：2022年2月10日，兴业公司预付货款5 000元；2020年2月20日，国富公司发出商品并开具增值税专用发票，注明货款30 000元，增值税额3 900元。假定销售该产品为单项履约义务且属于在某一时点履行的履约义务，控制权于交货时转移给兴业公司。该批商品的实际成本为18 000元，余款尚未收到。2022年2月25日，国富公司收到兴业公司转来剩余货款28 900元。国富公司应编制会计分录如下：

（1）2022年2月10日，国富公司收到预收货款时：

借：银行存款	5 000	
贷：合同负债		5 000

（2）2022年2月20日，国富公司交付该商品确认收入并结转成本时：

借：应收账款	28 900	
合同负债	5 000	
贷：主营业务收入		30 000
应交税费——应交增值税（销项税额）		3 900
借：主营业务成本	18 000	
贷：库存商品		18 000

（3）2022年2月25日国富公司收到剩余货款时：

借：银行存款	28 900	
贷：应收账款——兴业公司		28 900

（五）销售折扣业务的会计处理

企业在销售商品时会遇到销售折扣等问题，将会对收入金额及销售成本、有关费用金额产生一定影响，按照《企业会计准则第14号——收入》的规定，应当分不同情况进行处理。

销售折扣指企业在销售商品时，为鼓励购货方多购商品或尽早付款而给予的价格折扣，包括商业折扣和现金折扣。

（1）商业折扣。商业折扣指企业根据市场供需情况，或针对不同的顾客，在商品标价上给予的扣除，是企业最常用的促销手段，用"%"进行表示。商业折扣在交易发生前已经确定，不需要在买卖双方的账上反映，销售的入账金额按扣除商业折扣后的实际售价确认。

（2）现金折扣。现金折扣指债权人为了鼓励债务人在规定的信用期限内付款，回笼资金，而向债务人提供的债务扣除，用符号"折扣／付款期限"表示，如"2/10, 1/20, n/30"，表示买方在10天内付款给予售价扣减2%的折扣优惠，在20天内付款给予售价扣减1%的优惠，在30天内付款则不享受优惠。

【例11-4】 国富公司在2022年3月1日向兴业公司销售一批商品，开出的增值税专用发票上注明的销售价格为10 000元，增值税额为1 300元。为及早收回货款，国富公司和兴业公司约定的现金折扣条件为：2/10, n/30。国富公司与兴业公司是多年的购销合作伙伴，国富公司预计兴业公司很可能在10天内支付货款享受2%的折扣。假定计算现金折扣时不考虑增值税税额。国富公司应编制会计分录如下：

（1）按照最佳估计数确定交易价格可变对价：

可变对价最佳估计数 = 10 000 × 2% = 200（元）

（2）2022年3月1日，确认收入：

借：应收账款——兴业公司	11 100	
贷：主营业务收入		9 800
应交税费——应交增值税(销项税额)		1 300

（3）在折扣期内，国富公司收到货款，兴业公司享受现金折扣200元：

借：银行存款	11 100	

　　　　贷：应收账款　　　　　　　　　　　　　　　　　　　　　　　　　　11 100
（4）若超过折扣期，国富公司收到货款，兴业公司不能享受现金折扣：
借：银行存款　　　　　　　　　　　　　　　　　　　　　　　　　　　　11 300
　　　　贷：主营业务收入　　　　　　　　　　　　　　　　　　　　　　　　　200
　　　　　　应收账款　　　　　　　　　　　　　　　　　　　　　　　　　11 100

（六）其他销售业务的会计核算

【例 11-5】 国富公司将多余的 B 材料对外出售，售价 10 000 元，销项税额 1 300 元，货款及税额收到存入银行。该批材料的成本为 8 000 元。

企业将销售原材料、包装物等存货实现的收入作为其他业务收入处理，结转的相关成本作为其他业务成本处理，分别通过"其他业务收入"和"其他业务成本"账户核算。国富公司应编制会计分录如下：

借：银行存款　　　　　　　　　　　　　　　　　　　　　　　　　　　　11 300
　　　　贷：其他业务收入　　　　　　　　　　　　　　　　　　　　　　　10 000
　　　　　　应交税费——应交增值税（销项税额）　　　　　　　　　　　　1 300
借：其他业务成本　　　　　　　　　　　　　　　　　　　　　　　　　　8 000
　　　　贷：原材料——B 材料　　　　　　　　　　　　　　　　　　　　　8 000

如何确认商品销售收入？一般商品销售收入如何核算？

第二节　费　　用

一、费用及其分类

（一）费用的概念

费用指企业在日常活动中发生的、会导致所有者权益减少的、与向所有者分配利润无关的经济利益的总流出。费用必须是企业在其日常活动中所形成的，费用日常活动的界定与收入定义中所涉及的日常活动的界定相一致。将费用界定为日常活动所形成的，目的是将其与损失相区分，企业非日常活动所形成的经济利益的流出不能确认为费用，而应当计入损失。

费用有广义和狭义之分。广义的费用泛指企业各种日常活动发生的所有耗费，狭义的费用仅指与本期营业收入相配比的那部分费用。费用同企业的盈利活动相联系，即费用是企业在取得收入过程中所发生的各项支出。凡属于本期发生的费用，不论其款项是否在本期支付，均应确认为本期的费用；相反，凡不属于本期发生的费用，即使款项已在本期支付，也不确认为本期的费用。会计基本准则中规定的费用指狭义的费用。

（二）费用的分类

企业的费用主要包括主营业务成本、其他业务成本、税金及附加、期间费用等。

1. 主营业务成本

主营业务成本指企业销售商品、提供服务等经常性活动所发生的成本。企业一般在确认销售商品、提供服务等主营业务收入时，或在月末将已销售商品、已提供服务的成本结转入主营业务成本。

费用发生时，应按以下步骤将其转化为生产成本、主营业务成本。

第一，分清生产费用与非生产费用的界限。生产费用指与企业日常生产经营活动有关的费用。例如，生产产品所发生的原材料费用、人工费用、机器设备等的损耗费用等。非生产费用指不应由生产费用负担的费用。例如，用于构建固定资产所发生的费用，不属于生产费用，而属于支出，即非生产费用。

第二，分清生产费用应计入产品成本和期间费用的界限。产品成本与一定种类和数量的产品相联系，而不论其发生于哪一个会计期间；期间费用与一定的时期（即会计期间）相联系，与生产的产品品种和数量无关。对于确认为应计入产品成本的生产费用，必须根据该费用发生的实际情况将其确认为不同产品生产所负担的费用；对于几种产品共同发生的费用，必须按照受益原则，采用一定方法和程序将其分配计入相关产品的生产成本；对于确认为期间费用的费用，必须进一步划分为管理费用、销售费用和财务费用。

第三，分清产品成本应计入完工产品和月末在产品的界限。发生的生产费用（如生产产品的原材料费用、人工费用、厂房和机器设备的损耗费用等）已经分配计入某一产品的生产成本中，月末（或会计期末）时，要把计入这一产品的成本在该产品的完工产品和月末在产品中进行分配，计算出该产品的完工产品成本和月末在产品成本，并计算各完工产品的单位成本。产品一旦生产完工，就将其生产成本转入库存商品成本。

第四，分清已销售产品成本和未销售产品成本的界限。生产完工的各种产品，已经转入库存商品。例如，在本期已经销售（无论销售的是本期生产完工的产品还是以前会计期间生产完工的产品），将已销售的库存商品成本结转入主营业务成本，未销售的商品依然作为库存商品，作为企业期末的存货。

主营业务成本的核算举例见本章第一节。

2. 其他业务成本

其他业务成本指企业除主营活动以外的企业经营活动所发生的成本。企业销售多余原材料的成本、出租包装物和固定资产发生的相关支出、转让无形资产使用权发生的支出等都属于其他业务成本。

3. 税金及附加

税金及附加指企业经营活动应负担的相关税费，包括消费税、城市维护建设税、教育费附加、资源税、土地增值税、房产税、环境保护税、城镇土地使用税、车船税、印花税等。税金及附加的核算讲解见第九章。

4. 期间费用

期间费用指本期发生的、不能直接或间接归入某种产品成本的、直接计入当期损益的各项费用，包括管理费用、销售费用和财务费用。

期间费用的核算将于本节的后面内容进行详述。

课堂讨论

费用和成本的关系是什么？发生的费用如何区分计入产品成本和期间费用？

二、生产成本

（一）生产成本的概念

生产成本指企业在一定会计期间为生产一定种类和数量的产品所发生的直接计入费用和间接计入费用的总和。生产成本和费用是既相联系又有区别的两个概念。第一，成本是对象化的费用。生产成本是相对于一定产品而言所发生的费用，是按照产品品种等成本计算对象对当期发生的费用进行归集所形成的。企业在一定期间发生的直接费用和间接费用的总和构成了一定期间产品的生产成本，费用发生的过程同时也是产品成本形成的过程。第二，成本和费用是相互转化的。企业在一定期间发生的直接费用按照成本计算对象进行归集，间接费用则通过分配计入各成本计算对象，使本期发生的费用予以对象化，转化为成本。

企业的产品成本项目可以根据企业的具体情况自行设定。一般为直接材料、燃料及动力、直接人工和制造费用。

（1）直接材料。直接材料指构成产品实体的原料、主要材料及有助于产品形成的辅助材料、设备配件、外购半成品。

（2）燃料及动力。燃料及动力指直接用于产品生产的外购的和自制的燃料及动力。

（3）直接人工。直接人工指直接参与生产的工人工资及职工福利费、住房公积金、工会经费、职工教育经费等。

（4）制造费用。制造费用指直接用于产品生产，但不便直接计入产品成本，因而没有专设成本项目的费用，以及间接用于产品生产的各项费用，如生产车间管理人员的职工薪酬、生产车间固定资产的折旧费和修理费、物料消耗、办公费、水电费、保险费、劳动保护费等。

（二）生产成本核算应设置的账户

企业为了核算各种产品的成本，应设置"生产成本"和"制造费用"两个账户。

"生产成本"账户是用来核算企业进行工业性生产所发生的各项生产费用（包括生产各种产成品、自制半成品、提供劳务、自制材料、自制工具，以及自制设备等所发生的各项费用）的账户。该账户借方登记企业发生的各项直接材料、直接人工和制造费用；贷方登记期末按实际成本计价的、生产完工入库的工业产品、自制半成品、自制材料、自制工具及提供工业性劳务的成本；期末余额一般在借方，表示期末尚未加工完成的在产品成本。

"生产成本"账户按不同的成本计算对象（包括产品的品种、产品的批次、产品的生产步骤等）设置明细分类账户，并按直接材料、直接人工、制造费用等成本项目设置专栏，进行明细核算，以便于归集各成本计算对象所发生的各项费用和计算各成本计算对象的总成本、单位成本和期末在产品成本。企业还可以根据自身生产特点和管理要求，将"生产成本"账户分为"基本生产成本"和"辅助生产成本"两个二级账户。"基本生产成本"二级账户核算企业为完成主要生产目的而进行的产品生产所发生的费用（例如，铸造车间、加工车间等发生的费用），计算基本生产的产品成本；"辅助生产成本"二级账户核算企业为基本生产服务而进行的产品生产和劳务供应所发生的费用（如供汽车间、供水车间和供电车间等辅助生产车间所发生的费用），计算辅助生产成本和劳务成本。

"制造费用"账户是用来核算企业为生产产品或提供劳务而发生的各项间接费用，包括生产车间管理人员的薪酬，生产车间的折旧费、修理费、办公费、水电费、机物料消耗、劳保费、租赁费、保险费、季节性或修理期间的停工损失等。该账户借方反映企业发生的各项制造费用，贷方反映期末按一定的分配方法和分配标准在各成本计算对象之间分配的制造费用并结转，期末本账户一般无余额。"制造费用"账户通常按不同的车间、部门设置明细账，并按费用的经济用途或按照费用的经济性质设置专栏进行明细核算。

（三）生产费用的归集与分配

1. 材料费用的归集和分配

材料费用是企业在生产过程中耗用材料的价值表现，包括耗用的主要材料、辅助材料、外购半成品、修理用备件、包装物等。耗用材料是发生材料费用的直接原因，其主要标志是材料领用或发出。材料费用的归集和分配，是由财会部门在月份终了时，根据领用材料的各种原始凭证（如领料单、限额领料单、退料单等），按产品和用途进行归集，编制发料汇总表。对于直接用于产品制造的材料费用，能够直接计入的，直接计入该成本计算单中的"直接材料"项目。如果是几种产品合用一种材料时，则采用适当的分配方法。例如，按材料定额耗用量比例、按各种产品的重量比例等进行分配，将分配后的材料费用计入各产品成本计算单中的"直接材料"项目。

【例 11-6】 国富公司本月发出材料进行产品生产，生产甲产品耗用材料 60 000 元，生产乙产品耗用材料 50 000 元，车间设备调试修理领用材料 10 000 元，行政部门管理耗用材料 8 000 元。国富公司应编制会计分录如下：

借：生产成本——甲产品　　　　　　　　　　　　　　　　　　　　60 000
　　　　　　——乙产品　　　　　　　　　　　　　　　　　　　　50 000
　　制造费用　　　　　　　　　　　　　　　　　　　　　　　　　10 000
　　管理费用　　　　　　　　　　　　　　　　　　　　　　　　　 8 000
　　贷：原材料　　　　　　　　　　　　　　　　　　　　　　　　128 000

2. 职工薪酬的构成、工资费用的归集和分配

1) 职工薪酬的构成

职工薪酬指企业为获得职工提供的服务或解除劳动关系而给予各种形式的报酬或补偿。职工薪酬包括：①职工工资、奖金、津贴和补贴；②职工福利费；③医疗保险费、工伤保险费和生育保险金等社会保险费；④住房公积金，指企业按照国家《住房公积金管理条例》规定的基准和比例计算，向住房公积金管理机构缴存的住房公积金；⑤工会经费和职工教育经费；⑥短期带薪缺勤；⑦短期利润分享计划；⑧其他短期薪酬等。

2）工资费用的归集和分配

工资费用应按发生的车间、部门和用途进行归集和分配，并分配计入各种产品的生产成本。财会部门应根据计算的职工薪酬编制"工资结算汇总表"，作为与职工进行工资结算的依据；按照发生的车间、部门和用途编制"工资费用分配表"，作为工资费用分配的依据。职工薪酬作为企业的一项负债，除因解除与职工的劳动关系给予的补偿外，均应根据职工提供的受益对象进行分配。

（1）应由生产产品、提供劳务负担的职工薪酬，计入产品成本或劳务成本。生产产品、提供劳务中的直接生产人员和直接提供劳务人员发生的职工薪酬，应计入生产成本，借记"生产成本"账户，贷记"应付职工薪酬"账户。

（2）应由在建工程负担的职工薪酬，计入固定资产成本。自行建造固定资产过程中发生的职工薪酬，应计入固定资产的成本，借记"在建工程"账户，贷记"应付职工薪酬"账户。

（3）应由无形资产负担的职工薪酬，计入无形资产成本。例如，企业自行研发无形资产过程中发生的职工薪酬：研究阶段发生的职工薪酬不能计入无形资产的成本；开发阶段发生的职工薪酬，符合资本化条件的，计入无形资产的成本，借记"研发支出——资本化支出"账户，贷记"应付职工薪酬"账户。

（4）除以上3项以外的职工薪酬（例如，公司管理人员、董事会、监事会成员等人员的职工薪酬），因难以确定受益对象，均应当在发生时确认为当期损益。即当支出发生时，借记"管理费用"账户，贷记"应付职工薪酬"账户。

【例11-7】 国富公司本月计算分配应付各类人员的工资数额为：生产甲产品工人工资20 000元，生产乙产品工人工资7 500元，生产车间管理人员工资8 000元，行政管理人员的工资为6 000元，在建工程人员工资为2 000元。国富公司应编制会计分录如下：

借：生产成本——甲产品	20 000
——乙产品	7 500
制造费用	8 000
管理费用	6 000
在建工程	2 000
贷：应付职工薪酬——工资	43 500

【例11-8】 承【例11-7】国富公司本月实际发生职工福利费6 090元。其中：生产甲产品工人福利费为2 800元，生产乙产品工人福利费为1 050元，车间管理人员福利费为1 120元，行政管理人员福利费为840元，在建工程人员的福利费为280元。国富公司应编制会计分录如下：

借：生产成本——甲产品	2 800
——乙产品	1 050
制造费用	1 120
管理费用	840

在建工程　　　　　　　　　　　　　　　　　　　　　　　　280
　　贷：应付职工薪酬——职工福利费　　　　　　　　　　　　　　　　　　6 090

3. 制造费用的归集和分配

制造费用是企业为了组织和管理生产所发生的各项间接费用，其主要内容是企业的各个生产部门（分厂、车间）为组织和管理生产所发生的生产单位管理人员工资、职工福利费，生产单位房屋建筑物、机器设备等的折旧费、修理费、机物料消耗、办公费、水电费、劳动保护费、季节性停工和修理停工期间的停工损失及其他的制造费用等。

这些费用是由于管理和组织生产而发生的间接费用，不是生产产品的直接费用，因此，不能直接计入产品成本，需要通过"制造费用"账户进行归集，然后采用适当的分配标准分配计入各种产品成本。在实际工作中，企业在"制造费用"账户下按费用项目设置明细账归集这些费用，并采用适当的方法在各种产品之间分配这些费用。如果企业只生产一种产品，制造费用可以直接计入该种产品成本。如果企业生产多种产品，制造费用就需要在不同产品之间进行分配，常用的分配方法有：生产工时比例法、生产工人工资比例法、机器工时比例法、年度计划分配率法等。

【例11-9】本月末，国富公司计提本月生产车间固定资产折旧5 000元，管理部门固定资产折旧费2 000元。国富公司应编制会计分录如下：

　　借：制造费用　　　　　　　　　　　　　　　　　　　　　　5 000
　　　　管理费用　　　　　　　　　　　　　　　　　　　　　　2 000
　　　贷：累计折旧　　　　　　　　　　　　　　　　　　　　　　7 000

【例11-10】国富公司用银行存款支付本月生产车间水费3 000元、电费1 600元、取暖费1 300元；行政管理部门水费1 100元、电费900元、取暖费600元。国富公司应编制会计分录如下：

　　借：制造费用　　　　　　　　　　　　　　　　　　　　　　5 900
　　　　管理费用　　　　　　　　　　　　　　　　　　　　　　2 600
　　　贷：银行存款　　　　　　　　　　　　　　　　　　　　　　8 500

【例11-11】国富公司生产车间管理人员王某因公出差报销差旅费230元（款项由个人垫付），用现金付讫。国富公司应编制会计分录如下：

　　借：制造费用　　　　　　　　　　　　　　　　　　　　　　　230
　　　贷：库存现金　　　　　　　　　　　　　　　　　　　　　　　230

【例11-12】国富公司将生产车间在本月发生的制造费用30 250元按生产工人工资比例分配计入甲、乙两种产品的生产成本。

制造费用 = 10 000 + 8 000 + 1 120 + 5 000 + 5 900 + 230 = 30 250（元）

制造费用分配率 = 30 250 ÷（20 000 + 7 500）= 1.1

甲产品应分配的制造费用 = 20 000 × 1.1 = 22 000（元）

乙产品应分配的制造费用 = 7 500 × 1.1 = 8 250（元）

根据上面的计算结果编制的会计分录为：

　　借：生产成本——甲产品　　　　　　　　　　　　　　　　　22 000

　　　　——乙产品　　　　　　　　　　　　　　　　　　　　　　　8 250
　　贷：制造费用　　　　　　　　　　　　　　　　　　　　　　　　　30 250

4. 在产品成本的计算和完工产品成本的结转

1）在产品成本的计算

工业企业的在产品指生产过程中尚未完工的产品，从整个企业来讲，包括正在加工中的产品和加工已经告一段落的自制半成品。

工业企业生产过程中发生的各项费用，经过在各种产品之间的归集和分配，都已集中在"生产成本"明细账和产品成本计算单中。当月初、月末都没有在产品时，本月发生的生产费用就等于本月完工产品的成本；如果月初、月末都有在产品，本月发生的生产费用加上月初在产品成本的合计数，还要在完工产品和月末在产品之间进行分配，据以计算完工产品成本。

在完工产品和月末在产品之间分配费用，其分配方法有两类：①先确定月末在产品成本，然后用待分配的生产费用总额减去月末在产品成本，求得完工产品成本，即完工产品成本＝月初在产品成本＋本月发生费用－月末在产品成本。②将待分配的生产费用总额按一定比例在月末在产品和完工产品之间进行分配，同时计算出完工产品成本和月末在产品成本。不论哪一类方法，实质上都要先计算确定月末在产品成本。一般来说，在产品成本计算的方法通常有以下几种：月末在产品成本按零计算的方法、在产品成本只计算所耗原材料费用的方法、在产品成本按定额成本计算的方法、约当产量法、在产品成本按定额比例计算的方法等。

【例 11-13】 国富公司生产的上述甲、乙产品，甲产品在产品直接材料费用定额为 100 元，工时定额 5 小时，每小时定额为：直接人工 2 元，制造费用 3 元；月初在产品成本 20 000 元。其中：直接材料 10 000 元，直接人工 7 000 元，制造费用 3 000 元；本月产品生产费用合计 104 800 元。其中：直接材料 60 000 元，直接人工 22 800 元，制造费用 22 000 元。甲产品本月完工 2 000 件，月末在产品共计 100 件。

乙产品没有月初在产品成本和月末没有完工产品，需要继续进行生产。

本例中，月末在产品成本按定额成本方法进行计算。则甲产品月末在产品成本计算如下。

直接材料＝100×100＝10 000（元）

直接人工＝100×5×2＝1 000（元）

制造费用＝100×5×3＝1 500（元）

甲产品月末在产品成本＝10 000＋1 000＋1 500＝12 500（元）

2）完工产品成本的结转

计算出当期完工产品成本，产成品验收入库后，应结转成本。结转本期完工产品成本时，借记"库存商品"账户，贷记"生产成本"账户。

【例 11-14】 承【例 11-13】，计算出甲产品的完工成本并予以结转。

甲产品的完工产品成本：

直接材料＝（10 000＋60 000）－10 000＝60 000（元）

直接人工＝（7 000＋22 800）－1 000＝28 800（元）

制造费用=（3 000+22 000）−1 500=23 500（元）

甲产品完工成本=60 000+28 800+23 500=112 300（元）

借：库存商品——甲产品　　　　　　　　　　　　　　　　112 300
　　贷：生产成本——甲产品　　　　　　　　　　　　　　　　　112 300

三、期间费用

期间费用是企业当期发生的费用中的重要组成部分，指本期发生的、不能直接或间接归入某种产品成本的、直接计入当期损益的各项费用，包括管理费用、销售费用和财务费用。

（一）管理费用

管理费用指企业为组织和管理企业生产经营所发生的管理费用，包括企业在筹建期间内发生的开办费、董事会和行政管理部门在企业的经营管理过程中发生的或应由企业统一负担的公司经费（包括行政管理部门职工工资及福利费、物料消耗、低值易耗品摊销、办公费和差旅费等）、工会经费、董事会费（包括董事会成员津贴、会议费和差旅费等）、聘请中介机构费、咨询费（含顾问费）、诉讼费、业务招待费、研究费用、排污费和行政管理部门等发生的固定资产修理费用等。

企业发生的管理费用，设置"管理费用"账户进行核算，并按费用项目设置明细账进行明细核算。企业发生的各项管理费用借记该账户，期末将"管理费用"账户借方归集的管理费用全部由本账户的贷方转入"本年利润"账户的借方，结转后本账户无余额。

【例11-15】 国富公司用银行存款支付业务招待费5 000元。国富公司应编制会计分录如下：

借：管理费用——业务招待费　　　　　　　　　　　　　　　5 000
　　贷：银行存款　　　　　　　　　　　　　　　　　　　　　　5 000

【例11-16】 国富公司用银行存款支付办公水电费2 000元。国富公司应编制会计分录如下：

借：管理费用——水电费　　　　　　　　　　　　　　　　　2 000
　　贷：银行存款　　　　　　　　　　　　　　　　　　　　　　2 000

【例11-17】 本月末，国富公司将"管理费用"账户余额7 000元转入"本年利润"账户。国富公司应编制会计分录如下：

借：本年利润　　　　　　　　　　　　　　　　　　　　　　7 000
　　贷：管理费用　　　　　　　　　　　　　　　　　　　　　　7 000

（二）销售费用

销售费用指企业在销售商品和材料、提供劳务的过程中发生的各种费用，包括企业在销售商品过程中发生的保险费、包装费、展览费和广告费、商品维修费、预计产品质量保证损失、运输费、装卸费等，以及为销售本企业商品而专设的销售机构（含销售网点、售后服务网点等）的职工薪酬、业务费、折旧费、固定资产修理费等费用。

企业发生的销售费用，设置"销售费用"账户进行核算，并按费用项目设置明细账进行明细核算。企业发生的各项销售费用借记该账户，贷记"库存现金""银行存款""应付职工薪酬"等账户；期末，将借方归集的销售费用全部由本账户的贷方转入"本年利润"账户的借方。结转后该账户无余额。

【例 11-18】 国富公司用银行存款支付甲产品广告宣传费 8 000 元。国富公司应编制会计分录如下：

借：销售费用——广告宣传费　　　　　　　　　　　　　　　8 000
　　贷：银行存款　　　　　　　　　　　　　　　　　　　　8 000

【例 11-19】 国富公司本月分配专设销售机构人员工资 10 000 元。国富公司应编制会计分录如下：

借：销售费用——工资　　　　　　　　　　　　　　　　　10 000
　　贷：应付职工薪酬——工资　　　　　　　　　　　　　10 000

【例 11-20】 本月末，国富公司将"销售费用"账户余额 18 000 元转入"本年利润"账户。国富公司应编制会计分录如下：

借：本年利润　　　　　　　　　　　　　　　　　　　　　18 000
　　贷：销售费用　　　　　　　　　　　　　　　　　　　18 000

（三）财务费用

财务费用指企业为筹集生产经营所需资金等而发生的筹资费用，包括利息净支出（减利息收入后的支出）、汇兑净损失（减汇兑收益后的损失）、金融机构手续费、企业发生的现金折扣或收到的现金折扣，以及筹集生产经营资金发生的其他费用（例如，融资租入固定资产发生的融资租赁费）等。

企业发生的财务费用，应设置"财务费用"账户进行核算，并按费用项目设置明细账进行明细核算。当企业发生各项财务费用时，借记"财务费用"账户，贷记"银行存款""应付利息"等账户；当企业发生利息收入、汇兑收益时，借记"银行存款"等账户，贷记"财务费用"账户。期末，将借方归集的财务费用由该账户的贷方转入"本年利润"账户的借方，结转后无余额。

【例 11-21】 国富公司接到银行通知，已划拨本月银行借款利息 2 000 元；银行转来存款利息 1 500 元。国富公司应编制会计分录如下：

借：财务费用　　　　　　　　　　　　　　　　　　　　　2 000
　　贷：银行存款　　　　　　　　　　　　　　　　　　　2 000
借：银行存款　　　　　　　　　　　　　　　　　　　　　1 500
　　贷：财务费用　　　　　　　　　　　　　　　　　　　1 500

【例 11-22】 国富公司用银行存款支付在银行办理业务的手续费 200 元。国富公司应编制会计分录如下：

借：财务费用　　　　　　　　　　　　　　　　　　　　　　200
　　贷：银行存款　　　　　　　　　　　　　　　　　　　　200

【例 11-23】 本月末,国富公司将"财务费用"账户余额 700 元转入"本年利润"账户。 国富公司应编制会计分录如下:
借:本年利润　　　　　　　　　　　　　　　　　　　　　　　　700
　　贷:财务费用　　　　　　　　　　　　　　　　　　　　　　　　700

企业进行生产经营活动时,会产生支出。但并非所有的支出都计入费用,也并非所有的费用都计入成本。企业发生的支出,需要区分应计入资产价值的支出和计入费用的支出;费用需要区分应计入产品成本的费用和应计入期间费用的费用,同时需要明确损失和费用的区别。

第三节　利　　润

一、利润及其构成

(一)利润的概念

利润指企业在一定会计期间的经营成果,包括收入减去费用后的净额、直接计入当期利润的利得或损失等。

直接计入当期的利得或损失指应当计入当期损益、会导致所有者权益发生增减变动的、与所有者投入资本或向所有者分配利润无关的利得或损失。

收入减去费用后的净额反映的是企业日常活动的业绩;直接计入当期利润的利得或损失反映的是企业非日常活动的业绩。应当严格划分收入和利得、费用和损失之间的界限,以便全面地反映企业的业绩。

通常情况下:如果企业实现了利润,表明企业的所有者权益将增加,业绩得到了提升;反之,如果企业发生了亏损(即利润为负数),表明企业的所有者权益将减少,业绩下滑。利润往往是评价企业管理层业绩的一项重要指标,也是投资者等财务报告使用者进行决策的重要参考。

(二)利润的构成

在利润表中,利润的金额由营业利润、利润总额、净利润三部分构成。

1. 营业利润

营业利润=营业收入-营业成本-税金及附加-销售费用-管理费用-研发费用-财务费用+其他收益-资产减值损失+公允价值变动收益(-公允价值变动损失)+投资收益(-投资损失)-信用减值损失+资产处置收益(-资产处置损失)

营业收入指企业经营业务所确定的收入总额,包括主营业务收入和其他业务收入;营业成本指企业经营业务所发生的实际成本总额,包括主营业务成本和其他业务成本;其他收益主要指与企业日常活动相关，除冲减相关成本费用以外的政府补助；资产减值损失指企业计提各项资产减值准备所形成的损失；公允价值变动收益（或损失）指企业交易性金融资产等公允价值变动形成的应计入当期损益的利得（或损失）；投资收益（或损失）指企业以各种方式对外投资所取得的收益（或发生的损失）；信用减值损失指企业对应收账等金融工具计提各项信用减值准备所确认的信用损失；资产处置收益（或损失）指企业出售划分为持有待售的非流动资产（金融工具、长期股权投资和投资性房地产除外）或处置组（子公司和业务除外）时确认的处置利得或损失，以及处置未划分为持有待售的固定资产、在建工程、生产性生物资产及无形资产而产生的处置利得或损失，还包括债务重组中因处置非流动资产产生的利得或损失和非货币性资产交换中换出非流动资产产生的利得或损失。

2. 利润总额

利润总额=营业利润+营业外收入–营业外支出

3. 净利润

净利润 = 利润总额 – 所得税费用

（三）营业外收入与营业外支出

营业外收支指企业发生的与日常活动无直接关系的各项收支。营业外收支虽然与企业生产经营活动没有多大的关系，但从企业主体来考虑，同样给企业带来收入或形成企业的支出，也是增加或减少利润的因素，对企业的利润总额及净利润产生较大的影响。

1. 营业外收入

营业外收入指企业发生的与日常活动无直接关系的各项利得。营业外收入并不是由企业经营资金耗费所产生的，不需要企业付出代价，实际上是一种纯收入，不可能也不需要与有关费用进行配比。因此，在会计核算上，应当严格区分营业外收入与营业收入的界限。营业外收入主要包括：非流动资产毁损报废收益、非货币性资产交换利得、债务重组利得、政府补助利得、盘盈利得、罚没利得、捐赠利得等。

非流动资产毁损报废收益指因自然灾害等发生毁损、已丧失使用功能而报废非流动资产所产生的清理收益。

非货币性资产交换利得指在非货币资产以公允价值为基础计量的情况下，换出固定资产、无形资产的，换入资产公允价值大于换出资产账面价值的差额，扣除相关费用后计入营业外收入的金额。

债务重组利得指债务人因重组债务的账面价值高于清偿债务的现金、非现金资产公允价值，债权人放弃债权而享有股份的公允价值，重组后债务的入账价值的差额所形成的利得。

盘盈利得指企业在财产清查中发现的库存现金等实有数额超过账面数额而获得的资产溢余利得。

政府补助利得指企业从政府无偿取得货币性资产或非货币性资产形成的利得。

捐赠利得指企业接受捐赠产生的利得。

罚没利得指企业收取的滞纳金、违约金及其他形式的罚款，在弥补了由于对方违约而造成的经济损失后的净收益。

企业应设置"营业外收入"账户,核算营业外收入的取得和结转情况。贷方反映取得的各项营业外收入,借方反映期末转入"本年利润"账户贷方的数额,结转后无余额。该账户可按营业外收入项目进行明细核算。

2. 营业外支出

营业外支出指企业发生的与日常活动无直接关系的各项损失。主要包括:非流动资产毁损报废损失、非货币性资产交换损失、债务重组损失、公益性捐赠支出、非常损失、盘亏损失等。

非流动资产毁损报废损失指因自然灾害等发生毁损、已丧失使用功能而报废的非流动资产所产生的清理损失。

非货币资产交换损失指在非货币资产交换以公允价值为基础计量的情况下,换出固定资产或无形资产的公允价值低于其账面价值的差额,扣除相关费用后计入营业外支出的金额。

债务重组损失指重组债权的账面价值高于接受抵债取得的现金及非现金资产的公允价值、放弃债权而享有股份的公允价值、重组后债权的入账价值的差额所形成的损失。

公益性捐赠支出指企业对外进行公益性捐赠发生的支出。

非常损失指企业由于自然灾害等客观原因造成的财产损失,在扣除保险公司赔偿后计入营业外支出的净损失。

盘亏损失指企业在财产清查中发现的固定资产实存数量少于账面数量而发生的资产短缺损失。

企业应设置"营业外支出"账户核算营业外支出的发生及结转情况。借方反映发生的各项营业外支出,贷方反映期末转入"本年利润"账户借方的数额,期末结转后无余额。该账户可按营业外支出项目进行明细核算。

需要注意的是,营业外收入和营业外支出应当分别核算。在具体核算时,不能将营业外收入和营业外支出并入一个账户进行核算,不得以营业外支出直接冲减营业外收入,也不得以营业外收入冲减营业外支出。即企业在会计核算时,应当区别营业外收入和营业外支出分别进行核算。

(四)营业外收支的核算

【例11-24】 国富公司将确实无法支付的应收款项12 000元转作营业外收入。国富公司应编制会计分录如下:

借:应付账款　　　　　　　　　　　　　　　　　　　　　　　　12 000
　　贷:营业外收入　　　　　　　　　　　　　　　　　　　　　　　　12 000

【例11-25】 国富公司用银行存款支付税款滞纳金9 000元。国富公司应编制会计分录如下:

借:营业外支出　　　　　　　　　　　　　　　　　　　　　　　　9 000
　　贷:银行存款　　　　　　　　　　　　　　　　　　　　　　　　　9 000

二、利润形成的核算

利润形成主要通过设置的"本年利润"账户进行核算。"本年利润"账户核算企业当期实现的净利润或发生的净亏损。会计期末：企业将收入类账户的贷方余额转入"本年利润"账户的贷方，即借记"主营业务收入""其他业务收入""其他收益""营业外收入"等账户，贷记"本年利润"账户；将费用类账户的借方余额转入"本年利润"的借方，即借记"本年利润"账户，贷记"主营业务成本""税金及附加""其他业务成本""管理费用""财务费用""销售费用""资产减值损失""信用减值损失""资产处置损失""营业外支出""所得税费用"等账户。"公允价值变动损益""投资收益""资产处置损益"账户：如为净收益，借记"公允价值变动""投资收益""资产处置损益"账户，贷记"本年利润"账户；如为净损失，借记"本年利润"账户，贷记"公允价值变动损益""投资收益""资产处置损益"账户。

期末结转利润后："本年利润"账户如为贷方余额，反映年初至本年末实现的净利润；如为借方余额，反映年初至本年末发生的净亏损。年度终了，应将本年收入和支出相抵后结出的本年实现的净利润，转入"利润分配"账户，借记"本年利润"账户，贷记"利润分配——未分配利润"账户；如为净亏损，借记"利润分配——未分配利润"账户，贷记"本年利润"账户。结转后，本账户年末无余额。

【例11-26】国富公司2022年度取得主营业务收入8 000万元，其他业务收入2 000万元，投资净收益1 000万元，营业外收入500万元；发生主营业务成本5 000万元，其他业务成本1 600万元，税金及附加120万元，销售费用400万元，管理费用300万元，财务费用80万元，资产减值损失100万元，公允价值变动净损失50万元，营业外支出100万元。

（1）期末，国富公司结转收益类账户余额，应编制会计分录如下：

借：主营业务收入　　　　　　　　80 000 000
　　其他业务收入　　　　　　　　20 000 000
　　投资收益　　　　　　　　　　10 000 000
　　营业外收入　　　　　　　　　 5 000 000
　　贷：本年利润　　　　　　　　115 000 000

（2）期末，国富公司结转费用、损失类账户余额，应编制会计分录如下：

借：本年利润　　　　　　　　　　77 500 000
　　贷：主营业务成本　　　　　　50 000 000
　　　　其他业务成本　　　　　　16 000 000
　　　　税金及附加　　　　　　　 1 200 000
　　　　销售费用　　　　　　　　 4 000 000
　　　　管理费用　　　　　　　　 3 000 000
　　　　财务费用　　　　　　　　　 800 000
　　　　资产减值损失　　　　　　 1 000 000
　　　　公允价值变动损益　　　　　 500 000
　　　　营业外支出　　　　　　　 1 000 000

企业利润形成在计算上和会计分录处理上有何区别?

三、所得税费用的核算

企业所得税指企业按照国家税法的有关规定,对企业某一经营年度实现的经营所得和其他所得,按照规定的所得税税率计算缴纳的一种税款。采用比例税率法计算,实行按纳税年度计算、分月或分季预缴、年终汇算清缴的办法。所得税率一般为25%。

所得税根据企业的所得额征收,而企业的所得额又可以根据不同的标准分别计算,即会计利润和应纳税所得额。会计利润指企业根据会计准则的要求,采用一定的会计程序与方法确定的所得税前利润总额,其目的是向财务报告使用者提供企业财务状况和经营成果的会计信息,为其决策提供相关、可靠的依据;应纳税所得额指根据税法的要求,以一定期间应税收入扣除税法准予扣除的项目后计算得出的应税所得,其目的是为企业进行纳税申报和国家税收机关核定企业应缴纳的所得税提供依据。由于会计法规和税收法规是两个不同的经济范畴,两者的适度分离被认为是允许的,实际上它们也是分别遵循着不同的原则和方法,规范着不同的对象,两者目标上的差异导致了收益确定上的差异。因此,对于同一企业的同一会计期间,按照会计法计算确定的会计利润和与按照税法计算确定的应纳税所得额往往不一致,在计算口径和确认时间方面存在一些差异,即计税差异,一般将这些差异称为纳税调整项目。

应交所得税=应纳税所得额×所得税税率

应纳税所得额=利润总额±税前利润中予以调整的项目

纳税调整增加的项目主要有:①企业已计入当期费用但超过税法扣除标准的金额,如超过税法规定标准的职工薪酬支出、业务招待费支出等;②税收罚款的滞纳金支出;③非公益性捐赠支出等。

纳税调整减少的项目主要有:①税法规定允许用税前利润弥补的亏损;②准予免税的项目例如,购买国债(购买国库券)的利息收入等。

我国所得税会计采用了资产负债表债务法,要求企业从资产负债表出发,通过比较资产负债表上列示的资产、负债按照会计准则规定确定的账面价值与按照税法规定确定的计税基础,对于两者之间的差异分别应纳税暂时性差异与可抵扣暂时性差异,确认相关的递延所得税负债与递延所得税资产,并在此基础上确定每一会计期间利润表中的所得税费用。

在本书中,为了简化核算,我们一般假设没有纳税调整项目,以会计利润为基础计算所得税额,以此确认所得税费用。

【例11-27】承【例11-26】,国富公司2022年度实现的利润总额为3 750万元,按25%的所得税率计算本年应交的所得税并结转所得税费(假设没有纳税调整项目)。会计分录如下:

（1）计算本年应交的所得税：

所得税费用 = 3 750 × 25% = 937.5（万元）

借：所得税费用　　　　　　　　　　　　　　　　　9 375 000

　　贷：应交税费——应交所得税　　　　　　　　　　　　9 375 000

（2）结转所得税费用：

借：本年利润　　　　　　　　　　　　　　　　　　9 375 000

　　贷：所得税费用　　　　　　　　　　　　　　　　　　9 375 000

 知识链接

会计实务中，会计准则和税法对于所得税的计算规定不一致，导致计算缴纳所得税时需要根据会计利润进行调整，而不能直接根据会计利润进行计算及缴纳，具体的核算方法参照《企业会计准则第18号——所得税》的相关规定。

四、利润分配的核算

企业当期实现的净利润，加上年初未分配利润（或减去年初未弥补亏损）后的余额，为可供分配的利润。一般按下列顺序分配。

（1）提取法定盈余公积。按净利润的10%提取，法定盈余公积累计金额超过企业注册资本的50%时，可以不再提取。

（2）向优先股股东分配现金股利。按事先约定的股利率分配给优先股股东。

（3）提取任意盈余公积。按企业股东大会决议通过的比率提取。

（4）向普通股股东或投资者分配现金股利或利润。按照企业利润分配方案分配给股东的现金股利或非股份有限公司分配给投资者的利润。

（5）转作股本的股利。按照企业的利润分配方案以分派股票股利的形式转作股本的股利，也包括非股份有限公司以利润转增的资本。

企业应当设置"利润分配"账户，核算企业利润的分配（或亏损的弥补）情况，以及历年积存的未分配利润(或未弥补的亏损)。该账户应当分别设置"提取法定盈余公积""提取任意盈余公积""应付现金股利（或利润）""转作股本的股利""盈余公积补亏"和"未分配利润"等明细账户进行明细核算。

（1）企业按规定提取盈余公积时，借记本账户(提取法定盈余公积、提取任意盈余公积)，贷记"盈余公积——法定盈余公积""盈余公积——任意盈余公积"账户。

（2）经股东大会或类似机构决议，分配给股东或投资者现金股利或利润时，借记本账户（应付现金股利或应付利润），贷记"应付股利"账户。

（3）用盈余公积弥补亏损时，借记"盈余公积——法定盈余公积"或"盈余公积——任意盈余公积"账户，贷记本账户(盈余公积补亏)。

（4）年度终了，企业应将本年实现的净利润，自"本年利润"账户转入本账户，借记"本年利润"账户，贷记本账户(未分配利润)，如为净亏损则做相反的会计分录；同时，将"利润分配"账户所属其他明细账户的余额转入本账户"未分配利润"明细账户。结转后，本账户除"未分配利润"明细账户外，其他明细账户无余额。

（5）本账户年末余额，反映企业的未分配利润(或未弥补亏损)。

【例 11-28】 承【例 11-27】，国富公司 2022 年 12 月 31 日将净利润 2 812.5 万元转入"利润分配——未分配利润"账户。国富公司应编制会计分录如下：

借：本年利润　　　　　　　　　　　　　　　　　　　　　　28 125 000
　　贷：利润分配——未分配利润　　　　　　　　　　　　　　　28 125 000

【例 11-29】 国富公司 2022 年度实现净利润 2812.5 万元，按净利润的 10%提取法定盈余公积，按净利润的 20%提取任意盈余公积，向股东分派现金股利 300 万元，同时分派每股面值 1 元的股票股利 100 万股。国富公司应编制会计分录如下：

（1）提取盈余公积：

借：利润分配——提取法定盈余公积　　　　　　　　　　　　2 812 500
　　　　　　——提取任意盈余公积　　　　　　　　　　　　5 625 000
　　贷：盈余公积——法定盈余公积　　　　　　　　　　　　　2 812 500
　　　　　　　　——任意盈余公积　　　　　　　　　　　　　5 625 000

（2）分配现金股利：

借：利润分配——应付现金股利　　　　　　　　　　　　　　3 000 000
　　贷：应付股利　　　　　　　　　　　　　　　　　　　　　3 000 000

（3）分配股票股利：

借：利润分配——转作股本的股利　　　　　　　　　　　　　1 000 000
　　贷：股本　　　　　　　　　　　　　　　　　　　　　　　1 000 000

（4）结转"利润分配"其他明细账户余额到"未分配利润"明细账户：

借：利润分配——未分配利润　　　　　　　　　　　　　　　12 437 500
　　贷：利润分配——提取法定盈余公积　　　　　　　　　　　2 812 500
　　　　　　　　——提取任意盈余公积　　　　　　　　　　　5 625 000
　　　　　　　　——应付现金股利　　　　　　　　　　　　　3 000 000
　　　　　　　　——转作股本的股利　　　　　　　　　　　　1 000 000

利润是衡量一个企业最终经营成果和发展趋势的重要指标，是实际经济生活中每个企业和单位都要追求的目标，尤其是上市公司，如果不能实现利润，连续发生亏损，则面临被"ST"的风险，进而面临被退市的风险。因此，准确、真实、可靠地核算利润，并对利润进行分配，这对企业和单位来说至关重要。

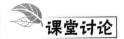

企业经过哪些经营过程形成最终的利润？利润如何分配？

【本章小结】

收入指企业在日常活动中形成的、会导致所有者权益增加的、与所有者投入资本无关的经济利益的总流入。按照企业经营业务的主次划分，分为主营业务收入和其他业务收入。

费用是企业在日常活动中发生的、会导致所有者权益减少的、与向所有者分配利润无关的经济利益的总流出。企业的费用主要包括主营业务成本、其他业务成本、税金及附加、期间费用等。

利润指企业在一定会计期间的经营成果，包括收入减去费用后的净额、直接计入当期利润的利得或损失等。企业当期实现的净利润，加上年初未分配利润（或减去年初未弥补亏损）后的余额，为可供分配的利润。一般按下列顺序分配：①提取法定盈余公积；②向优先股股东分配现金股利；③提取任意盈余公积；④向普通股股东或投资者分配现金股利或利润；⑤转作股本的股利。

【主观题】

一、思考题

1. 确认销售商品收入需要满足哪些条件？
2. 销售商品时发生现金折扣如何处理？
3. 费用有哪些分类？
4. 简述费用和成本的关系？
5. 如何计算营业利润？
6. 简述营业外收入的概念及其包括的内容。
7. 简述利润分配的程序。

二、计算题

1. 兴达公司是增值税一般纳税人，适用的增值税税率为13%。2022年兴达公司发生如下经济活动。

（1）2022年2月向甲公司销售商品2 000件，单位售价为20元（不含增值税），单位成本为10元，给予客户10%的商业折扣，当日发出商品，并符合收入确认条件。

（2）2022年4月向乙公司销售商品，开出的增值税专用发票上注明的售价为10万元。乙公司收到货后发现质量不符合要求，要求在价格上给予10%的折让。兴达公司检测后同意乙公司提出的要求。假定此前兴达公司已经确认了该批商品的收入，尚未收到货款。

（3）2022年12月承接了一项安装服务，合同总收入为10万元，合同预计总成本为5万元，合同价款已收取，兴达公司按照履约进度确认收入。2×21年已经确认4万元的收入。至2022年年底，该安装服务的履约进度累计为70%。

要求：计算兴达公司2022年应该确认的收入。

2. 甲企业本月发出材料：生产A产品耗用4 000元，生产B产品耗用8 000元，车间一般性耗用3 000元，管理部门消耗1 000元。本月应付各类人员的工资数额为：生产A产品工人工资5 000元，生产B产品工人工资15 000元，生产车间管理人员和技术人员工资3 000元，管理部门人员工资2 000元。制造费用按生产工人工资分配。（假定A、B产品当月投产，当月全部完工）

要求：

（1）计算本月制造费用总额。

（2）计算A、B产品的生产成本金额。

3. 某企业5月份生产A、B两种产品所发生的各项生产费用如表11-1所示。

表11-1　某企业5月生产A、B两种产品所发生的各项生产费用

产品名称	完工产品数量	直接材料/元	直接人工/元	制造费用/元	合计/元
A产品	100台	30 000	10 000	15 000	
B产品	50件	20 000	5 000		
合计		50 000	15 000	15 000	80 000

要求：计算本月完工A、B产品的总成本和单位成本。（制造费用按生产工人工资比例分配，A、B产品生产工人工资分别为10 000元和5 000元，A、B产品当月投产，当月全部完工）

4. 某企业本期收入和费用支出有关资料如下：

主营业务收入	960万元	主营业务成本	560万元
其他业务收入	80万元	税金及附加	50万元
投资净收益	260万元	其他业务成本	60万元
营业外收入	30万元	营业外支出	50万元
		销售费用	60万元
		管理费用	80万元
		财务费用	70万元

该企业的所得税税率为25%。

要求：根据以上资料计算以下指标数额：营业利润、利润总额、所得税、净利润。

5. 甲企业盈余公积年初余额为50万元，本年利润总额600万元（未申报缴纳企业所得税），所得税税率为25%，按净利润的10%提取法定盈余公积，并将盈余公积10万元转增资本。

要求：计算该企业盈余公积年末余额。

三、业务题

资料：甲企业为增值税一般纳税人，材料购进业务中涉及的增值税，符合抵扣条件。原材料按实际成本计价，本月发生下列经济业务：

（1）购入材料20 000元，增值税税率13%，款项已通过银行存款支付，材料尚未运达企业。

（2）用银行存款支付上述材料运费1 000元，增值税900元。上述材料运达企业，验收入库，结转其采购成本。

（3）本月仓库发出材料共计46 000元。其中：用于生产A产品消耗21 000元，B产品消耗18 000元，车间一般性消耗5 000元，行政管理部门消耗1 000元，销售部门消耗1 000元。

（4）结算本月的职工工资，其中：生产A产品的工人工资为12 000元，生产B产品工人工资12 000元，车间管理人员工资为6 000元，行政管理人员工资为5 000元。

（5）本月实际发生职工福利费总额为4 900元。其中：生产A产品工人福利费1 680元，生产B产品工人福利费1 680元，车间管理人员福利费840元，行政管理人员福利费700元。

（6）计提固定资产折旧，其中：车间固定资产应提折旧5 000元，行政固定资产应提折旧3 000元。

（7）用银行存款支付车间办公用品费2 000元。

（8）将制造费用按生产工人工资比例分配到A、B产品成本中。

（9）A产品全部生产完工，共计2 000件，按其实际生产成本转账。B产品尚未完工。

（10）开出现金支票支付销售产品的运输费5 000元。

（11）出售A产品2 000件，每件售价35元；B产品3 500件，每件售价25元。增值税率为13%，货款尚未收到。

（12）结转上述已销售产品成本。A产品每件22元，B产品每件18元。

（13）出售多余材料2 000元，增值税率为13%，价款存入银行。该材料的实际成本为1 500元。

（14）报废一台设备，账面原价8 000元，已提折旧2 000元。

（15）将报废设备的净损益6 000元列作营业外支出。

（16）将各损益账户本期发生额结转到"本年利润"账户。

（17）按本月利润总额的25%计算应交所得税，并结转"本年利润"账户。

（18）将本月的税后净利润转入"利润分配"账户。

（19）按本月税后利润的10%提取法定盈余公积金。

（20）分配给投资者利润5 000元。

（21）将利润分配各明细账转入"未分配利润"明细账。

要求：根据上述甲企业的经济业务编制相关会计分录（凡能写出明细账户的，要求列示明细账户）。

即测即练

自学自测　扫描此码

第十二章 财务报告

 **学习目标**

通过本章学习,应达到以下学习目标。
1. 掌握:财务报告的组成和编报的基本要求;资产负债表、利润表和现金流量表的作用和列报格式。
2. 理解:资产负债表、利润表和现金流量表主要构成项目的填列方法。
3. 了解:所有者权益变动表、会计报表附注的作用和主要内容。

 **引导案例**

康得新复合材料集团股份有限公司(以下简称"康得新")于 2001 年 8 月成立,2010 年 7 月在深交所上市。上市以来业绩表现极为亮眼,其股票被誉为 A 股的"白马股"。

但 2019 年 1 月,康得新发布公告称无法偿还 15 亿元短期债务,已构成实质违约,随后证监会对康得新展开立案调查。4 月 30 日,*ST 康德披露 2018 年年报被出具非标意见,10 名董、监、高无法表示年报内容真实准确完整,122 亿元存款也被爆出"不翼而飞"。

2020 年 9 月证监会对康得新发布行政处罚决定书,认定康得新 2015—2018 年年度报告存在虚假记载,分别虚增利润 22.43 亿元、29.43 亿元、39.08 亿元、24.36 亿元,分别占年报披露利润总额的 136.22%、127.85%、134.19%、711.29%。4 年虚增利润 115.3 亿元,成为 A 股史上最大的利润造假案。

通过这件事,我们发现信用是一切经济活动的基础。诚信是会计的灵魂和底色。同时,财务报表有相当重要的作用,有必要进一步了解其具体的构成,掌握财务报表是如何编制出来的。

案例思考:
1. 报表能提供哪些信息?这些信息的质量要求是什么?
2. 报表使用者是如何通过这些信息了解企业的经营状况的?

第一节 财务报告概述

一、财务报告及其目标

财务报告指企业对外提供的反映企业某一特定日期的财务状况和某一会计期间的经营成果、现金流量等会计信息的文件。财务报告包括财务报表及其附注和其他应当在财务报告中披露的相关信息与资料。

财务报告的目标，是向财务报告使用者提供与企业财务状况、经营成果和现金流量等有关的会计信息，反映企业管理层受托责任履行情况，有助于财务报告使用者做出经济决策。财务报告使用者通常包括投资者、债权人、政府及其有关部门和社会公众等。

二、财务报表的定义和构成

财务报表是对企业财务状况、经营成果和现金流量的结构性表述。财务报表至少应当包括下列组成部分：①资产负债表；②利润表；③现金流量表；④所有者权益（或股东权益）变动表；⑤附注。财务报表的这些组成部分具有同等的重要程度。

资产负债表、利润表和现金流量表分别从不同角度反映企业的财务状况、经营成果和现金流量。资产负债表反映企业一定日期所拥有的资产、需偿还的债务及股东（投资者）拥有的净资产情况；利润表反映企业一定期间的经营成果及利润或亏损的情况，表明企业运用所拥有资产的获利能力；现金流量表反映企业在一定会计期间现金和现金等价物流入与流出的情况。

所有者权益变动表反映构成所有者权益的各组成部分当期的增减变动情况。附注是财务报表不可或缺的组成部分，是对资产负债表、利润表、现金流量表和所有者权益变动表等报表中列示项目的文字描述或明细资料，以及对未能在这些报表中列示项目的说明。

三、财务报表的分类

根据不同标准，财务会计报表可做以下分类。

（一）按财务报表不同编报期间分类

按编报期间的不同，财务报表可以分为中期财务报表和年度财务报表。中期财务报表是以短于一个完整会计年度的报告期间为基础编制的财务报表，包括月报、季报和半年报等。中期财务报表至少应当包括资产负债表、利润表、现金流量表和附注。其中，中期资产负债表、利润表和现金流量表应当是完整报表，其格式和内容应当与年度财务报表一致。与年度财务报表相比，中期财务报表中的附注披露可适当简略。

（二）按财务报表编报主体不同分类

按编报主体的不同，财务报表可以分为个别财务报表和合并财务报表。个别财务报表是由企业在自身会计核算基础上对账簿记录进行加工而编制的财务报表，它主要用以反映企业自身的财务状况、经营成果和现金流量情况。合并财务报表是以母公司和子公司组成的企业集团为会计主体，根据母公司和所属子公司的财务报表，由母公司编制的综合反映企业集团财务状况、经营成果和现金流量的财务报表。

知识链接

个别财务报表编制的主要依据是账簿记录资料；合并财务报表编制的主要依据是个别

财务报表。

四、财务报表编制的基本要求

(一) 依据各项会计准则确认和计量的结果编制财务报表

企业应当根据实际发生的交易和事项,遵循《企业会计准则——基本准则》及各项具体会计准则的规定进行确认和计量,并在此基础上编制财务报表。企业应当在附注中对这一情况做出声明,只有遵循了企业会计准则的所有规定,财务报表才应当被称为"遵循了企业会计准则"。同时,企业不应在附注中披露代替对交易和事项的确认和计量,不恰当的确认和计量也不能通过充分披露相关会计政策而纠正。

此外,如果按照会计准则规定披露的信息不足以让报表使用者了解,特定交易或事项对企业财务状况和经营成果的影响,企业还应当披露其他的必要信息。

(二) 列报基础

持续经营是会计的基本前提,也是会计确认、计量及编制财务报表的基础。在编制财务报表的过程中,企业管理层应当利用其所有可获得信息来评价企业自报告期末起至少12个月的持续经营能力。评价时需要考虑的因素包括宏观政策风险、市场经营风险、企业目前或长期的赢利能力、偿债能力、财务弹性,以及企业管理层改变经营政策的意向等。评价结果表明对持续经营能力产生重大怀疑的,企业应当在附注中披露导致对持续经营能力产生重大怀疑的因素及企业拟采取的改善措施。

企业在评估持续经营能力时应当结合考虑企业的具体情况。通常情况下,企业过去每年都有可观的净利润,并且易于获取所需的财务资源,则往往表明以持续经营为基础编制财务报表是合理的,而无须进行详细的分析即可得出企业持续经营的结论。相反,如果企业过去多年有亏损的记录等情况,则需要通过考虑更加广泛的相关因素来做出评价,如目前和预期未来的获利能力、债务清偿计划、替代融资的潜在来源等。

非持续经营是企业在极端情况下呈现的一种状态。企业存在以下情况之一的,通常表明企业处于非持续经营状态:①企业已在当期进行清算或停止营业;②企业已经正式决定在下一个会计期间进行清算或停止营业;③企业已确定在当期或下一个会计期间没有其他可供选择的方案而将被迫进行清算或停止营业。企业处于非持续经营状态时,应当采用其他基础编制财务报表。比如,当企业处于破产状态时,其资产应当采用可变现净值计量、负债应当按照其预计的结算金额计量等。在非持续经营情况下,企业应当在附注中声明财务报表未以持续经营为基础列报,披露未以持续经营为基础的原因及财务报表的编制基础。

(三) 权责发生制

除现金流量表按照收付实现制编制外,企业应当按照权责发生制编制其他财务报表。

(四) 列报的一致性

可比性是会计信息质量的一项重要质量要求,目的是使同一企业不同期间和同一期间不同企业的财务报表相互可比。为此,财务报表项目的列报应当在各个会计期间保持一致,不得随意变更。这一要求不仅针对财务报表中的项目名称，还包括财务报表项目的分类、排列顺序等方面。在以下规定的特殊情况下，财务报表项目的列报是可以改变的：①会计准则要求改变；②企业经营业务的性质发生重大变化或对企业经营影响较大的交易或事项发生后，变更财务报表项目的列报能够提供更可靠、更相关的会计信息。

（五）依据重要性原则单独或汇总列报项目

关于项目在财务报表中是单独列报还是汇总列报，应当依据重要性原则来判断。总的原则是：如果某项目单个看不具有重要性，则可将其与其他项目汇总列报；如果具有重要性，则应当单独列报。企业在进行重要性判断时，应当根据企业所处的具体环境，从项目的性质和金额两方面予以判断：一方面，应当考虑该项目的性质是否属于企业日常活动，是否显著影响企业的财务状况、经营成果和现金流量等因素；另一方面，判断项目金额大小的重要性，应当通过单项金额占资产总额、负债总额、所有者权益总额、营业收入总额、营业成本总额、净利润、综合收益总额等直接相关项目金额的比重或所属报表单列项目金额的比重加以确定。同时，企业对于各个项目重要性的判断标准一经确定，不得随意变更。具体而言，有以下几种情形。

（1）性质或功能不同的项目，一般应当在财务报表中单独列报。比如，存货和固定资产在性质上和功能上都有本质差别，应分别在资产负债表上单独列报。但是不具有重要性的项目可以汇总列报。

（2）性质或功能类似的项目，一般可以汇总列报，但是对其具有重要性的类别应该单独列报。比如，原材料、在产品等项目在性质上类似，均通过生产过程形成企业的产品存货，因此可以汇总列报，汇总之后的类别统称为"存货"在资产负债表上列报。

（3）项目单独列报的原则不仅适用于报表，还适用于附注。某些项目的重要性程度不足以在资产负债表、利润表、现金流量表或所有者权益变动表中单独列报，但是可能对附注而言却具有重要性，在这种情况下应当在附注中单独披露。

（4）无论是财务报表列报准则规定单独列报的项目，还是其他具体会计准则规定单独列报的项目，企业都应当予以单独列报。

（六）财务报表项目金额间的相互抵销

财务报表项目应当以总额列报，资产和负债、收入和费用、直接计入当期利润的利得和损失项目的金额不能相互抵销，即不得以净额列报，但企业会计准则另有规定的除外。比如，企业欠客户的应付款不得与其他客户欠本企业的应收款相抵销，如果相互抵销就掩盖了交易的实质。

下列三种情况不属于抵销，可以以净额列示。

（1）一组类似交易形成的利得和损失以净额列示的，不属于抵销。比如，汇兑损益应当以净额列报，为交易目的而持有的金融工具形成的利得和损失应当以净额列报等。但是，如果相关利得和损失具有重要性，则应当单独列报。

（2）资产或负债项目按扣除备抵项目后的净额列示，不属于抵销。比如，对资产计提减值准备，表明资产的价值确实已经发生减损，按扣除减值准备后的净额列示，才反映了资产当时的真实价值。

（3）非日常活动产生的利得和损失，以同一交易形成的收益扣减相关费用后的净额列示更能反映交易实质的，不属于抵销。非日常活动并非企业主要的业务，非日常活动产生的损益以收入扣减费用后的净额列示，更有利于报表使用者的理解。比如，非流动资产处置形成的利得或损失，应当按处置收入扣除该资产的账面金额和相关销售费用后的净额列报。

（七）比较信息的列报

企业在列报当期财务报表时，至少应当提供所有列报项目上一个可比会计期间的比较数据，以及与理解当期财务报表相关的说明。目的是向报表使用者提供对比数据，提高信息在会计期间的可比性，以反映企业财务状况、经营成果和现金流量的发展趋势，提高报表使用者的判断与决策能力。列报比较信息的这一要求适用于财务报表的所有组成部分——既适用于四张报表，也适用于附注。

通常情况下，企业列出所有列报项目上一个可比会计期间的比较数据，至少包括两期各报表及相关附注。当企业追溯应用会计政策、追溯重述或重新分类财务报表项目时，按照《企业会计准则第 28 号——会计政策、会计估计变更和差错更正》等的规定，企业应当在一套完整的财务报表中列报最早可比期间期初的财务报表，即应当至少列报三期资产负债表、两期其他各报表（利润表、现金流量表和所有者权益变动表）及相关附注。其中，列报的三期资产负债表分别指当期期末的资产负债表、上期期末（即当期期初）的资产负债表，以及上期期初的资产负债表。

在财务报表项目的列报确需发生变更的情况下，应当至少对可比期间的数据按照当期的列报要求进行调整，并在附注中披露调整的原因和性质，以及调整的各项目金额。但是，在某些情况下，对可比期间比较数据进行调整是不切实可行的，则应当在附注中披露不能调整的原因，以及假设金额重新分类可能进行的调整的性质。关于企业变更会计政策或更正差错时要求的对比较信息的调整，还应遵循《企业会计准则第 28 号——会计政策、会计估计变更和差错更正》的规定。

（八）财务报表表首的列报要求

财务报表通常与其他信息（如企业年度报告等）一起公布，企业应当将按照企业会计准则编制的财务报告与一起公布的同一文件中的其他信息相区分。

财务报表一般分为表首、正表两部分。其中，企业应当在表首部分概括地说明下列基本信息：①编报企业的名称，如企业名称在所属当期发生了变更的，还应明确标明；②对资产负债表而言，应当披露资产负债表日，对利润表、现金流量表、所有者权益变动表而言，应当披露报表涵盖的会计期间；③货币名称和单位，按照我国企业会计准则的规定，企业应当以人民币作为记账本位币列报，并标明金额单位，如人民币元、人民币万元等；④财务报表是合并财务报表的，应当予以标明。

（九）报告期间

企业至少应当按年编制财务报表。根据《会计法》的规定，会计年度自公历 1 月 1 日起至 12 月 31 日止。因此在编制年度会计报表时，可能存在年度财务报表涵盖的期间短于一年的情况。比如，企业在年度中间（如3月1日）开始设立等。在这种情况下，企业应当披露年度财务报表的实际涵盖期间及其短于一年的原因，并说明由此引起财务报表项目与比较数据不具可比性这一事实。

第二节　资产负债表

一、资产负债表的作用

资产负债表是反映企业在某一特定日期财务状况的报表。它反映企业在某一特定日期所拥有或控制的经济资源、所承担的现时义务和所有者对净资产的要求权。它是一张揭示企业在一定时点上财务状况的静态报表。资产负债表的作用主要有以下几个方面。

（1）通过资产负债表列示的资产项目，可以了解企业某一日期所拥有或控制的各种资源的构成及其分布情况，分析资源的配置是否节约、合理。

（2）通过资产负债表列示的负债项目，可以了解企业某一日期的负债总额及其结构，分析企业负担的长期债务和短期债务数额及偿还时间，联系有关的资产项目进行对比分析，可以了解企业的偿债能力和支付能力。

（3）通过资产负债表列示的所有者权益项目，可以了解投资者在企业资产中所占的份额，了解所有者权益的构成情况，将所有者权益与负债进行对比，可以分析企业财务结构的优劣和负债经营的合理程度，分析企业面临的财务风险。

（4）通过前后期资产负债表的对比分析，可以了解企业资金结构的变化情况，预测企业未来的财务发展趋势。

二、资产负债表的列报格式

资产负债表的格式指资产负债表的主体格式，即资产、负债和所有者权益的分类和排列形式。目前，国际上通用的资产负债表格式主要有两种：账户式和报告式。

（一）账户式资产负债表

账户式资产负债表是直接根据"资产＝负债＋所有者权益"的会计等式，采用左右对称排列的结构列示财务信息，即将资产类项目排列在表的左方，负债类和所有者权益类项目排列在表的右方，且左方的资产总额与右方的负债和所有者权益总额必须相等，所以又称为平衡表。

（二）报告式资产负债表

报告式资产负债表是将资产、负债和所有者权益项目采用垂直分列的形式排列于表格的上下两段，其排列方式有两种。

（1）按"资产＝负债＋所有者权益"的等式顺序排列。

（2）按"资产－负债＝所有者权益"的等式顺序排列。

(三)我国现行资产负债表格式

根据《企业会计准则第30号——财务报表列报》的规定,我国现行资产负债表采用账户式的格式。即左方为资产项目,反映全部资产的分布及存在形态;右方为负债及所有者权益项目,反映全部负债和所有者权益的内容及构成情况。资产负债表左右双方平衡。

同时企业需要提供比较资产负债表,以便报表使用者通过比较不同时点资产负债表的数据,掌握企业财务状况的变动情况及发展趋势。所以,资产负债表还就各项目再分为"期末余额"和"上年年末余额"两栏分别填列。我国企业资产负债表格式如表12-1所示。

表12-1 资产负债表

编制单位: 　　　　　　年　月　日　　　　　　　　　　　　会企01表
单位:元

资产	期末余额	上年年末余额	负债和所有者权益（或股东权益）	期末余额	上年年末余额
流动资产:			流动负债:		
货币资金			短期借款		
交易性金融资产			交易性金融负债		
衍生金融资产			衍生金融负债		
应收票据			应付票据		
应收账款			应付账款		
应收款项融资			预收款项		
预付款项			合同负债		
其他应收款			应付职工薪酬		
存货			应交税费		
合同资产			其他应付款		
持有待售资产			持有待售负债		
一年内到期的非流动资产			一年内到期的非流动负债		
其他流动资产			其他流动负债		
流动资产合计			流动负债合计		
非流动资产:			非流动负债:		
债权投资			长期借款		
其他债权投资			应付债券		
长期应收款			其中:优先股		
长期股权投资			永续债		
其他权益工具投资			租赁负债		
其他非流动金融资产			长期应付款		
投资性房地产			预计负债		
固定资产			递延收益		
在建工程			递延所得税负债		
生产性生物资产			其他非流动负债		
油气资产			非流动负债合计		
使用权资产			负债合计		

续表

资产	期末余额	上年年末余额	负债和所有者权益（或股东权益）	期末余额	上年年末余额
无形资产			所有者权益（或股东权益）：		
开发支出			实收资本（或股本）		
商誉			其他权益工具		
长期待摊费用			其中：优先股		
递延所得税资产			永续债		
其他非流动资产			资本公积		
非流动资产合计			减：库存股		
			其他综合收益		
			专项储备		
			盈余公积		
			未分配利润		
			所有者权益（或股东权益）合计		
资产总计			负债和所有者权益（或股东权益）总计		

高危行业企业如有按国家规定提取的安全生产费的，应当在资产负债表所有者权益项下的"其他综合收益"项目和"盈余公积"项目之间增设"专项储备"项目，反映企业提取的安全生产费期末余额。

（四）资产和负债按流动性列报

根据《企业会计准则第30号——财务报表列报》的规定，资产负债表上资产和负债应当按照流动性分别分为流动资产和非流动资产、流动负债和非流动负债列示。流动性，通常按资产的变现或耗用时间长短或负债的偿还时间长短来确定。

对于一般企业（如工商企业）而言，通常在明显可识别的营业周期内销售产品或提供服务，应当将资产和负债分别分为流动资产和非流动资产、流动负债和非流动负债列示，有助于反映本营业周期内预期能实现的资产和应偿还的负债。但是，对于银行、证券、保险等金融企业而言，有些资产和负债无法严格区分为流动资产和非流动资产，而大体按照流动性顺序列示往往能够提供可靠且更相关的信息。

1. 资产的流动性划分

资产满足下列条件之一的，应当归类为流动资产：①预计在一个正常营业周期中变现、出售或耗用。这主要包括存货、应收账款等资产。需要指出的是，变现一般针对应收账款等而言，指将资产变为现金；出售一般针对产品等存货而言；耗用一般指将存货（如原材料）转变成另一种形态（如产成品）。②主要为交易目的而持有。比如，一些根据《企业会计准则第22号——金融工具确认和计量》划分的交易性金融资产。但是，并非所有交易性金融资产均为流动资产。比如，自资产负债表日起超过12个月到期且预期持有超过12个月的衍生工具应当划分为非流动资产或非流动负债。③预计在资产负债表日起一年内（含一年）变现。④自资产负债表日起一年内（含一年），交换其他资产或清偿负债能力不受限制的现金或现金等价物。同时，流动资产以外的资产应当归类为非流动资产。

所谓"正常营业周期"，指企业从购买用于加工的资产起至实现现金或现金等价物的期间。正常营业周期通常短于一年，在一年内有几个营业周期。但是，因生产周期较长等导致正常营业周期长于一年的，尽管相关资产往往超过一年才变现、出售或耗用，仍应当划分为流动资产。当正常营业周期不能确定时，企业应当以一年（12个月）作为正常营业周期。

2. 负债的流动性划分

流动负债的判断标准与流动资产的判断标准类似。负债满足下列条件之一的，应当归类为流动负债：①预计在一个正常营业周期中清偿；②主要为交易目的而持有；③自资产负债表日起一年内（含一年）到期应予以清偿；④企业无权自主地将清偿推迟至资产负债表日后一年以上。但是，企业正常营业周期中的经营性负债项目即使在资产负债表日后超过一年才予以清偿的，仍应划分为流动负债。经营性负债项目包括应付账款、应付职工薪酬等，这些项目属于企业正常营业周期中使用的营运资金的一部分。

此外：①对于在资产负债表日起一年内到期的负债，企业有意图且有能力，自主地将清偿义务展期至资产负债表日后一年以上的，应当归类为非流动负债；不能自主地将清偿义务展期的，即使在资产负债表日后、财务报告批准报出日前签订了重新安排清偿计划协议，该项负债在资产负债表日仍应当归类为流动负债。②企业在资产负债表日或之前违反了长期借款协议，导致贷款人可随时要求清偿的负债，应当归类为流动负债。但是，如果贷款人在资产负债表日或之前同意提供在资产负债表日后一年以上的宽限期，在此期限内企业能够改正违约行为，且贷款人不能要求随时清偿的，应当归类为非流动负债。企业的其他长期负债存在类似情况的，应当比照上述规定进行处理。

三、资产负债表的填列方法

（一）资产负债表"上年年末余额"栏的填列方法

资产负债表"上年年末余额"栏通常根据上年年末有关项目的"期末余额"栏内所列数字填列，且与上年年末有关项目的"期末余额"栏相一致。如果企业发生了会计政策变更、前期差错更正，应当对"上年年末余额"栏中的有关项目进行相应调整。如果企业上年度资产负债表规定的项目名称和内容与本年度不一致，应当对上年年末资产负债表相关项目的名称和金额按照本年度的规定进行调整，填入"上年年末余额"栏。

（二）资产负债表"期末余额"栏的填列方法

资产负债表"期末余额"栏一般应根据资产、负债和所有者权益类科目的期末余额填列。具体有以下几种填列方法。

1. 根据总账科目的余额填列

"其他权益工具投资""递延所得税资产""长期待摊费用""短期借款""应付票据""持有待售负债""交易性金融负债""租赁负债""递延收益""递延所得税负债""实收资本（或

股本）""其他权益工具""库存股""资本公积""其他综合收益""专项储备""盈余公积"等项目，应根据有关总账科目的余额填列。其中，自资产负债表日起一年到期应予以清偿的租赁负债的期末账面价值，在"一年内到期的非流动负债"项目反映；"长期待摊费用"项目中摊销年限（或期限）只剩一年或不足一年的，或者预计在一年内（含一年）进行摊销的部分，仍在"长期待摊费用"项目中列示，不转入"一年内到期的非流动资产"项目；"递延收益"项目中摊销期限只剩一年或不足一年的，或预计在一年内（含一年）进行摊销的部分，不得归类为流动负债，仍在该项目中填列，不转入"一年内到期的非流动负债"项目。

有些项目则应根据几个总账科目的余额计算填列。

"货币资金"项目，需根据"库存现金""银行存款""其他货币资金"三个总账科目余额的合计数填列。

"其他应付款"项目，需根据"其他应付款""应付利息""应付股利"三个总账科目余额的合计数填列。

2. 根据明细账科目的余额计算填列

"开发支出""应付账款""预收款项""交易性金融资产""其他债权投资""应收款项融资""应交税费""一年内到期的非流动资产""一年内到期的非流动负债""应付职工薪酬""预计负债""未分配利润"等项目，应根据明细科目期末余额填列。

3. 根据总账科目和明细账科目的余额分析计算填列

"长期借款""应付债券""其他流动资产""其他流动负债""其他非流动负债"等项目，应根据有关科目的期末余额分析计算填列。

4. 根据有关科目余额减去其备抵科目余额后的净额填列

"持有待售资产""长期股权投资""商誉""在建工程""固定资产""无形资产""投资性房地产""生产性生物资产""油气资产""使用权资产"等项目，应根据相关科目的期末余额扣减其备抵科目余额后的净额填列，采用公允价值计量的上述资产，应根据相关科目的期末余额填列。

"长期应收款"项目，应根据"长期应收款"科目的期末余额，减去相应的"未实现融资收益"科目和"坏账准备"科目所属相关明细科目期末余额后的金额填列。

"长期应付款"项目，应根据"长期应付款"和"专项应付款"科目的期末余额，减去相应的"未确认融资费用"科目期末余额后的金额填列。

5. 综合运用上述填列方法分析填列

"应收票据""应收账款""其他应收款""预付款项""债权投资""合同资产""合同负债""存货""其他非流动资产"等项目，应综合运用上述填列方法分析填列。

财务报表项目是企业会计信息的细化。在财务报表项目中，绝大部分项目与企业设置

的会计账户名称相同，也有一部分项目与企业设置的会计账户名称不同。可以认为，对于会计信息使用者而言，与企业设置的会计账户名称一致的财务报表项目一般属于重要项目，而与企业设置的会计账户名称不一致的财务报表项目一般不属于重要项目。

（三）资产负债表各项目的填列说明

1. 资产项目的填列说明

（1）"货币资金"项目，反映企业库存现金、银行结算户存款、外埠存款、银行汇票存款、银行本票存款、信用卡存款、信用证保证金存款等的合计数。本项目应根据"库存现金""银行存款""其他货币资金"科目期末余额的合计数填列。

（2）"交易性金融资产"项目，反映资产负债表日企业分类为以公允价值计量且其变动计入当期损益的金融资产，以及企业持有的直接指定为以公允价值计量且其变动计入当期损益的金融资产的期末账面价值。本项目应当根据"交易性金融资产"科目的期末余额分析填列。自资产负债表日起超过一年到期且预期持有超过一年的以公允价值计量且其变动计入当期损益的非流动金融资产的期末账面价值，在"其他非流动金融资产"项目反映。

（3）"衍生金融资产"项目，反映企业持有的衍生工具、套期工具、被套期项目公允价值为正数的项目期末数。

（4）"应收票据"项目，反映资产负债表日以摊余成本计量的，企业因销售商品、提供劳务等而收到的商业汇票，包括银行承兑汇票和商业承兑汇票。本项目应根据"应收票据"科目的期末余额，减去"坏账准备"科目中有关应收票据计提的坏账准备期末余额后的金额填列。

（5）"应收账款"项目，反映资产负债表日以摊余成本计量的，企业因销售商品、提供劳务等经营活动应收取的款项。本项目应根据"应收账款"和"预收账款"科目所属各明细科目的期末借方余额合计减去"坏账准备"科目中有关应收账款计提的坏账准备期末余额后的金额填列。如"应收账款"科目所属明细科目期末有贷方余额的，应在资产负债表"预收款项"项目内填列。

（6）"应收款项融资"项目，反映企业出售给银行或其他金融机构、具有追索权的应收票据和应收账款等。应根据"应收票据""应收账款"科目的明细科目期末余额分析填列。

（7）"预付款项"项目，反映企业按照购货合同规定预付给供应单位的款项等。本项目应根据"预付账款"和"应付账款"科目所属各明细科目的期末借方余额合计数，减去"坏账准备"科目中有关预付款项计提的坏账准备期末余额后的金额填列。如"预付账款"科目所属明细科目期末有贷方余额的，应在资产负债表"应付账款"项目内填列。

（8）"其他应收款"项目，反映企业应收利息、应收股利及其他应收款项目的合计数。应收利息，反映企业应收取债券投资等的利息，本项目应根据"应收利息"账户的期末余额，减去"坏账准备"账户中有关应收利息计提的坏账准备期末余额后的金额计算得出。应收股利，反映企业应收取的现金股利和应收取其他单位分配的利润，本项目应根据"应收股利"账户的期末余额，减去"坏账准备"账户中有关应收股利计提的坏账准备期末余额后的金额计算得出。其他应收款，反映企业除应收票据、应收账款、预付账款、应收股利、应收利息等经营活动以外的其他各种应收、暂付的款项，本项目应根据"其他应收款"账户的期末余额，减去"坏账准备"账户中有关其他应收款计提的坏账准备期末余额后的金额计算得出。

（9）"存货"项目，反映企业期末在库、在途和在加工中的各种存货的可变现净值。存货包括各种材料、商品、在产品、半成品、包装物、低值易耗品、委托代销商品等。本项目应根据"材料采购""原材料""低值易耗品""库存商品""周转材料""委托加工物资""受托代销商品""生产成本"等科目的期末余额合计，减去"受托代销商品款""存货跌价准备"科目期末余额后的金额填列。材料采用计划成本核算，以及库存商品采用计划成本核算或售价核算的企业，还应按加或减材料成本差异、商品进销差价后的金额填列。

（10）"合同资产"项目，反映已向客户转让商品而有权收取对价的权利。应根据"合同资产"科目、"合同负债"科目的相关明细科目期末余额分析填列，同一合同下的合同资产和合同负债应当以净额列示。其中净额为借方余额的，应当根据其流动性在"合同资产"或"其他非流动资产"项目中填列，已计提减值准备的，还应减去"合同资产减值准备"科目中相关的期末余额后的金额填列；其中净额为贷方余额的，应当根据其流动性在"合同负债"或"其他非流动负债"项目中填列。

（11）"持有待售资产"项目，反映企业划分为持有待售资产（含流动资产和非流动资产）的净值。应根据相关科目的期末余额填列，已计提减值准备的，还应扣减相应的减值准备。

（12）"一年内到期的非流动资产"项目，反映企业将于一年内到期的非流动资产项目金额。本项目应根据有关非流动资产科目的期末余额分析填列。主要有一年内到期的债权投资等。

（13）"其他流动资产"项目，反映企业除货币资金、交易性金融资产、应收票据、应收账款、存货等流动资产以外的其他流动资产。本项目应根据有关总账科目及有关科目的明细科目期末余额分析填列。

（14）"债权投资"项目，反映资产负债表日企业以摊余成本计量的长期债权投资的期末账面价值。该项目应根据"债权投资"科目的相关明细科目期末余额，减去"债权投资减值准备"科目中相关减值准备的期末余额后的金额分析填列。自资产负债表日起一年内到期的长期债权投资的期末账面价值，在"一年内到期的非流动资产"项目反映。企业购入的以摊余成本计量的一年内到期的债权投资的期末账面价值，在"其他流动资产"项目反映。

（15）"其他债权投资"项目，反映资产负债表日企业分类为以公允价值计量且其变动计入其他综合收益的长期债权投资的期末账面价值。该项目应根据"其他债权投资"科目的相关明细科目期末余额分析填列。自资产负债表日起一年内到期的长期债权投资的期末账面价值，在"一年内到期的非流动资产"项目反映。企业购入的以公允价值计量且其变动计入其他综合收益的一年内到期的债权投资的期末账面价值，在"其他流动资产"项目反映。

（16）"长期应收款"项目，反映企业融资租赁产生的应收款项、采用递延方式具有融资性质的销售商品产生的长期应收款项等。本项目应根据"长期应收款"账户的期末余额，减去相应的"未实现融资收益"账户和"坏账准备"账户所属相关明细科目期末余额后的金额填列。

（17）"长期股权投资"项目，反映企业持有的对子公司、联营企业和合营企业的长期股权投资。本项目应根据"长期股权投资"科目的期末余额，减去"长期股权投资减值准备"科目的期末余额后的金额填列。

（18）"其他权益工具投资"项目，反映资产负债表日企业指定为以公允价值计量且其变动计入其他综合收益的非交易性权益工具投资的期末账面价值。该项目应根据"其他权益工具投资"科目的期末余额填列。

（19）"其他非流动金融资产"项目，反映自资产负债表日起超过 12 个月到期且预期持有超过 12 个月的金融资产。例如，自资产负债表日起超过一年到期且预期持有超过一年的以公允价值计量且其变动计入当期损益的非流动金融资产。

（20）"投资性房地产"项目，反映企业持有的投资性房地产。企业采用成本模式计量投资性房地产的，本项目应根据"投资性房地产"账户的期末余额，减去"投资性房地产累计折旧（摊销）"和"投资性房地产减值准备"账户期末余额后的金额填列；企业采用公允价值模式计量投资性房地产的，本项目应根据"投资性房地产"账户的期末余额填列。

（21）"固定资产"项目，反映企业各种固定资产原价减去累计折旧和累计减值准备后的净额。本项目应根据"固定资产"科目的期末余额，减去"累计折旧"和"固定资产减值准备"科目期末余额后的金额填列。

（22）"在建工程"项目，反映资产负债表日企业尚未达到预定可使用状态的在建工程的期末账面价值和企业为在建工程准备的各种物资的期末账面价值。该项目应根据"在建工程"科目的期末余额，以及"工程物资"科目的期末余额，减去"在建工程减值准备""工程物资减值准备"科目的期末余额后的金额填列。

（23）"生产性生物资产"项目，反映企业持有的生产性生物资产。本项目应根据"生产性生物资产"账户的期末余额，减去"生产性生物资产累计折旧"和"生产性生物资产减值准备"账户期末余额后的金额填列。

（24）"油气资产"项目，反映企业持有的矿区权益和油气井及相关实施的原价减去累计折耗和累计减值准备后的净额。本项目应根据"油气资产"账户的期末余额，减去"累计折耗"账户期末余额和相应减值准备后的金额填列。

（25）"使用权资产"项目，反映的是资产负债表日承租人企业持有的使用权资产的期末账面价值。应根据"使用权资产"科目的期末余额，减去"使用权资产累计折旧"和"使用权资产减值准备"科目的期末余额后的金额填列。

（26）"无形资产"项目，反映企业持有的无形资产，包括专利权、非专利技术、商标权、著作权、土地使用权等。本项目应根据"无形资产"科目的期末余额，减去"累计摊销"和"无形资产减值准备"科目期末余额后的金额填列。

（27）"开发支出"项目，反映企业在研发无形资产过程中，开发阶段能够使资本化形成无形资产成本的支出部分。本项目应当根据"研发支出"科目中所属的"资本化支出"明细科目期末余额填列。

（28）"商誉"项目，反映企业合并中形成的商誉的价值。本项目应根据"商誉"账户的期末余额，减去相应减值准备后的金额填列。

（29）"长期待摊费用"项目，反映企业已经发生但应由本期和以后各期负担的分摊期限在一年以上的各项费用。本项目应根据"长期待摊费用"科目的期末余额填列。长期待摊费用摊销年限（或期限）只剩一年或不足一年的，或者预计在一年内（含一年）进行摊销的部分，仍在"长期待摊费用"项目中列示，不转入"一年内到期的非流动资产"项目。

（30）"递延所得税资产"项目，反映企业确认的可抵扣暂时性差异产生的递延所得税资产。本项目应根据"递延所得税资产"科目的期末余额填列。

（31）"其他非流动资产"项目，反映企业除长期股权投资、固定资产、在建工程、无形资产等以外的其他非流动资产。本项目应根据有关科目的期末余额减去将于一年内（含一年）收回数后的金额，及"合同取得成本"科目和"合同履约成本"科目的明细科目中初始确认时摊销期限在一年或一个正常营业周期以上的期末余额，减去"合同取得成本减值准备"科目和"合同履约成本减值准备"科目中相应的期末余额填列。

2. 负债项目的填列说明

（1）"短期借款"项目，反映企业向银行或其他金融机构等借入的期限在一年以下（含一年）的各种借款。本项目应根据"短期借款"科目的期末余额填列。

（2）"交易性金融负债"项目，反映资产负债表日企业承担的交易性金融负债，以及企业持有的直接指定为以公允价值计量且其变动计入当期损益的金融负债的期末账面价值。该项目应根据"交易性金融负债"科目的相关明细科目期末余额填列。

（3）"衍生金融负债"项目，反映企业期末持有的衍生工具、套期工具、被套期项目公允价值为负数的项目期末数。

（4）"应付票据"项目，反映资产负债表日以摊余成本计量的，企业因购买材料、商品和接受劳务供应等而开出、承兑的商业汇票，包括银行承兑汇票和商业承兑汇票。本项目应根据"应付票据"科目的期末余额填列。

（5）"应付账款"项目，反映资产负债表日以摊余成本计量的，企业因购买材料、商品和接受劳务供应等经营活动支付的款项。本项目应根据"应付账款"和"预付账款"账户所属各明细科目的期末贷方余额合计数填列。如果"应付账款"账户所属明细账户期末有借方余额的，应在资产负债表"预付款项"项目内填列。

（6）"预收款项"项目，反映企业按照购货合同规定预收采购单位的款项。本项目应根据"预收账款"和"应收账款"科目所属各明细科目的期末贷方余额合计数填列。如果"预收账款"科目所属明细科目期末有借方余额的，应在资产负债表"应收账款"项目内填列。

（7）"合同负债"项目，反映企业已收或应收客户对价而应向客户转让商品的义务。应分别根据"合同资产"科目、"合同负债"科目的相关明细科目期末余额分析填列，同一合同下的合同资产和合同负债应当以净额列示。其中净额为借方余额的，应当根据其流动性在"合同资产"或"其他非流动资产"项目中填列，已计提减值准备的，还应减去"合同资产减值准备"科目中相关的期末余额后的金额填列；其中净额为贷方余额的，应当根据其流动性在"合同负债"或"其他非流动负债"项目中填列。

（8）"应付职工薪酬"项目，反映企业根据有关规定应付给职工的工资、职工福利、社会保险费、住房公积金、工会经费、职工教育经费、非货币性福利、辞退福利等各种薪酬。

（9）"应交税费"项目，反映企业按照税法规定计算应缴纳的各种税费，本项目应根据"应交税费"科目的期末贷方余额填列。若"应交税费"明细科目期末为借方余额，应当根据其流动性在"其他流动资产"或"其他非流动资产"项目中填列。

（10）"其他应付款"项目，反映企业应付利息、应付股利及其他应付款的合计数。应付利息，反映企业按照规定应当支付的利息，包括分期付息到期还本的长期借款应支付的利息、企业发行的企业债券应支付的利息等。本项目应当根据"应付利息"账户的期末余额填列。应付股利，反映企业分配的现金股利或利润。企业分配的股票股利，不通过本项目列示。本项目应根据"应付股利"账户的期末余额填列。其他应付款，反映企业除应付票据、应付账款、预收款项、应付职工薪酬、应付股利、应付利息、应交税费等经营活动以外的其他各项应付、暂收的款项。本项目应根据"其他应付款"账户的期末余额填列。

（11）"持有待售负债"项目，反映资产负债表日处置组中与划分为持有待售类别的资产直接相关的负债的期末账面价值。该项目应根据"持有待售负债"科目的期末余额填列。

（12）"一年内到期的非流动负债"项目，反映企业非流动负债中将于资产负债表日后一年内到期部分的金额，如将于一年内偿还的长期借款。本项目应根据有关科目的期末余额填列。

（13）"其他流动负债"项目，反映企业除短期借款、交易性金融负债、应付票据、应付账款、应付职工薪酬、应交税费等流动负债以外的其他流动负债。本项目应根据有关科目的期末余额填列。

（14）"长期借款"项目，反映企业向银行或其他金融机构借入的期限在一年以上（不含一年）的各项借款。本项目应根据"长期借款"总账科目余额扣除"长期借款"科目所属的明细科目中将在资产负债表日起一年内到期，且企业不能自主地将清偿义务展期的部分后的金额计算填列。

（15）"应付债券"项目，反映企业为筹集长期资金而发行的债券本金和利息。本项目应根据"应付债券"总账科目余额扣除"应付债券"科目所属的明细科目中将在资产负债表日起一年内到期，且企业不能自主地将清偿义务展期的部分后的金额计算填列。

（16）"租赁负债"项目，反映经营租赁和融资租赁中承租人在租入资产确认使用权资产的同时确认的应付未付的租金的现值。应根据有关总账科目的期末余额填列。

（17）"长期应付款"项目，反映资产负债表日企业除长期借款和应付债券以外的其他各种长期应付款项的期末账面价值。该项目应根据"长期应付款"科目的期末余额和"专项应付款"科目的期末余额，减去相关的"未确认融资费用"科目的期末余额后的金额填列。

（18）"预计负债"项目，反映企业确认的对外提供担保、未决诉讼、产品质量保证、重组义务、亏损性合同等预计负债。本项目应根据"预计负债"账户的期末余额填列。

（19）"递延收益"项目，反映企业尚待确认的收入或收益，应根据有关总账科目的期末余额填列。

（20）"递延所得税负债"项目，反映企业确认的应纳税暂时性差异产生的递延所得税负债。本项目应根据"递延所得税负债"科目的期末余额填列。

（21）"其他非流动负债"项目，反映企业除长期借款、应付债券等项目以外的其他非流动负债。本项目应根据有关科目期末余额减去将于一年内（含一年）到期偿还数后的余额填列。非流动负债各项目中将于一年内（含一年）到期的非流动负债，应在"一年内到期的非流动负债"项目内单独反映。

3. 所有者权益项目的填列说明

（1）"实收资本（或股本）"项目，反映企业各投资者实际投入的资本（或股本）总额。本项目应根据"实收资本（或股本）"科目的期末余额填列。

（2）"其他权益工具"项目，反映企业发行的除普通股（实收资本或股本）以外，按照金融负债和权益工具区分原则分类为权益工具的其他权益工具。

（3）"资本公积"项目，反映企业资本公积的期末余额。本项目应根据"资本公积"科目的期末余额填列。

（4）"库存股"项目，反映企业持有尚未转让或注销的本公司股份金额。本项目应根据"库存股"科目的期末余额填列。

（5）"其他综合收益"项目，反映企业根据会计准则规定未在损益中确认的各项利得和损失扣除所得税影响后的净额。本项目应根据直接计入所有者权益的利得和损失减去相关的所得税，以净额填列。

（6）"专项储备"项目反映高危行业企业按国家规定提取的安全生产费的期末账面价值。本项目应根据"专项储备"科目的期末余额填列。

（7）"盈余公积"项目，反映企业盈余公积的期末余额。本项目应根据"盈余公积"科目的期末余额填列。

（8）"未分配利润"项目，反映企业尚未分配的利润。本项目应根据"本年利润"科目和"利润分配"科目的余额计算填列。未弥补的亏损在本项目内以"–"填列。

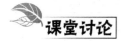

你认为资产负债表有哪些局限性？

四、资产负债表编制示例

【例12-1】甲公司2022年12月31日全部总分类科目和所属明细分类科目余额如表12-2所示。由此来编制甲公司2022年12月31日的资产负债表。如表12-3所示。

表 12-2　科目余额表　　　　　　　　　　　　　　　　　　　　单位：元

科目名称	借方余额	科目名称	贷方余额
库存现金	5 000	短期借款	123 000
银行存款	60 000	应付账款——A 公司	14 600
交易性金融资产	58 000	——B 公司	−20 000
应收账款——甲公司	26 000	——C 公司	16 000
——乙公司	−12 000	应付职工薪酬	99 400
——丙公司	30 000	应交税费	150 000
其他应收款	2 000	应付股利	40 000
原材料	54 000	其他应付款	18 000
库存商品	40 000	应付利息	6 000
生产成本	16 000	长期借款	60 000
债权投资（一年内到期）	4 000	其中：一年内到期的长期借款	20 000
长期股权投资	300 000	实收资本	560 000
固定资产	900 000	盈余公积	44 160
累计折旧	−120 000	利润分配——未分配利润	319 840
无形资产	60 000		
长期待摊费用	8 000		

表 12-3　资产负债表

编制单位：甲公司　　　　　　　　2022 年 12 月 31 日　　　　　　　　　　　　单位：元

资产	期末余额	年初余额	负债和所有者权益	期末余额	年初余额
流动资产			**流动负债**		
货币资金	65 000		短期借款	123 000	
交易性金融资产	58 000		交易性金融负债		
应收票据			应付票据		
应收账款	56 000		应付账款	30 600	
预付款项	20 000		预收款项	12 000	
应收利息			应付职工薪酬	99 400	
应收股利			应交税费	150 000	
其他应收款	2 000		应付利息	6 000	
存货	110 000		应付股利	40 000	
一年内到期的非流动资产	4 000		其他应付款	18 000	
其他流动资产			一年内到期的非流动负债	20 000	
流动资产合计	315 000		其他流动负债		
非流动资产：			**流动负债合计**	499 000	
可供出售金融资产			**非流动负债：**		
持有至到期投资			长期借款	40 000	
长期应收款			应付债券		
长期股权投资	300 000		长期应付款		
投资性房地产			专项应付款		

续表

资产	期末余额	年初余额	负债和所有者权益	期末余额	年初余额
固定资产	780 000		预计负债		
在建工程			递延所得税负债		
工程物资			其他非流动负债		
固定资产清理			非流动负债合计	40 000	
生产性生物资产			负债合计	539 000	
油气资产			所有者权益（或股东权益）：		
无形资产	60 000		实收资本（或股本）	560 000	
开发支出			资本公积		
商誉			减：库存股		
长期待摊费用	8 000		盈余公积	44 160	
递延所得税资产			未分配利润	319 840	
其他非流动资产			所有者权益（或股东权益）合计	924 000	
非流动资产合计	**1 148 000**				
资产合计	**1 463 000**		**负债及所有者权益合计**	**1 463 000**	

第三节 利 润 表

一、利润表的作用

利润表指反映企业在一定会计期间的经营成果的报表。这里的经营成果指企业最终的财务成果，即利润或亏损。利润表的列报应当充分反映企业经营业绩的主要来源和构成，有助于使用者判断净利润的质量及其风险，有助于使用者预测净利润的持续性，从而作出正确的决策。利润表的作用体现在以下几方面。

（1）通过利润表可以从总体上了解企业在一定会计期间收入、费用、利润（或亏损）的数额和构成情况，分析企业的赢利能力和亏损原因。

（2）通过对不同时期的利润及构成项目进行分析，可以分析企业的获利能力及利润的未来发展趋势，找出影响利润增减变动的原因，据此评价企业管理者的工作业绩；了解投资者投入资本的保值、增值情况，为投资者决策提供依据。

（3）将利润表中的信息与资产负债表中的信息相结合，可以提供进行财务分析的基本资料例如，将销货成本与存货平均余额进行比较，计算出存货周转率，将净利润与资产总额进行比较，计算出资产收益率等。可以表现企业资金周转情况及企业的赢利能力和水平，便于报表使用者判断企业未来的发展趋势，做出经济决策。

二、利润表的结构

常见的利润表结构主要有单步式和多步式两种。

(一)单步式利润表

单步式利润表是将当期所有的收入列在一起,然后将所有的费用列在一起,两者相减得出当期净损益。

单步式利润表编制方式简单,收入支出归类清楚,缺点是收入、费用的性质不加区分,硬性归为一类,不利于报表分析。

(二)多步式利润表

多步式利润表将不同性质的收入和费用进行对比,从而可以得出一些中间性的利润数据,便于使用者理解企业经营成果的不同来源。在我国,企业利润表采用的是多步式结构,即对当期的收入、费用、支出项目按性质加以归类,按利润形成的主要环节列示一些中间性利润指标,分步计算当期净损益,便于使用者理解企业经营成果的不同来源。企业利润表对于费用列报通常应当按照功能进行分类,即分为从事经营业务发生的成本、管理费用、销售费用和财务费用等,有助于使用者了解费用发生的活动领域。

企业可以分为如下四个步骤编制利润表。

第一步,计算营业利润。

营业利润=营业收入(主营业务收入+其他业务收入)-营业成本(主营业务成本+其他业务成本)-税金及附加-销售费用-管理费用-研发费用-财务费用-资产减值损失-信用减值损失+公允价值变动收益(除去公允价值变动损失)+投资收益(除去投资损失)+净敞口套期收益+公允价值变动收益+资产处置收益+其他收益

第二步,计算利润总额。

利润总额=营业利润+营业外收入-营业外支出

第三步,计算净利润(或净亏损)。

净利润(或净亏损)=利润总额-所得税费用

按照经营可持续性具体分为"持续经营净利润"和"终止经营净利润"两项。

第四步,计算综合收益总额。

综合收益总额=净利润+其他综合收益税后净额

此外,为了使报表使用者通过比较不同期间利润的实现情况,判断企业经营成果的未来发展趋势,企业需要提供比较利润表,利润表还就各项目再分为"本期金额"和"上期金额"两栏分别填列。我国企业的利润表具体格式如表12-4所示。

表 12-4 利 润 表

会企02表

编制单位: 年度 单位:元

项目	本期金额	上期金额
一、营业收入		
减:营业成本		
税金及附加		
销售费用		
管理费用		

续表

项目	本期金额	上期金额
研发费用		
财务费用		
其中：利息费用		
利息收入		
加：其他收益		
投资收益（损失以"-"填列）		
其中：对联营企业和合营企业的投资收益		
以摊余成本计量的金融资产终止确认收益（损失以"-"填列）		
净敞口套期收益（损失以"-"填列）		
公允价值变动收益（损失以"-"填列）资产处置收益（损失以"-"填列）		
信用减值损失（损失以"-"填列）		
资产减值损失（损失以"-"填列）		
资产处置收益（损失以"-"填列）		
二、营业利润（亏损以"-"填列）		
加：营业外收入		
减：营业外支出		
三、利润总额（亏损总额以"-"填列）		
减：所得税费用		
四、净利润（净亏损以"-"填列）		
（一）持续经营净利润（净亏损以"-"填列）		
（二）终止经营净利润（净亏损以"-"填列）		
五、其他综合收益的税后净额		
（一）不能重分类进损益的其他综合收益		
1. 重新计量设定受益计划变动额		
2. 权益法下不能转损益的其他综合收益		
3. 其他权益工具投资公允价值变动		
4. 企业自身信用风险公允价值变动		
5. 其他		
（二）将重分类进损益的其他综合收益		
1. 权益法下可转损益的其他综合收益		
2. 其他债权投资公允价值变动		
3. 金融资产重分类计入其他综合收益的金额		
4. 其他债权投资信用减值准备		
5. 现金流量套期储备		
6. 外币财务报表折算差额		
7. 其他		
六、综合收益总额		
七、每股收益		
（一）基本每股收益		
（二）稀释每股收益		

营业利润实质上包含了企业的主营业务利润和其他业务利润，以及对外投资活动产生的利润。在现行的利润表格式下，主营业务利润和其他业务利润指标并不在利润表上单独列示，而是包含在营业利润之中。这是因为在企业多元化经营的情况下，究竟哪些业务属于企业的主营业务，哪些业务属于企业的其他业务，在实务中已经难以区分。为此，现行会计准则只要求企业提供营业利润指标。另外，从营业利润的构成内容可以判定：企业的主营业务、其他业务和对外投资业务都应属于企业的营业业务。

三、利润表的填列方法

我国企业利润表各项目均需填列"本期金额"和"上期金额"两栏。

（一）"上期金额"栏的填列方法

表中的"上期金额"栏应根据上年同期利润表"本期金额"栏内所列数字填列。如果上年同期利润表规定的项目名称和内容与本期不一致，应对上年同期利润表各项目的名称和金额按照本期的规定进行调整，填入"上期金额"栏。

（二）"本期金额"栏的填列方法

表中"本期金额"栏一般应根据损益类科目和所有者权益类有关科目的发生额进行填列。

（1）"营业收入"项目，反映企业经营主要业务和其他业务所确认的收入总额。本项目应根据"主营业务收入"和"其他业务收入"科目的发生额分析填列。

（2）"营业成本"项目，反映企业经营主要业务和其他业务所发生的成本总额。本项目应根据"主营业务成本"和"其他业务成本"科目的发生额分析填列。

（3）"税金及附加"项目，反映企业经营业务应负担的消费税、城市维护建设税、资源税、土地增值税、教育费附加及房产税、城镇土地使用税、车船税、印花税等相关税费。本项目应根据"税金及附加"科目的发生额分析填列。

（4）"销售费用"项目，反映企业在销售商品过程中发生的包装费、广告费等费用和为销售本企业商品而专设的销售机构的职工薪酬、业务费等经营费用。本项目应根据"销售费用"科目的发生额分析填列。

（5）"管理费用"项目，反映企业为组织和管理生产经营发生的管理费用。本项目应根据"管理费用"科目的发生额分析填列。

（6）"研发费用"项目，反映企业进行研究与开发过程中发生的费用化支出，以及计入管理费用的自行开发无形资产的摊销。该项目应根据"管理费用"科目下的"研发费用""无形资产摊销"明细科目的发生额分析填列。

（7）"财务费用"项目，反映企业筹集生产经营所需资金等而发生的费用，包括利息支出（减利息收入）、汇兑损失（减汇兑收益）及相关的手续费等。本项目应根据"财务费用"账户的发生额分析填列。

（8）其中："利息费用"和"利息收入"项目，应根据"财务费用"科目所属的相关明细科目的发生额分析填列，且这两个项目作为"财务费用"项目的其中项以正数填列。

（9）"其他收益"项目，反映计入其他收益的政府补助等。该项目应根据"其他收益"科目的发生额分析填列。

（10）"投资收益"项目，反映企业以各种方式对外投资所取得的收益。本项目应根据"投资收益"科目的发生额分析填列。如为投资损失，本项目以"－"填列。

（11）其中："对联营企业和合营企业的投资收益"和"以摊余成本计量的金融资产终止确认收益"项目，应根据"投资收益"科目所属的相关明细科目的发生额分析填列。

（12）"净敞口套期收益"项目，反映净敞口套期下被套期项目累计公允价值变动转入当期损益的金额或现金流量套期储备转入当期损益的金额。该项目应根据"净敞口套期损益"科目的发生额分析填列。如为套期损失，以"－"填列。

（13）"公允价值变动收益"项目，反映企业应当计入当期损益的资产或负债公允价值变动收益。本项目应根据"公允价值变动损益"科目的发生额分析填列。如为净损失，本项目以"－"填列。

（14）"信用减值损失"项目，反映企业按照《企业会计准则第22号——金融工具确认和计量》的要求计提的各项金融工具减值准备所形成的预期信用损失。该项目应根据"信用减值损失"科目的发生额分析填列。

（15）"资产减值损失"项目，反映企业各项资产发生的减值损失。本项目应根据"资产减值损失"账户的发生额分析填列。

（16）"资产处置收益"项目，反映企业出售划分为持有待售的非流动资产（金融工具、长期股权投资和投资性房地产除外）或处置组（子公司和业务除外）时确认的处置利得或损失，以及处置未划分为持有待售的固定资产、在建工程、生产性生物资产及无形资产而产生的处置利得或损失。债务重组中因处置非流动资产产生的利得或损失，和非货币性资产交换中换出非流动资产产生的利得或损失也包括在本项目内。该项目应根据"资产处置损益"科目的发生额分析填列。如为处置损失，以"－"填列。

（17）"营业利润"项目，反映企业实现的营业利润。如为亏损，本项目以"－"填列。

（18）"营业外收入"项目，反映企业发生的除营业利润以外的收益，主要包括债务重组利得，与企业日常活动无关的政府补助、盘盈利得、捐赠利得（企业接受股东或股东的子公司直接或间接的捐赠，经济实质属于股东对企业的资本性投入的除外）等。该项目应根据"营业外收入"科目的发生额分析填列。

（19）"营业外支出"项目，反映企业发生的除营业利润以外的支出，主要包括债务重组损失、公益性捐赠支出、非常损失、盘亏损失、非流动资产毁损报废损失等。该项目应根据"营业外支出"科目的发生额分析填列。

（20）"利润总额"项目，反映企业实现的利润。如为亏损，本项目以"－"填列。

（21）"所得税费用"项目，反映企业应从当期利润总额中扣除的所得税费用。本项目应根据"所得税费用"科目的发生额分析填列。

（22）"净利润"项目，反映企业实现的净利润。如为亏损，本项目以"－"填列。

(23)"(一)持续经营净利润"和"(二)终止经营净利润"项目,应根据《企业会计准则第42号——持有待售的非流动资产、处置组和终止经营》的相关规定分析填列。

(24)"其他综合收益的税后净额"项目及其各组成部分,应根据"其他综合收益"科目及其所属明细科目的本期发生额分析填列。

(25)"综合收益总额"项目,反映企业净利润与其他综合收益的税后净额合计金额。

(26)"每股收益"项目,包括基本每股收益与稀释每股收益,反映企业普通股或潜在普通股收益信息。

你认为我国利润表有哪些局限性?

四、利润表编制示例

【例 12-2】 甲股份有限公司 2022 年度有关损益类科目本年度累计发生净额如表 12-5 所示。

表 12-5 甲公司损益类账户 2022 年度累计发生净额 单位:元

项目	借方发生额	贷方发生额
主营业务收入		1 250 000
主营业务成本	700 000	
税金及附加	15 000	
销售费用	5 000	
管理费用	100 000	
财务费用	3 000	
资产减值损失	20 000	
营业外收入		1 000
营业外支出	1 800	
所得税费用	100 000	
普通股及稀释股股数	50 000 股	

根据上述资料,编制甲股份有限公司 2022 年度利润表,如表 12-6 所示。

表 12-6 利 润 表

会企 02 表

编制单位:甲股份有限公司　　　　2022 年度　　　　单位:元

项目	本期金额	上期金额(略)
一、营业收入	1 250 000	
减:营业成本	700 000	
税金及附加	15 000	
销售费用	5 000	
管理费用	100 000	

续表

项目	本期金额	上期金额（略）
研发费用		
财务费用	3 000	
加：其他收益		
投资收益（损失以"-"填列）		
公允价值变动收益（损失以"-"填列）资产处置收益（损失以"-"填列）		
信用减值损失（损失以"-"填列）		
资产减值损失		
资产处置收益（损失以"-"填列）	-20 000	
二、营业利润（亏损以"-"填列）	407 000	
加：营业外收入	1 000	
减：营业外支出	1 800	
三、利润总额（亏损总额以"-"填列）	406 200	
减：所得税费用	100 000	
四、净利润（净亏损以"-"填列）	306 200	
（一）持续经营净利润（净亏损以"-"填列）		
（二）终止经营净利润（净亏损以"-"填列）		
五、其他综合收益的税后净额		
（一）以后不能重分类进损益的其他综合收益		
1. 重新计量设定受益计划净负债或净资产的变动		
2. 权益法下在被投资单位不能重分类进损益的其他综合收益中享有的份额		
…		
（二）以后将重分类进损益的其他综合收益		
1. 权益法下在被投资单位以后将分类进损益的其他综合收益中享有的份额		
2. 其他债权投资公允价值变动损益		
…		
六、综合收益总额	306 200	
七、每股收益	6.12	
（一）基本每股收益	6.12	
（二）稀释每股收益	6.12	

第四节　现金流量表

一、现金流量表的作用

现金流量表是反映企业在一定会计期间现金和现金等价物流入与流出的报表。编制现金流量表的主要目的，是为财务报表使用者提供企业一定会计期间内现金和现金等价物流入与流出的信息，以便于报表使用者了解和评价企业获取现金和现金等价物的能力，并据以预测企业未来现金流量。

现金流量表的作用主要体现在以下几个方面。

（1）有助于评价企业的支付能力、偿债能力和周转能力。

（2）有助于预测企业未来现金流量。

（3）有助于分析企业收益质量及影响现金净流量的因素，掌握企业经营活动、投资活动和筹资活动的现金流量，可以从现金流量的角度了解净利润的质量，为分析和判断企业的财务前景提供信息。

二、现金及现金等价物的概念

（一）现金

现金流量表中的现金指企业库存现金及可以随时用于支付的存款，包括库存现金、银行存款和其他货币资金（如外埠存款、银行汇票存款、银行本票存款等）等。不能随时用于支付的存款不属于现金。

（二）现金等价物

现金流量表中的现金等价物，指企业持有的期限短、流动性强、易于转换为已知金额现金、价值变动风险很小的投资。期限短，一般指从购买日起三个月内到期。现金等价物通常包括三个月内到期的债券投资等。权益性投资变现的金额通常不确定，因而不属于现金等价物。

不同企业现金及现金等价物的范围可能不同。企业应当根据具体情况，确定现金及现金等价物的范围，一经确定不得随意变更。

三、现金流量的分类

现金流量表中应当按照企业发生的经济业务性质，将企业一定期间产生的现金流量分为经营活动产生的现金流量、投资活动产生的现金流量和筹资活动产生的现金流量三类。

（一）经营活动产生的现金流量

经营活动指企业投资活动和筹资活动以外的所有交易和事项。经营活动主要包括销售商品、提供劳务、购买商品、接受劳务、支付工资和交纳税款等流入与流出现金和现金等价物的活动或事项。

（二）投资活动产生的现金流量

投资活动指企业长期资产的购建和不包括在现金等价物范围内的投资及其处置活动。投资活动主要包括购建固定资产、处置子公司及其他营业单位等流入与流出现金和现金等价物的活动或事项。

（三）筹资活动产生的现金流量

筹资活动指导致企业资本及债务规模和构成发生变化的活动。筹资活动主要包括吸收投资、发行股票、分配利润、发行债券、偿还债务等流入与流出现金和现金等价物的活动或事项。偿付应付账款、应付票据等商业应付款属于经营活动，不属于筹资活动。

四、我国现金流量表的格式

我国现金流量表采用报告式结构，要求企业采用直接法分类反映经营活动产生的现金流量、投资活动产生的现金流量和筹资活动产生的现金流量，最后汇总反映企业某一期间现金及现金等价物的净增加额。我国企业现金流量表的格式如表 12-7 所示。

表 12-7 现金流量表

会企 03 表
编制单位：　　　　　　　　　　年　　　　　　　　　　单位：元

项　目	本期金额	上期金额
一、经营活动产生的现金流量：		
销售商品、提供劳务收到的现金		
收到的税费返还		
收到其他与经营活动有关的现金		
经营活动现金流入小计		
购买商品、接受劳务支付的现金		
支付给职工及为职工支付的现金		
支付的各项税费		
支付其他与经营活动有关的现金		
经营活动现金流出小计		
经营活动产生的现金流量净额		
二、投资活动产生的现金流量：		
收回投资收到的现金		
取得投资收益收到的现金		
处置固定资产、无形资产和其他长期资产收回的现金净额		
处置子公司及其他营业单位收到的现金净额		
收到其他与投资活动有关的现金		
投资活动现金流入小计		
购建固定资产、无形资产和其他长期资产支付的现金		
投资支付的现金		
取得子公司及其他营业单位支付的现金净额		
支付其他与投资活动有关的现金		
投资活动现金流出小计		
投资活动产生的现金流量净额		
三、筹资活动产生的现金流量：		
吸收投资收到的现金		
取得借款收到的现金		
收到其他与筹资活动有关的现金		
筹资活动现金流入小计		
偿还债务支付的现金		
分配股利、利润或偿付利息支付的现金		

续表

项　　目	本期金额	上期金额
支付其他与筹资活动有关的现金		
筹资活动现金流出小计		
筹资活动产生的现金流量净额		
四、汇率变动对现金及现金等价物的影响		
五、现金及现金等价物净增加额		
加：期初现金及现金等价物余额		
六、期末现金及现金等价物余额		

除现金流量表反映的信息外，企业还应在现金流量附注的补充资料中披露，将净利润调节为经营活动现金流量、不涉及现金收支的重大投资和筹资活动、现金及现金等价物净变动情况等信息。具体格式如表12-8所示。

表12-8　现金流量表补充资料

补充资料	本期金额	上期金额
1. 将净利润调节为经营活动现金流量：		
净利润		
加：资产减值准备		
信用损失准备		
固定资产折旧、油气资产折耗、生产性生物资产折旧		
无形资产摊销		
长期待摊费用摊销		
处置固定资产、无形资产和其他长期资产的损失（收益以"－"填列）		
固定资产报废损失（收益以"－"填列）		
净敞口套期损失（收益以"－"填列）		
公允价值变动损失（收益以"－"填列）		
财务费用（收益以"－"填列）		
投资损失（收益以"－"填列）		
递延所得税资产减少（增加以"－"填列）		
递延所得税负债增加（减少以"－"填列）		
存货的减少（增加以"－"填列）		
经营性应收项目的减少（增加以"－"填列）		
经营性应付项目的增加（减少以"－"填列）		
其他		
经营活动产生的现金流量净额		
2. 不涉及现金收支的重大投资和筹资活动：		
债务转为资本		
一年内到期的可转换公司债券		
融资租入固定资产		
3. 现金及现金等价物净变动情况：		

补充资料	本期金额	上期金额
现金的期末余额		
减：现金的期初余额		
加：现金等价物的期末余额		
减：现金等价物的期初余额		
现金及现金等价物净增加额		

五、现金流量表的编制方法

现金流量表以现金及现金等价物的流入流出基础编制，按照收付实现制原则编制，将权责发生制下的赢利信息调整为收付实现制下的现金流量信息。编制现金流量表的方法有两种：一是直接法，二是间接法。

（一）直接法

直接法一般是以利润表中的营业收入为起算点，直接确定每笔涉及现金收支业务的属性，归入按现金流量属性分类形成经营、投资、筹资、汇率变动四部分的现金收支项目，四者的现金流入流出净额合计就得到一个单位整个期间的现金净流量。

（二）间接法

间接法是以净利润为起点，调整不涉及现金的收入、费用、营业外收支等有关项目，剔除投资活动、筹资活动、汇率变动对现金流量的影响，据此计算出经营活动产生的现金流量。本质是剔除影响净利润不影响现金收支的因素，如减值准备，剔除非经营活动的损益变动因素，如固定资产处置或报废损益，考虑不影响利润但是影响现金收支的经营活动因素，如存货变动、应收和应付变动等；其次剔除影响净利润的投资活动、筹资活动、汇率变动产生的现金流量。在间接法下，将净利润调节为经营活动现金流量，实际上就是将按权责发生制原则确定的净利润调整为现金净流入，并剔除投资活动和筹资活动对现金流量的影响。

采用直接法编报的现金流量表，便于分析企业经营活动产生的现金流量的来源和用途，预测企业现金流量的未来前景；采用间接法编报的现金流量表，便于将净利润与经营活动产生的现金流量净额进行比较，了解净利润与经营活动产生的现金流量差异的原因，从现金流量的角度分析净利润的质量。所以，我国企业会计准则规定企业应当采用直接法编报现金流量表主表，同时要求按间接法在附注中披露以净利润为基础调节到经营活动现金流量的信息，即现金流量表补充资料。

六、现金流量表主要项目说明

（一）经营活动产生的现金流量

（1）"销售商品、提供劳务收到的现金"项目，反映企业本年销售商品、提供劳务收到的现金,以及前期销售商品、提供劳务本期收到的现金(包括应向购买者收取的增值税销项税额)和本期预收的款项,减去本年销售本期退回商品和前期销售本期退回商品支付的现金。企业销售材料和代购代销业务收到的现金,也在本项目反映。

(2)"收到的税费返还"项目,反映企业收到返还的所得税、增值税、消费税、关税和教育费附加等各种税费返还款。

(3)"收到其他与经营活动有关的现金"项目,反映企业经营租赁收到的租金等其他与经营活动有关的现金流入,金额较大的应当单独列示。

(4)"购买商品、接受劳务支付的现金"项目,反映企业本期购买商品、接受劳务实际支付的现金(包括增值税进项税额),以及本期支付前期购买商品、接受劳务的未付款项和本期预付款项,减去本期发生的购货退回收到的现金。企业购买材料和代购代销业务支付的现金,也在本项目反映。

(5)"支付给职工及为职工支付的现金"项目,反映企业实际支付给职工的工资、奖金、各种津贴和补贴等职工薪酬(包括代扣代缴的职工个人所得税)。

(6)"支付的各项税费"项目,反映企业发生并支付、前期发生本期支付及预交的各项税费,包括所得税、增值税、消费税、印花税、房产税、土地增值税、车船税、教育费附加等。

(7)"支付其他与经营活动有关的现金"项目,反映企业经营租赁支付的租金、支付的差旅费、业务招待费、保险费、罚款支出等其他与经营活动有关的现金流出,金额较大的应当单独列示。

(二)投资活动产生的现金流量

(1)"收回投资收到的现金"项目,反映企业出售、转让或到期收回除现金等价物以外的,对其他企业长期股权投资等收到的现金,但处置子公司及其他营业单位收到的现金净额除外。

(2)"取得投资收益收到的现金"项目,反映企业除现金等价物以外的对其他企业的长期股权投资等分回的现金股利和利息等。

(3)"处置固定资产、无形资产和其他长期资产收回的现金净额"项目,反映企业出售、报废固定资产、无形资产和其他长期资产所取得的现金(包括因资产毁损而收到的保险赔偿收入),减去为处置这些资产而支付的有关费用后的净额。

(4)"处置子公司及其他营业单位收到的现金净额"项目,反映企业处置子公司及其他营业单位所取得的现金,减去相关处置费用和子公司及其他营业单位持有的现金和现金等价物后的净额。

(5)"购建固定资产、无形资产和其他长期资产支付的现金"项目,反映企业购买、建造固定资产、取得无形资产和其他长期资产所支付的现金(含增值税税款等),以及用现金支付的应由在建工程和无形资产负担的职工薪酬。

(6)"投资支付的现金"项目,反映企业取得除现金等价物以外的对其他企业的长期股权投资等所支付的现金,以及支付的佣金、手续费等附加费用,但取得子公司及其他营业单位支付的现金净额除外。

（7）"取得子公司及其他营业单位支付的现金净额"项目，反映企业购买子公司及其他营业单位购买出价中以现金支付的部分，减去子公司及其他营业单位持有的现金和现金等价物后的净额。

（8）"收到其他与投资活动有关的现金""支付其他与投资活动有关的现金"项目，反映企业除上述（1）～（7）项目外收到或支付的其他与投资活动有关的现金，金额较大的应当单独列示。

（三）筹资活动产生的现金流量

（1）"吸收投资收到的现金"项目，反映企业以发行股票、债券等方式筹集资金实际收到的款项（发行收入减去支付的佣金等发行费用后的净额）。

（2）"取得借款收到的现金"项目，反映企业举借各种短期、长期借款而收到的现金。

（3）"偿还债务支付的现金"项目，反映企业为偿还债务本金而支付的现金。

（4）"分配股利、利润和偿付利息支付的现金"项目，反映企业实际支付的现金股利、支付给其他投资单位的利润或用现金支付的借款利息、债券利息。

（5）"收到其他与筹资活动有关的现金""支付其他与筹资活动有关的现金"项目，反映企业除上述（1）～（4）项目外收到或支付的其他与筹资活动有关的现金，金额较大的应当单独列示。

（四）"汇率变动对现金及现金等价物的影响"

"汇率变动对现金及现金等价物的影响"项目，反映下列项目之间的差额。

（1）企业外币现金流量折算为记账本位币时，采用现金流量发生日的即期汇率或按照系统合理的方法确定的、与现金流量发生日即期汇率近似的汇率折算的金额（编制合并现金流量表时折算境外子公司的现金流量，应当比照处理）。

（2）企业外币现金及现金等价物净增加额按资产负债表日即期汇率折算的金额。

七、现金流量表编制示例

【例12-3】 甲股份有限公司2022年度现金收支发生如下业务：

（1）采购原材料支付500 000元。

（2）收到销售货款1 000 000元。

（3）收到银行借款2 000 000元用于购买生产线，并在2021年支付相关利息50 000元。

（4）偿还到期贷款300 000元。

（5）股票投资获得收益20 000元。

（6）支付工资180 000元。

（7）支付招待费、办公费11 000元。

（8）获得增值税退税款36 000元。

（9）支付税费70 000元。

（10）向股东支付股利80 000元。

（11）处置固定资产获得净收入2 000元。

（12）期初现金及现金等价物余额为330 000元。

根据上述数据，编制 2022 年度现金流量表（见表 12-9）。

表 12-9　现金流量表

编制单位：甲股份有限公司　　　　2022 年　　　　　　　　　　　会企 03 表
　　　　　　　　　　　　　　　　　　　　　　　　　　　　　　　　单位：元

项　目	本期金额	上期金额
一、经营活动产生的现金流量：		（略）
销售商品、提供劳务收到的现金	1 000 000	
收到的税费返还	36 000	
收到其他与经营活动有关的现金		
经营活动现金流入小计	1 036 000	
购买商品、接受劳务支付的现金	500 000	
支付给职工及为职工支付的现金	180 000	
支付的各项税费	70 000	
支付其他与经营活动有关的现金	11 000	
经营活动现金流出小计	761 000	
经营活动产生的现金流量净额	275 000	
二、投资活动产生的现金流量：		
收回投资收到的现金		
取得投资收益收到的现金	20 000	
处置固定资产、无形资产和其他长期资产收回的现金净额	2 000	
处置子公司及其他营业单位收到的现金净额		
收到其他与投资活动有关的现金		
投资活动现金流入小计	22 000	
购建固定资产、无形资产和其他长期资产支付的现金		
投资支付的现金		
取得子公司及其他营业单位支付的现金净额		
支付其他与投资活动有关的现金		
投资活动现金流出小计		
投资活动产生的现金流量净额	22 000	
三、筹资活动产生的现金流量：		
吸收投资收到的现金		
取得借款收到的现金	2 000 000	
收到其他与筹资活动有关的现金		
筹资活动现金流入小计	2 000 000	
偿还债务支付的现金	300 000	
分配股利、利润或偿付利息支付的现金	130 000	
支付其他与筹资活动有关的现金		
筹资活动现金流出小计	430 000	
筹资活动产生的现金流量净额	1 570 000	
四、汇率变动对现金及现金等价物的影响		
五、现金及现金等价物净增加额	1 867 000	
加：期初现金及现金等价物余额	330 000	
六、期末现金及现金等价物余额	2 197 000	

现金流量表与资产负债表、利润表的关系如何？其特殊性是什么？

第五节　所有者权益变动表

一、所有者权益变动表的概念和作用

所有者权益变动表指反映构成所有者权益各组成部分当期增减变动情况的报表。通过所有者权益变动表，既可以为报表使用者提供所有者权益总量增减变动的信息，也能为其提供所有者权益增减变动的结构性信息，特别是能够让报表使用者理解所有者权益增减变动的根源。

二、所有者权益变动表的内容和结构

在所有者权益变动表上，企业至少应当单独列示反映下列信息的项目：①净利润；②直接计入所有者权益的利得和损失项目及其总额；③会计政策变更和差错更正的累积影响金额；④所有者投入资本和向所有者分配利润等；⑤提取的盈余公积；⑥实收资本或资本公积、盈余公积、未分配利润的期初和期末余额及其调节情况。其中，反映"直接计入所有者权益的利得和损失"的项目即为其他综合收益项目。

所有者权益变动表以矩阵的形式列示：一方面，列示导致所有者权益变动的交易或事项，即所有者权益变动的来源，对一定时期所有者权益的变动情况进行全面反映；另一方面，按照所有者权益各组成部分（即实收资本、资本公积、盈余公积、未分配利润和库存股）列示交易或事项对所有者权益各部分的影响。

我国企业所有者权益变动表的格式如表12-10所示。

三、所有者权益变动表的编制

（一）所有者权益变动表项目的填列方法

所有者权益变动表各项目均需填列"本年金额"和"上年金额"两栏。所有者权益变动表"上年金额"栏内各项数字，应根据上年度所有者权益变动表"本年金额"栏内所列数字填列。上年度所有者权益变动表规定的各个项目的名称和内容同本年度不一致的，应对上年度所有者权益变动表各项目的名称和数字按照本年度的规定进行调整，填入所有者权益变动表的"上年金额"栏内。

所有者权益变动表"本年金额"栏内各项数字一般应根据"实收资本（或股本）""资本公积""盈余公积""利润分配""库存股""以前年度损益调整"等科目的发生额分析填列。企业的净利润及其分配情况作为所有者权益变动的组成部分，不需要单独编制利润分配表列示。

表 12-10 所有者权益变动表

会企 04 表

编制单位：　　　　　　　　　　　　　　　年度　　　　　　　　　　　　　　　单位：元

项目	本年金额									上年金额								
	实收资本（或股本）	其他权益工具			资本公积	减：库存股	其他综合收益	专项储备	盈余公积	未分配利润	所有者权益合计	实收资本（或股本）	其他权益工具			资本公积	减：库存股	其他综合收益	专项储备	盈余公积	未分配利润	所有者权益合计
		优先股	永续债	其他									优先股	永续债	其他							
一、上年年末余额																						
加：会计政策变更																						
前期差错更正																						
其他																						
二、本年年初余额																						
三、本年增减变动金额（减少以"-"填列）																						
（一）综合收益总额																						
（二）所有者投入和减少资本																						
1. 所有者投入的普通股																						
2. 其他权益工具持有者投入资本																						
3. 股份支付计入所有者权益的金额																						
4. 其他																						
（三）利润分配																						
1. 提取盈余公积																						
2. 对所有者（或股东）的分配																						
3. 其他																						

续表

项目	本年金额										上年金额									
	实收资本（或股本）	其他权益工具			资本公积	减：库存股	其他综合收益	专项储备	盈余公积	未分配利润	所有者权益合计	实收资本（或股本）	其他权益工具			资本公积	减：库存股	其他综合收益	专项储备	盈余公积	未分配利润	所有者权益合计
		优先股	永续债	其他									优先股	永续债	其他							
(四)所有者权益内部结转																						
1.资本公积转增资本（或股本）																						
2.盈余公积转增资本（或股本）																						
3.盈余公积弥补亏损																						
4.设定受益计划变动额结转留存收益																						
5.其他综合收益结转留存收益																						
6.其他																						

第十二章 财务报告

（二）所有者权益变动表主要项目说明

（1）"上年年末余额"项目，反映企业上年资产负债表中实收资本（或股本）、资本公积、库存股、盈余公积、未分配利润等的年末余额。

（2）"会计政策变更""前期差错更正"项目，分别反映企业采用追溯调整或处理的会计政策变更的累积影响金额和采用追溯调整重述法处理的会计差错更正的累积影响金额。

（3）"本年增减变动金额"项目包括以下几个方面。

①"综合收益总额"项目，反映企业净利润与其他综合收益的税后净额合计金额。

②"所有者投入和减少资本"项目，反映企业当年所有者投入的资本和减少的资本。a."所有者投入的普通股"项目，反映企业接受投资者投入形成的实收资本（或股本）和资本溢价或股本溢价。b."股份支付计入所有者权益的金额"项目，反映企业处于等待期中的权益结算的股份支付当年计入资本公积的金额。

③"利润分配"项目，反映企业当年的利润分配金额。

④"所有者权益内部结转"项目，反映企业构成所有者权益的组成部分之间当年的增减变动情况。a."资本公积转增资本（或股本）"项目，反映企业以资本公积转增资本或股本的金额。b."盈余公积转增资本（或股本）"项目，反映企业以盈余公积转增资本或股本的金额。c."盈余公积弥补亏损"项目，反映企业以盈余公积弥补亏损的金额。

第六节 财务报表附注

一、附注的概念和作用

（一）附注概述

附注是对在资产负债表、利润表、现金流量表和所有者权益变动表等报表中列示项目的文字描述或明细资料，以及对未能在这些报表中列示项目的说明等。《企业会计准则第30号——财务报表列报》对附注的披露要求是对企业附注披露的最低要求，应当适用于所有类型的企业，企业还应当按照各项具体会计准则的规定在附注中披露相关信息。

财务报表中的数字是经过分类与汇总后的结果，是对企业发生的经济业务的高度简化和浓缩的数字，如果没有形成这些数字所使用的会计政策、理解这些数字所必需的披露，财务报表就不可能充分发挥效用。因此，附注与资产负债表、利润表、现金流量表、所有者权益变动表等报表具有同等的重要性，是财务报表的重要组成部分。报表使用者了解企业的财务状况、经营成果和现金流量，应当全面阅读附注。通过附注与资产负债表、利润表、现金流量表和所有者权益变动表列示项目的相互参照关系，以及对未能在报表中列示项目的进行说明，可以使报表使用者全面了解企业的财务状况、经营成果和现金流量。

（二）附注披露的总体要求

附注相关信息应当与资产负债表、利润表、现金流量表和所有者权益变动表等报表中列示的项目相互参照，以有助于使用者联系相关联的信息，并由此从整体上更好地理解财务报表。企业在披露附注信息时，应当以定量、定性信息相结合，按照一定的结构对附注信息进行系统合理的排列和分类，以便于使用者能从量和质这两个角度对企业经济事项完整地进行反映，也才能满足信息使用者的决策需求。

二、附注的主要内容

附注是财务报表的重要组成部分。企业应当按照如下顺序编制披露附注的主要内容。

（一）企业的基本情况

（1）企业注册地、组织形式和总部地址。
（2）企业的业务性质和主要经营活动。
（3）母公司及集团最终母公司的名称。
（4）财务报告的批准报出者和财务报告批准报出日，或者以签字人及其签字日期为准。
（5）企业期限有限的企业，还应当披露有关其营业期限的信息。

（二）财务报表的编制基础

财务报表的编制基础指财务报表是在持续经营基础上还是非持续经营基础上编制的。企业一般是在持续经营基础上编制财务报表，清算、破产属于非持续经营基础。

（三）遵循企业会计准则的声明

企业应当声明编制的财务报表符合企业会计准则的要求，真实、完整地反映了企业的财务状况、经营成果和现金流量等有关信息，以此明确企业编制财务报表所依据的制度基础。如果企业编制的财务报表只是部分地遵循了企业会计准则，附注中不得做出这种表述。

（四）重要会计政策和会计估计

企业应当披露采用的重要会计政策和会计估计，不重要的会计政策和会计估计可以不披露。

1. 重要会计政策的说明

企业应当披露采用的重要会计政策，并结合企业的具体实际披露其重要会计政策的确定依据和财务报表项目的计量基础。会计政策的确定依据主要指企业在运用会计政策过程中所做的重要判断，这些判断对在报表中确认的项目金额具有重要影响。比如，企业对投资性房地产的判断标准是什么等。财务报表项目的计量基础，指企业计量该项目采用的是历史成本、重置成本、可变现净值、现值还是公允价值。

2. 重要会计估计的说明

企业应当披露重要会计估计，并结合企业的具体实际披露其会计估计所采用的关键假设和不确定因素。重要会计估计的说明，包括可能导致下一个会计期间内资产、负债账面价值重大调整的会计估计的确定依据等。例如，固定资产可收回金额的计算需要根据其公允价值减去处置费用后的净额与预计未来现金流量的现值两者之间的较高者确定，在计算资产预计未来现金流量的现值时需要对未来现金流量进行预测，并选择适当的折现率。企业应当在附注中披露未来现金流量预测所采用的假设及其依据，所选择的折现率为什么是合理的等。又如，对于正在进行中的诉讼提取准备，企业应当披露最佳估计数的确定依据等。这些假设的变动对这些资产和负债项目金额的确定影响很大，有可能会在下一个会计年度内做出重大调整，因此，强调这一披露要求，有助于提高财务报表的可理解性。

（五）会计政策和会计估计变更及差错更正的说明

企业应当按照《企业会计准则第28号——会计政策、会计估计变更和差错更正》及其应用指南的规定，披露会计政策和会计估计变更及差错更正的有关情况。

（六）报表重要项目的说明

企业应当以文字和数字描述相结合，尽可能以列表形式披露重要报表项目的构成或当期增减变动情况。并且报表重要项目的明细金额合计，应当与报表项目金额相衔接。在披露顺序上，一般应当按照资产负债表、利润表、现金流量表、所有者权益变动表的顺序及其报表项目列示的顺序。

（七）其他需要说明的重要事项

这些重要事项主要包括或有和承诺事项、资产负债表日后非调整事项、关联方关系及其交易等。

（八）有助于财务报表使用者评价企业管理资本的目标、政策及程序的信息

【本章小结】

财务报告是企业对外提供的反映企业某一特定日期的财务状况和某一会计期间经营成果、现金流量的文件。财务会计报告是一个完整的报告体系，包括会计报表和其他应当在财务报告中披露的相关信息与资料。其中会计报表是对企业财务状况、经营成果和现金流量的结构性表述。一套完整的财务报表至少应当包括资产负债表、利润表、现金流量表、所有者权益（或股东权益）变动表及附注。本章学习中应重点掌握资产负债表、利润表、现金流量表的内容、结构和各项目的填列方法。

【主观题】

一、思考题

1. 财务报表体系应当包括哪些基本内容？
2. 资产负债表能提供什么会计信息？
3. 利润表有何作用？

二、计算题

1. 2022年12月1日，甲公司"库存现金"科目余额为0.1万元，"银行存款"科目余额为100.9万元，"其他货币资金"科目余额为99万元；5日销售货物收到银行汇票10万元，10日收到银行承兑汇票20万元，15日用银行汇票采购货物30万元，20日开具商业

承兑汇票采购货物 40 万元，25 日销售货物收到转账支票 10 万元。

要求：计算甲公司 2022 年 12 月 31 日，资产负债表"货币资金"项目"期末余额"。

2. 乙公司 2022 年度"财务费用"科目的发生额如下所示：银行借款利息支出合计 17.5 万元，银行存款利息收入合计 25 万元，银行手续费支出合计 82.5 万元。

要求：计算乙公司 2022 年度利润表中"财务费用"项目"本期金额"的列报金额。

三、业务题

资料：甲公司为工业企业，是增值税一般纳税人，适用的增值税税率为 13%，企业所得税税率为 25%，原材料和包装物采用实际成本核算。2×22 年度甲公司发生有关经济业务如下。

（1）2022 年 1 月 1 日销售商品一批，该批商品共计 1 000 件，每件单价 2 万元，成本 1.02 万元，款项于当日收到并存入银行，该批存货应当分担的存货跌价准备为 20 万元。

（2）2022 年 3 月 1 日，销售原材料一批，售价 20 万元，成本 18 万元，款项存入银行。

（3）2022 年 4 月 1 日，处置一台闲置不用的设备，取得价款 10 万元，该设备原值为 20 万元，已提折旧 5 万元，转让时支付清理费用 1 万元。

（4）2022 年 5 月 1 日，转让一项商标权，取得转让价款 10 万元存入银行，该专利权的账面余额 10 万元，已累计摊销 5 万元。

（5）本年共发生税金及附加 20 万元，管理费用 20 万元，财务费用 10 万元，投资收益 20 万元，公允价值变动收益 10 万元，计提资产减值损失 14 万元。

要求：

（1）根据资料（1）～（4）编制甲公司会计分录。

（2）根据上述资料编制利润表。（计算所得税费用时不考虑纳税调整事项）

（金额单位用万元表示）

参 考 文 献

[1] 中华人民共和国会计法讲话组. 中华人民共和国会计法讲话[M]. 北京:经济科学出版社,1999.
[2] 财政部会计司编写组.企业会计准则讲解[M]. 北京：人民出版社，2019.
[3] 中国注册会计师协会. 2022 年注册会计师全国统一考试辅导教材[M]. 北京:中国财政经济出版社，2022.
[4] 财政部会计资格评价中心. 初级会计实务[M]. 北京：中国财政经济出版社，2022.
[5] 财政部会计资格评价中心. 中级会计实务[M]. 北京：中国财政经济出版社，2022.
[6] 秦玉熙.《会计学——原理与方法》学习指导书. 北京：中国人民大学出版社，2019.

教师服务

感谢您选用清华大学出版社的教材！为了更好地服务教学，我们为授课教师提供本书的教学辅助资源，以及本学科重点教材信息。请您扫码获取。

➢ 教辅获取

本书教辅资源，授课教师扫码获取

➢ 样书赠送

会计学类重点教材，教师扫码获取样书

 清华大学出版社

E-mail: tupfuwu@163.com
电话: 010-83470332 / 83470142
地址: 北京市海淀区双清路学研大厦 B 座 509

网址: http://www.tup.com.cn/
传真: 8610-83470107
邮编: 100084